ABHANDLUNGEN DER AKADEMIE
DER WISSENSCHAFTEN DER DDR

Veröffentlichungen
der
Wissenschaftlichen
Räte

W4
1989

Wesen und aktive Rolle des Geldes in der sozialistischen Planwirtschaft

Akademie-Verlag Berlin

ABHANDLUNGEN
DER AKADEMIE DER WISSENSCHAFTEN DER DDR
Abteilung Veröffentlichungen der Wissenschaftlichen Räte
Jahrgang 1989

Tagung des Wissenschaftlichen Rates
für die wirtschaftswissenschaftliche Forschung
bei der Akademie der Wissenschaften der DDR
vom 24. Januar 1989

Aktuelle theoretische Fragen zum Wesen und zur aktiven Rolle des Geldes in der sozialistischen Planwirtschaft

Akademie-Verlag Berlin 1989

Herausgegeben im Auftrage des Präsidenten
der Akademie der Wissenschaften der DDR
von Vizepräsident Prof Dr sc. nat. Dr. h. c. H -H. Emons

Verantwortlich für dieses Heft:
Akademiemitglied Prof. Dr. sc oec Dr h. c. Helmut Koziolek
Vorsitzender des Wissenschaftlichen Rates
für die wirtschaftswissenschaftliche Forschung
bei der Akademie der Wissenschaften der DDR

ISBN 3-05-001036-3
ISSN 0138-421x
Redaktionsschluß 31. März 1989
Erschienen im Akademie-Verlag Berlin, Leipziger Str 3–4, DDR - Berlin, 1086

Lizenznummer: 202 100/374/89
Printed in the German Democratic Republic
Gesamtherstellung: TASTOMAT, Eggersdorf, Landhausstraße, Eggersdorf, 1275
LSV 0325
Bestellnummer: 7551934 (2001/89/4/W)
01200

INHALTSVERZEICHNIS

3. SCHLUSSBEMERKUNGEN

* schriftlich eingereichte Beiträge

1. REFERATE

Waldfried Schließer

Die Marxsche Geldtheorie und aktuelle Fragen der Währungsentwicklung in der sozialistischen Wirtschaft

Die heutige Tagung widmet sich einem Thema, das für das Konzept des künftigen Leistungswachstums und für die weitere Ausgestaltung der sozialistischen Planwirtschaft höchst bedeutsam ist. Sie gibt Gelegenheit, wissenschaftliche Standpunkte zu aufgetretenen und absehbaren geldwirtschaftlichen Problemen zu diskutieren. Sie gibt zugleich Gelegenheit, dem Wissenschaftlichen Rat für die wirtschaftswissenschaftliche Forschung Vorstellungen zu dem seit Jahren laufenden wissenschaftlichen Meinungsstreit zu geldtheoretischen Grundfragen zu unterbreiten.

Beide Referenten danken für die Möglichkeit, die wissenschaftliche Unterstützung dieses Gremiums für die weitere geldtheoretische Forschung einholen zu können.

Unsere Reproduktionsbedingungen und -ziele erfordern, das Geldsystem und die Währungspolitik auf die heutigen und künftigen Bedingungen des Leistungswachstums einzustellen, so daß die im Wesen des Geldes und in den Geldgesetzen begründeten Wirkungsmöglichkeiten und Funktionen ausgeschöpft und für die Weiterentwicklung des Systems der Leitung, Planung und wirtschaftlichen Rechnungsführung genutzt werden. Weitergehende Anforderungen an das Geldsystem und die Währungspolitik ergeben sich entsprechend den Orientierungen des 7. Plenums des ZK der SED

- aus den tiefgreifenden Wandlungen des Wertbildungsprozesses infolge der wissenschaftlich-technischen Revolution (Wertrevolution) hinsichtlich der Rolle des Geldes als Wertmaß und Preismaßstab;
- aus der konsequenten Durchsetzung des Leistungsprinzips und der Verbindung von wachsender Arbeitsproduktivität mit wachsendem Lebensstandard und sozialer Sicherheit hinsichtlich der Rolle des Geldes bei der Leistungsbewertung, bei der Verteilung und Umverteilung sowie bei der Warenzirkulation;
- aus der Einheit von Plan und Eigenerwirtschaftung, von zentraler staatlicher Leitung und volkswirtschaftlicher Verantwortung der Kombinate hinsichtlich der Rolle des Geldes bei der volkswirtschaftlichen Planung und Bilanzierung und bei der Optimierung sowie Realisierung des Kreislaufs der intensiv erweiterten Reproduktion der Kombinate und Betriebe;
- aus der notwendigen größeren Dynamik und Flexibilität der internationalen wissenschaftlich-technischen und ökonomischen Zusammenarbeit hinsichtlich der Rolle des Geldes als Weltgeld und der Weiterentwicklung der internationalen Geldbeziehungen im Rahmen des RGW, zu anderen sozialistischen Ländern und zu den kapitalistischen und Entwicklungsländern.

Werden die zum Teil vor vielen Jahren gefundenen geldtheoretischen Positionen, währungspolitischen Prinzipien und Gestaltungen des Geldsystems den erkennbaren Wirtschaftsbedingungen und Erfordernissen der 90er Jahre gerecht? Was bedeutet die Dialektik von Kontinuität und Erneuerung für die Weiterentwicklung der marxistischen Geldtheorie und der sozialistischen Währungspolitik als wichtiger Bestandteil der Wirtschafts- und Sozialpolitik in ihrer Einheit?

Dies bedarf rechtzeitiger kritischer Überprüfung und weiterführender wissenschaftlicher Diskussion. Dafür ist ein entscheidender methodologischer Ausgangspunkt, die objektive ökonomische Kategorie Geld in ihrem Wesen zu erfassen und sie zu unterscheiden von den verschiedenen nationalen und internationalen Währungen, die Geldzeichen sind.

Was die ökonomische Kategorie Geld betrifft, so treffe ich aus heutiger Sicht folgende Aussagen:

Erstens: Das Geld ist eine allgemeine Kategorie der Warenwirtschaft. Die Verdopplung der Ware in Ware und Geld ist ein Gesetz der Darstellung des Produkts als Ware.[1]

Geld existiert notwendig in allen Arten der Warenwirtschaft – und da die sozialistische Wirtschaft eine historisch neue Art der Warenwirtschaft ist, ist sie ebenso eine neue Art der Geldwirtschaft. Um das Geld und die auf ihm basierenden Wertkategorien. wie Finanzen, Preis, Gewinn, Kosten, Kredit, Zins planmäßig im gesellschaftlichen Gesamtinteresse nutzen zu können, bedarf es sowohl der sorgfältigen Erschließung und Anwendung der Marxschen Geldtheorie in ihrer allgemeinen Bedeutung für Waren- und Geldwirtschaft als auch der Beachtung der heutigen Wirkungsbedingungen des Geldes im Sozialismus. Diese haben Einfluß auf „Umfang und Tragweite", auf konkrete Erscheinungsformen und die Wirkungsweise der Geldwirtschaft, heben aber das Wesen der Kategorie Geld nicht auf.

Zweitens: Das Wesen des Geldes als ökonomischer Kategorie verschiedener Produktionsweisen besteht darin, die „besondere Ware (zu sein – W. S.), die so das adäquate Dasein des Tauschwerts aller Waren darstellt"[2]. Geld ist die Ware, „welche als Wertmaß und daher auch, leiblich oder durch Stellvertreter, als Zirkulationsmittel funktioniert"[3]. Geld als Ware („in der Form eines Naturdings von bestimmten Eigenschaften"[4]) stellt ein gesellschaftliches Produktionsverhältnis dar – das Verhältnis, „worin die Individuen an der Gesamtproduktion teilnehmen"[5].

Es gibt eine Reihe von anderen Auffassungen über das Wesen des Geldes, z. B.:

- Geld ist synthetische Ware, als Durchschnitt des Wertes aller gewöhnlichen Waren (Theorie des relativen Geldwertes);
- Geld ist Kredit (Kredittheorie des Geldes);
- Geld ist keine objektive ökonomische Kategorie, son-

dern ein Geschöpf der Rechtsordnung (Georg Friedrich Knapp) bzw. eine jeweils vorläufige, erdachte wissenschaftliche Konstruktion wie Länge, Temperatur oder Kraft in der Physik (Milton Friedman).

Die Theorie des relativen Geldwertes ist in sich widersprüchlich: Wenn das Geld bzw. der Geldwert von den gewöhnlichen Waren als Durchschnitt ihrer Werte abgeleitet wird, so ist unterstellt, daß diese Werte schon gemessen sind und ein Durchschnitt gebildet werden konnte. Die Wertmessung ist jedoch Funktion des Geldes und kann diesem nicht vorausgesetzt werden.

Die Kredittheorie des Geldes entstand aus der Betrachtung des Geldes als Zahlungsmittel. Sie verzichtet auf Herkunft und Wesen des Geldes als Ware und erklärt zum Geld, was die Zahlungsmittelfunktion erfüllt. Dies sei zirkulierender Kredit in der Form der Banknote, des Schecks und moderner Zirkulationsformen, mit deren Hilfe Forderungen übertragen und so zur Zahlung genutzt werden. Geld als zirkulierender Kredit sei Anspruch, Anspruch auf Ware, aber nicht selbst Ware. In der Kredittheorie des Geldes ist strittig, was alles Geld sei, weil es als Zahlungsmittel fungiert.

Ist es nur M1? (Kassenhaltung des Publikums, d. h. Notengeld + Sichteinlagen, d. h. Giralgeld),
oder M2? (M1 + Termineinlagen bis unter 4 Jahren),
oder M3? (M2 + Spareinlagen mit gesetzlicher Kündigungsfrist und andere Aktiva)

Geld im engeren Sinne seien nur die Sichtverbindlichkeiten der Zentralbank (Zentralbankgeld oder Basisgeld).

Die Kredittheorie des Geldes fragt nach dem quantitativen Zusammenhang zwischen Geldmenge und Preisen und danach, ob die Regulierung der Geldmenge möglich sei (Currency-Schule) oder durch Regulierung der Geldmenge plus des Kreditvolumens (Banking-Schule). Neo-Currency-Theoretiker betonen mehr die Zahlungsmittelfunktion, Neo-Banking-Theoretiker mehr die „Wertaufbewahrungsfunktion" des Geldes. Diese betrachten Aktiva aller Art (Portfolio bzw. Kapital) als Wertaufbewahrungsmittel. So entstand die Kapitaltheorie des Geldes als Spezialfall der Kredittheorie des Geldes.

Der grundlegende Einwand gegen die Kredittheorie des Geldes besteht darin, daß die Konzeption des Geldes als Repräsentant einer Schuld oder Verbindlichkeit die Messung dieser Schuld voraussetzt und nicht erklären kann. Der Kredit hat keine Wertmaßfunktion, sondern ist selbst schon gemessener Wert. In Wirklichkeit hat aller Kredit, der als Zahlungsmittel fungiert, das Geld als Wertmaß und Preismaßstab, als besondere Ware, als Geldware zur Grundlage. Deshalb ist notwendigerweise das Geld die Basis des Kredits und nicht umgekehrt der Kredit die Basis des Geldes.

Die Theorie des Geldes als Geschöpf der Rechtsordnung bzw. als erdachte Konstruktion reduziert das Geld auf ein frei wählbares Rechtsmittel. Sie ist ganz subjektiv und verzichtet von vornherein darauf, Geld und Geldwirtschaft aus den materiellen Verhältnissen der Warenproduktion und -zirkulation abzuleiten.

Meines Erachtens vermag nur die Marxsche Geldtheorie, die das Geld als „besondere", den Tauschwert aller gewöhnlichen Waren darstellende Ware erkennt, alle Funktionen und Wirkungen des Geldes wissenschaftlich zu erklären. Gerade diese Komplexität ist einer ihrer großen Vorzüge.

Diese Komplexität der Geldtheorie ist heute mehr denn je gefordert, da die sozialistische Waren- und Geldwirtschaft eine hohe Vergesellschaftungsstufe der Produktion, eine hohe Dynamik der volkswirtschaftlichen Verflechtungsbeziehungen, Strukturen und Kreisläufe aufweist und die komplexe Leitung und Planung der wirtschaftlichen und sozialen Prozesse erfordert. Dazu bedarf es der Beherrschung der Kategorie Geld in der ganzen Komplexität ihrer Funktionen und Wirkungen.

Drittens: Die Ware, die als Geldware sich durchsetzte und auch heute Geldware ist, ist Gold.

Die Rolle des Goldes als Geldware ist umstritten. Insbesondere wird gegen die Geldware Gold eingewandt, daß sie aus der nationalen und internationalen Zirkulation verdrängt worden sei, gerade durch den zirkulierenden Kredit.

Für die Rolle des Goldes als Geldware unter den heutigen Bedingungen kapitalistischer und sozialistischer Geldwirtschaft sprechen folgende Tatsachen und Argumente:

1. Als Wertmaß kann nur etwas fungieren, was selbst Wert hat (und nicht nur repräsentiert). Wertmaß für die Ware kann also nur eine Ware sein, die dadurch allgemeines Äquivalent, besondere Ware ist. Zu dieser Ware wurde Gold.

2. Gold, als allgemeines Äquivalent, ist unvermindert wichtige Währungsreserve.

Ende 1986 betrugen die Währungsreserven in Gold 943,1 Millionen Unzen gleich 368,7 Milliarden US-Dollar, das sind 72,4 % von den übrigen Währungsreserven, unter denen mit 393,6 Milliarden US-Dollar die Devisen dominieren. Mit 736,8 Millionen Unzen befindet sich der größte Teil des Goldes als Währungsreserve (78,1 %) im Besitz der sogenannten Zehnergruppe (USA, BRD, Japan, Großbritannien, Frankreich, Italien, Niederlande, Belgien, Schweden, Kanada sowie auch die Schweiz).

Die Bestände an Gold als Währungsreserve sozialistischer Länder (VR China, UVR, VRP, SRR, SFRJ) betrugen Ende 1986 642 t gleich 10 Milliarden US-Dollar.

3. Gold spielt eine erhebliche Rolle bei der Benutzung monetärer Instrumente in der Auseinandersetzung zwischen den großen imperialistischen Rivalitätszentren. War die Demonetisierungspolitik der USA im Interesse der Festigung der Währungshegemonie des US-Dollars geführt worden, so greifen Länder im Bestreben nach mehr währungspolitischer Eigenständigkeit nach neuen Möglichkeiten, um zu ausgewogeneren Beständen an Währungsreserven zu kommen. In Westeuropa wird die ECU als alternative Währungsreserve genutzt, wenn sie auch mit 48,0 Milliarden US-Dollar Ende 1986 gegenüber dem Gold noch einen bescheidenen Platz einnimmt. Von Japan und Taiwan werden größere Goldkäufe getätigt. Taiwan kaufte im 1. Quartal 1988 105 t Barrengold, um Devisenbestände abzubauen. Es mehren sich Stimmen, die in der Rückkehr zum klassischen Goldstandard (Remonetisierung) die Alternative zum Floating sehen und das Mittel, dem Dollar seine Bedeutung als Reservewährung zu nehmen. Anders sei das USA-Haushaltsdefizit nicht unter Kontrolle zu bringen.

4. Internationale ökonomische Sicherheit erfordert ein unabhängiges, stabiles internationales Wertmaß, wozu sich Gold gerade deshalb eignet, weil ihm kein Schuldverhältnis zugrunde liegt.

5. Unter sozialistischen Produktionsverhältnissen vermag Gold das objektive, unabhängige Wertmaß zu sein, das – vermittelt über die nationale Währung – für die Leistungsbewertung in den Kombinaten und Betrieben sowie im volkswirtschaftlichen und internationalen Maßstab, für die Planung sowie für die ökonomische Stimulierung erforderlich ist.

Anmerkung 1: Der Standpunkt, der Gold als Geldware bejaht, verlangt, die Beziehung zwischen der Landeswährung und der Geldware Gold zu regeln, also das Repräsentationsverhältnis. Er verlangt selbstverständlich nicht die Rückkehr zur Zirkulation einer vorsintflutlichen metallischen Währung. Deshalb ist die Kennzeichnung des Standpunkts der Geldware Gold als „metallistisch" unzutreffend.

Anmerkung 2: Die Frage, ob der Standpunkt der Geldware Gold in Ländern ohne Goldproduktion möglich und vernünftig sei, hat Karl Marx mit dem Hinweis beantwortet, daß die Beziehung zur Goldware durch direkten oder indirekten Austausch „einer bestimmten Portion der nationalen Durchschnittsarbeit gegen bestimmtes Quantum der in Gold und Silber materialisierten Arbeitszeit der Minen besitzenden Länder"[6] hergestellt werde.

Viertens: Das Geld als allgemeine Ware ist eine objektive ökonomische Kategorie des Weltmarktes. Die Geldware (Gold) ist Wertmaß und allgemeines Tauschmittel (Schatz und allgemeines Zahlungsmittel) des Weltmarktes. Die Entwicklung des Weltmarktes erforderte und erfordert einen stabilen Wertmaßstab und zugleich die Zirkulation von Geldstellvertretern, als welche bestimmte Landeswährungen oder andere sich entwickelnde Geldformen (SDR, ECU) nahezu vollständig fungieren.

Die nationalen Währungen der kapitalistischen wie der sozialistischen Länder sind nationale Erscheinungsformen der Goldware. Die nationalen Währungen vertreten (repräsentieren) die Goldware in der Zirkulation, entweder direkt (siehe realer Goldgehalt der Währungseinheit) oder vermittelt über ihre realen Beziehungen zu den auf dem Weltmarkt fungierenden Währungen.

Gerade letzteres bedarf sorgfältiger Beachtung. Welchen Geldwert eine Einheit nationaler Währung repräsentiert, mißt sich an internationalen, exogenen Maßstäben – an der Wertentwicklung der Weltmärkte insgesamt, die von der Wert- und Preisentwicklung marktdominierender Waren (z. B. Rohstoffe und Energieträger, mikroelektronische Erzeugnisse, Getreide) geprägt wird und damit an der realen Wertpräsentation der auf den Weltmärkten fungierenden Leitwährungen und letztlich am Wert des Geldes. Die objektive Bestimmtheit des durch eine Einheit nationaler Währung repräsentierten Geldwertes ist ein hauptsächlicher Unterschied zwischen den beiden zur Debatte stehenden geldtheoretischen Positionen in bezug auf die Wertmaßfunktion des Geldes heute. Der Zugang zur Berechnung und Planung des durch die Einheit nationaler Währung repräsentierten Geldwertes über den Exportaufwand pro Einheit US-Dollar, DM, Yen, ECU beziehungsweise sowjetische und transferable Rubel und letztlich pro Unze Feingold ist eine hauptsächliche Konsequenz der Auffassung vom Warencharakter des Geldes.

Auf der Grundlage der dargestellten geldtheoretischen Position sind Gültigkeit und Aktualität verschiedener bisher in der Politischen Ökonomie und Finanz zwissenschaft vertretenen Thesen zu überprüfen.

1. These von der Verkörperung unmittelbar gesellschaftlicher Arbeit in der Währungseinheit sozialistischer Länder

Die Existenz der sozialistischen Warenproduktion und ihre uneingeschränkte Anerkennung bedeutet, daß die zur Produktion einer benötigten Ware erforderliche Arbeit unter den spezifischen Bedingungen des Produktionsbetriebes verausgabte, also betriebliche Arbeit ist. Ihre Anerkennung als allgemein gesellschaftliche Arbeit ist nicht von vornherein gegeben und erfolgt auf dem Markt. Der Widerspruch zwischen betrieblicher und allgemein gesellschaftlicher Arbeit ist als Triebkraft zu nutzen. Dies geschieht mit Hilfe der Verbindung von gesamtgesellschaftlicher Leitung und Planung mit umfassender Anwendung der Eigenerwirtschaftung. Unter den Bedingungen der sozialistischen Warenproduktion kann die Währungseinheit nur Repräsentant (Stellvertreter) von Geld, nicht aber unmittelbar von Arbeitszeit sein. Die Kritik von Marx am „Stundenzettel" trifft voll zu.[7]

2. These von der sozialistischen Währung als einer reinen Binnenwährung

Wie jede Wertkategorie ist auch Geld eine objektive ökonomische Kategorie und zugleich ein seinem Wesen gemäß zu gestaltendes und zu handhabendes Instrument der sozialistischen Planwirtschaft. Als ökonomische Kategorie ist Geld eine Kategorie des Weltmarktes. Die Festlegung des Währungssystems ist Hoheitsrecht des sozialistischen Staates[8], die Valutawirtschaft ist staatliches Monopol. Daraus folgt: Die staatliche Regelung des Währungssystems und das staatliche Valutamonopol sind unverzichtbar für die effektive Gestaltung der sozialistischen Volkswirtschaft und für ihren Schutz vor schädlichen monetären Einflüssen. Dabei ist jedoch keine beliebige Regelung des nationalen Währungssystems wählbar. Sie wird von dem objektiven Zusammenhang zwischen dem Geld (der Geldware) und der nationalen Währung determiniert. Die nationale Währungseinheit ist Geldstellvertreter, Zeichen von Gold. Sie zirkuliert an dessen Stelle und unterliegt den Geldgesetzen, insbesondere dem Gesetz, wonach das Geld als Zirkulationsmittel zum bloßen Wertzeichen wird[9], das in die Zirkulation gebannt ist, und dem Gesetz, wonach die Geldzeichen soviel Wert repräsentieren, wie es der nach dem Geldumlaufgesetz für die Zirkulation notwendigen Geldmenge entspricht[10]. Dabei ist es ohne Belang, ob Papiergeld oder Gold in konvertiblen Banknoten zirkulieren, denn beide fallen unter die genannten Gesetze des Papiergeldes.[11]

In dem Maße, wie die nationale Währungseinheit Geldwert repräsentiert, vermag sie – über die Zirkulationsfunktion hinausgehend – andere Geldfunktionen zu vermitteln, wie

- die Geldfunktion als Wertmaß und Preismaßstab, in dem Preise in nationaler Währung ausgedrückt werden;
- die Geldfunktion als Zahlungsmittel, in dem in nationaler Währung gezahlt wird;
- die Geldfunktion als Akkumulationsmittel, in dem Geldfonds in nationaler Währung akkumuliert werden;
- die Geldfunktion als Weltgeld, sofern die staatlichen Regelungen die Verwendung im internationalen Zahlungsverkehr gestatten.

Über das Repräsentationsverhältnis ist die nationale Währung zugleich mit dem Geld als Kategorie des Weltmarktes verbunden. Diese Verbindung ist indirekter Art und realisiert sich über den Ex- und Import. Damit tritt die nationale Währung in Beziehung zu den auf den Weltmärkten fungierenden Währungen (z. B. US-Dollar, Rubel), die ihrerseits direkt oder vermittelt Goldwert repräsentieren.

Wieviel Goldwert eine nationale Währungseinheit repräsentiert, wird demzufolge von folgenden Faktoren bestimmt:

- Von dem nach Weltmarktmaßstäben gemessenem Quantum nationaler Arbeit, das für die Produktion bzw. im Falle der DDR für den Import der repräsentierten Goldmenge erforderlich wäre;
- von der Menge der emittierten nationalen Währungseinheiten in Übereinstimmung mit dem Geldumlaufgesetz und dem Geldstellvertretergesetz.

Der von der nationalen Währungseinheit repräsentierte Goldwert hat eine Schlüsselrolle im Währungssystem und in der Währungspolitik. Er ist letztliches Kriterium der Währungsstabilität und Verbindungsglied der nationalen Währung mit anderen nationalen und mit internationalen Währungssystemen. Die Währungskonvertibilität und das reale Austauschverhältnis (Kurs) haben den von der nationalen Währungseinheit repräsentierten Goldwert zur Voraussetzung und Grundlage. Sie werden also letztlich vor allem durch die Produktivität der Arbeit und durch die den Geldgesetzen Rechnung tragende Emission bestimmt. Mit fortschreitender Internationalisierung des Wirtschaftslebens gewinnen auch die internationalen Aspekte einer sozialistischen Währung (besonders Konvertibilität und Kursproblem) zunehmende Bedeutung. Die marxistische Geldtheorie hat also sowohl die binnenwirtschaftlichen als auch die außenwirtschaftlichen Aspekte der sozialistischen Währung zu beachten.

3. These von der Bestimmung des Geldwertes als Kaufkraft der Währung

Da die als nationale Währung zirkulierenden Geldzeichen keinen eigenen Wert haben, sondern Geldwert repräsentieren, ist zwischen diesem Geldwert und der Kaufkraft der nationalen Währungseinheit zu unterscheiden. Im Unterschied zur Kaufkraft ist der Geldwert nicht von den Warenpreisen abhängig. Die Erhöhung der Warenpreise bedeutet dann nicht Inflation,

- wenn die Preiserhöhung einer eingetretenen Werterhöhung entspricht (z. B. infolge sich verschlechternder Produktionsbedingungen in der extraktiven Industrie) und
- wenn der von der Währungseinheit repräsentierte Geldwert unverändert bleibt.

Eine inflationäre Entwicklung tritt ein, wenn sich die Wertrepräsentation durch übermäßige Emission verschlechtert. Eine derartige Devalvation bedeutet eine Umverteilung durch indirekte Herabsetzung der Geldeinkommen und Spareinlagen. Sie ist mit einer stabilitäts- und leistungsorientierten Wirtschafts- und Sozialpolitik unvereinbar.

4. These von der jederzeit gegebenen quantitativen Identität des Geld- und Kreditvolumens

Auf der Grundlage der emittierten und zirkulierenden nationalen Währung (Geldzeichen) entstehen Schuldverhältnisse, ausgedrückt in nationaler Währung. (Von Devisenkrediten ist hier abgesehen.) Ursachen dieser Schuldverhältnisse sind vornehmlich die Geldfondsbildung der Kombinate, Betriebe, Genossenschaften, der Gewerbetreibenden, der Haushaltsorganisationen und das Sparen der Bevölkerung. Hieraus resultieren Einlagen bei Banken und Sparkassen, die ein Schuldverhältnis der Bank gegenüber den Bank- und Sparkassenkunden darstellen und die Buchgeld sind. Umgekehrt entstehen Schuldverhältnisse, wenn Banken und Sparkassen Kredite gewähren.

Durch Übertragung seiner Forderung an die Bank auf einen Dritten kann man Zahlung leisten. Dies geschieht durch Überweisung vom eigenen Konto auf das Konto des Zahlungsempfängers, der dadurch anstelle des bisherigen Gläubigers in das Schuldverhältnis eintritt. Damit hat die Forderung auf Geld (-zeichen) aus dem Schuld- oder Kreditverhältnis, die als Buchgeld dokumentiert ist, als Zahlungsmittel und Bargeld als Zahlungsmittel ersetzt. In diesem Sinne hat der Kredit als Geld fungiert. Buchgeld ist also zirkulationsfähiger Kredit, Kreditgeld. Dem Buchgeld und seiner Zirkulation liegt die nationale Währung, emittiert als Geldzeichen (Bargeld), zugrunde. Buchgeld bezieht sich auf Bargeld, Bargeld bezieht sich auf Geldware. In diesem Sinne ist die Marxsche Feststellung voll gültig: „Es muß aber nie vergessen werden, daß erstens das Geld – in der Form der edlen Metalle – die Unterlage bleibt, wovon das Kreditwesen der Natur der Sache nach *nie* loskommen kann."[12]

Bargeld- und buchgeldzirkulation sind also qualitativ verschieden, wie Bargeld und Buchgeld verschiedene Geldformen sind. Durch den Wechsel aus der einen in die andere Geldform sind beide zu einem ganzheitlichen Geldumlauf zusammengeschlossen, was stets bei der Planung des Geldumlaufs zu beachten ist.

Zugleich bleibt aber die Verschiedenheit der beiden Geldformen bestehen, deren Zirkulation verschiedenen Gesetzen gehorcht. Für den Bargeldumlauf und die Bargeldemission ist die Einhaltung des Geldumlaufs und das Geldstellvertretergesetzes maßgeblich. Für den Buchgeldumlauf und die Kreditgewährung sind die Depositen als Kreditquelle und die Bonität der Schuldner maßgeblich.

Bleibt der Fall der sogenannten (Buch-) „Geldschöpfung" durch Ausweitung des Kreditvolumens allein auf der Grundlage von Zahlungsversprechen. Dies ermöglicht einerseits die Kreditvorfinanzierung von Investitionen oder anderer Maßnahmen, also Anpassung des Kreditvolumens an die Bedürfnisse des planmäßigen Wirtschaftswachstums und der notwendigen Flexibilität der Wirtschaftseinheiten im Reagieren auf die ökonomische Nutzung neuer wissenschaftlich-technischer Erkenntnisse und auf veränderte Marktbedingungen. Andererseits trägt diese Ausweitung des Kreditvolumens die Gefahr der Inflation in sich. Daher sind strengste ökonomische Maßstäbe an die Kreditierung zu stellen.

Eine derartige Kreditvorfinanzierung ist nicht grundsätzlich abzulehnen, doch muß man sich ihrer Bedingungen und Grenzen bewußt sein. Kreditvorfinanzierung ist vertretbar,

- wenn das Wachstum des Gesamtgeldvolumens (Bar- und Buchgeld) das Wachstum des gesellschaftlichen Gesamtprodukts und des Nationaleinkommens von Fünfjahrplan zu Fünfjahrplan nicht wesentlich überschreitet;
- wenn dadurch das ökonomische Gleichgewicht der Volkswirtschaft, so auch die Übereinstimmung von Angebot und Nachfrage bei Produktionsmitteln bzw. Konsumgütern und die Übereinstimmung von materiellen und finanziellen Prozessen, nicht zerstört wird;
- wenn die Stabilität der Staatsfinanzen gewährleistet bleibt.

Mit anderen Worten: Eine Kreditvorfinanzierung ist vertretbar, solange sie preisneutral bleibt, solange sie zu keiner Geldwertverschlechterung führt und solange die Stabilität der Staatsfinanzen erhalten bleibt.

Die Kreditvorfinanzierung ist ein recht zweifelhaftes Instrument zur Konsolidierung einer aus dem ökonomischen Gleichgewicht geratenen Volkswirtschaft. Wird sie dazu genutzt und über ihre genannten Grenzen hinausgehend angewandt, so tritt akute Inflationsgefahr ein. Es empfiehlt sich also für die sozialistische Planwirtschaft eine sorgfältige Berechnung der langfristigen Wirkungen einer nach den genannten Kriterien zu planenden Kreditvorfinanzierung.

Um eine konsequente Kreditvolumenkontrolle aus volkswirtschaftlicher Gesamtsicht durchsetzen zu können, ist die Trennung von Emissions- und Geschäftsbank und die Nutzung des Refinanzierungskredits an die Geschäftsbanken als Instrument der Kreditvolumenkontrolle eine zu prüfende Möglichkeit.

Geldtheorie und Währungspolitik bedürfen der Weiterentwicklung angesichts der breiten Anwendung der Schlüsseltechnologien, der Dynamik des Strukturwandels der Wirtschaft, der Vertiefung der internationalen sozialistischen Arbeitsteilung und Kooperation, der Vervollkommnung der sozialistischen Planwirtschaft und der Erfordernisse des Grundkonzepts für künftiges Leistungswachstum, wofür theoretischer Vorlauf benötigt wird.

Im Mittelpunkt der wissenschaftlichen Forschung stehen meines Erachtens folgende Aufgaben:

1. Sicherung der Währungsstabilität als eine erstrangige volkswirtschaftliche Priorität

Währungsstabilität als Stabilität des Repräsentationsverhältnisses von (international bestimmtem) Geldwert in der nationalen Währungseinheit erfordert

- Stärkung der Exportkraft und Erhöhung der Arbeitsproduktivität nach internationalen Maßstäben sowie
- strenge Geldmengenkontrolle hinsichtlich der Emission sowie des nationalen und internationalen Umlaufs der nationalen Währung.

Diese Geldmengenbegrenzung ist entsprechend dem Geldumlaufgesetz mit den Warenpreisen verbunden, also mit der Kaufkraft der Währung. Insofern gibt es einen inneren Zusammenhang zwischen Währungsstabilität und Preisstabilität. Sie bilden die besten geldseitigen Bedingungen für eine erfolgreiche Wirtschafts- und Sozialpolitik. Eine sogenannte kontrollierte Inflation zwecks Wachstumsbeschleunigung ist eine verdeckte Umverteilung zu Lasten der Geldeinkommen und Sparer, die dem Sinn des Sozialismus, alles für das Wohl des Volkes zu tun, nicht entspricht und die schnell außer Kontrolle geraten kann. Währungsstabilität und Festigung der Kaufkraft der Mark der DDR sollten ausdrücklich Eckpunkte der volkswirtschaftlichen Planung und Bilanzierung sowie der Tätigkeit des Finanz- und Kreditsystems sein.

2. Weiterführung der Rationalisierung der geldwirtschaftlichen Prozesse

Die rationelle, effektive Organisation und Abwicklung der geld- und kreditwirtschaftlichen Prozesse bleiben wichtige Aufgaben für die Beschleunigung des Geldumlaufs sowie des Kreislaufs und Umschlags der Fonds sozialistischer Kombinate und Betriebe und damit des volkswirtschaftlichen Prozesses der intensiv erweiterten Reproduktion. Große Möglichkeiten bietet die moderne Rechentechnik, was den weiteren Ausbau der materiell-technischen Basis der Geldwirtschaft erfordert.

3. Gestaltung des internationalen sozialistischen Währungssystems und der Verbindung zum nationalen Währungssystem

Die bisherige Praxis der Anwendung des transferablen Rubels als kollektive sozialistische Währung der Mitgliedsländer des RGW erfährt tiefere Veränderungen, insbesondere durch die beginnende Anwendung von nationalen Währungen für den Zahlungs- und Verrechnungsverkehr, wofür vor allem Direktbeziehungen zwischen Wirtschaftseinheiten Anlaß sind. Damit ist in neuer Weise das Problem der Konvertibilität der nationalen Währungen der Mitgliedsländer des RGW untereinander und zum transferablen Rubel aufgeworfen.

Die Prüfung und Schaffung der Voraussetzungen für die schrittweise Einführung der Teilkonvertibilität der genannten Währungen ist damit eine wichtige Richtung der weiteren Arbeit.

Denkbar ist eine künftige Entwicklung, in der nationale Währungen breitere Anwendung finden und der transferable Rubel als Leit- und Reservewährung fungiert, wodurch geldseitige Verbindungen zu internationalen Währungssystemen vermittelt werden könnten.

Auf diese Weise würden die RGW-Mitgliedsländer in der Art einer Währungsunion kollektiv in Beziehung zu anderen Währungssystemen treten, was gewisse Vorteile böte.

Es versteht sich, daß für Teilkonvertibilität und „Währungsunion" die Voraussetzungen unerläßlich sind, die für die schrittweise Herausbildung eines vereinigten Marktes der RGW-Mitgliedsländer gelten.[13]

4. Neudurchdenken der Beziehungen zwischen dem Finanz- und Kreditsystem

Diese Beziehungen werden durch die Notwendigkeit einer komplexen, abgestimmten Planung und Bilanzierung der verschiedenartigen geldwirtschaftlichen Prozesse geprägt. Insbesondere die Anwendung langfristiger Normative für die umfassende Gestaltung der Eigenerwirtschaftung der Mittel erfordert den Übergang zur langfristigen finanziellen Planung und Bilanzierung. Unter diesem Aspekt gewinnt die Stabilität der Wertmaßstäbe insgesamt und speziell die Währungsstabilität erhöhte Bedeutung. Weiterhin sind die spezifischen Wirkungsmöglichkeiten des Finanz-, Kredit- und Versicherungssystems auszuprägen und zur Geltung zu bringen. Die notwendigen normativen Regelungen der Finanzbeziehungen und die betriebsindividuelle vertragliche Gestaltung der Kreditbeziehungen können sich noch wirkungsvoller ergänzen. (Bei den Versicherungsbeziehungen bezieht sich das auf das Verhältnis von Pflicht- und freiwilliger Versicherung.) Die Betonung der Einheitlichkeit des Finanzsystems ist hinsichtlich der volkswirtschaftlichen Planung und Bilanzierung begründet, darf aber nicht dazu verführen, die spezifischen Wirkungsmöglichkeiten von Finanzen, Kredit und Versicherung zu vernachlässigen.

In diesem Sinne, d.h. aus der Sicht der spezifischen volkswirtschaftlichen Funktion, ist es durchaus angebracht, die Geldbeziehungen zwischen dem Finanzsystem und dem Kreditsystem auf ihre Effektivitäts- und Stabilitätswirkungen hin zu analysieren und gegebenenfalls Grundsätze für eine veränderte Gestaltung auszuarbeiten.

Eine gänzlich andere Frage ist, ob das sozialistische Bankensystem und der Staatshaushalt unter den Bedingungen umfassender Eigenerwirtschaftung der Mittel durch die Kombinate und Betriebe für eine hinreichende Fondsmobilität sorgen können. Als Alternative wird die Emission von Aktien sozialistischer Betriebe und die Einrichtung eines Aktienmarktes diskutiert.

Nach meiner Meinung ist die Ressourcenallokation bei sozialistischem Eigentum an den Produktionsmitteln grundsätzlich mit planwirtschaftlichen Mitteln und bei Dominanz gesamtvolkswirtschaftlicher Erfordernisse vorzunehmen. Die Einführung eines marktwirtschaftlich funktionierenden Aktienmarktes für Volkseigentum wäre in einer sozialistischen Planwirtschaft ein systemfremdes Element. Zudem ist sehr zweifelhaft, ob das effektiver wäre als die planmäßig durch das Bankensystem und den Staatshaushalt vermittelte Fondsmobilität.

Allerdings ist zu prüfen, ob die derzeitigen Regelungen der Beziehungen zwischen den Kombinaten und den Betrieben und dem Bankensystem nicht wirksamer auf die Bedingungen des Strukturwandels und der Eigenerwirtschaftung eingestellt werden müssen. Dazu gehören beispielsweise die höhere Eigenverantwortung für die Planung und Finanzierung der eigenen Investitionen und Rationalisierungsmaßnahmen, die Bankkontrolle auf der Grundlage des Kreditvertrages und nach volkswirtschaftlichen Maßstäben sowie die Verzinsung der Bankguthaben der Kombinate und Betriebe.

Zum Schluß noch folgende Bemerkungen: Mitunter hört man die Meinung, man solle die geldwirtschaftlichen Probleme nicht verselbständigen. In der Praxis laufe es doch darauf hinaus, die materiellen Prozesse effektiver zu gestalten und zu beherrschen. Die Finanz- und Währungsbeziehungen seien „nur" Ausdruck der materiellen Prozesse.

Das ist richtig und falsch zugleich. Richtig ist, daß die Produktion das in letzter Instanz Entscheidende ist. Aber so wie die Warenzirkulation sich von der Produktion trennt, so verselbständigt sich die Geldzirkulation gegenüber der Warenzirkulation. Friedrich Engels spricht von einer – unter gewissen durch Produktion und Warenhandel gesetzten Bedingungen und innerhalb dieser Grenzen – eigenen Entwicklung, von besonderen, durch ihre eigene Natur bestimmte Gesetze und aparte Phasen.[14]

Falsch ist also,

- die Finanz- und Währungsbeziehungen als passive Ableitung der materiellen Prozesse zu betrachten und ihre spezifischen Wirkungsmöglichkeiten als Instrumente der sozialistischen Planwirtschaft zu verkennen;
- die Finanz- und Währungsbeziehungen als nichtmaterielle, sekundäre Beziehungen zu sehen. Gerade wegen ihres Bezugs zur materiellen Geldware sind die Geldbeziehungen (in nationaler Währung) nicht etwa fiktiver Natur, sondern sehr real und verlangen kluges und genaues Rechnen.

Ihre volle Entfaltung und effektive Nutzung würde durch naturalwirtschaftliches Denken behindert.

Maxim Gorki schrieb in der Legende vom Ahasver: „Ungebildete Leute hielten Gewerbe und Handel nur für Mittel zur persönlichen Bereicherung, ihre große kulturelle, weltvereinigende Bedeutung erkannten sie nicht. Aber die Warenproduktion ist für die Menschheitsentwicklung ebenso notwendig wie Kunst und Wissenschaft."[15]

In diesem weiten Problembewußtsein gilt es, das Wesen und die Gesetze des Geldes tiefer zu erforschen, um die in der sozialistischen Warenproduktion und Geldwirtschaft liegenden ökonomischen und sozialen Potenzen wirksamer für das Wohl des Volkes zu nutzen.

Anmerkungen

[1] Vgl. K. Marx, Das Kapital, Zweiter Band, in: MEW, Bd. 24, S. 355.
[2] K. Marx, Zur Kritik der politischen Ökonomie, in: MEW, Bd. 13, S. 34.
[3] K. Marx, Das Kapital, Erster Band, in: MEW, Bd. 23, S. 143.
[4] K. Marx, Zur Kritik der politischen Ökonomie, a. a. O., S. 22.
[5] K. Marx, Grundrisse zur Kritik der politischen Ökonomie, S. 888f.
[6] K. Marx, Zur Kritik der politischen Ökonomie, a. a. O., S. 51.
[7] Vgl. Ebenda, S. 68 und K. Marx, Grundrisse zur Kritik der politischen Ökonomie, in: MEW, Bd. 42, S. 73.
[8] Vgl. Verfassung der DDR, Artikel 9, Absatz 4.
[9] Vgl. Grundrisse zur Kritik der politischen Ökonomie, a. a. O., S. 681.
[10] Vgl. K. Marx, Das Kapital, Erster Band, a. a. O., S. 141.
[11] Vgl. K. Marx, Das Kapital, Dritter Band, in: MEW, Bd. 25, S. 539–540.
[12] Ebenda, S. 620.
[13] Vgl. H. Koziolek/O. Reinhold, Plan und Markt im System unserer sozialistischen Planwirtschaft, in: Einheit, Heft 1/1989, S. 25f.
[14] Vgl. Engels an Conrad Schmidt, 27. Oktober 1890, in: MEW, Bd. 37, S. 489.
[15] M. Gorki, Legende vom Ahasver, in: ad libitum, Sammlung Zerstreuung Volk und Welt, Nr. 2/1986, S. 108.

Karl-Heinz Stiemerling

Das sozialistische Kreditgeld und seine Konsequenzen

Mit noch größerem Schwung, mit Weitsicht und Verantwortungsbewußtsein stellen wir uns den Anforderungen der Zeit, werden wir Bewährtes erhalten, alles, was uns am Vorwärtsschreiten hindert, über Bord werfen und vieles auf neue Weise in Angriff nehmen[1] – diese Orientierung der 7. Tagung des ZK der SED gilt uneingeschränkt für die Lösung der herangereiften Fragen und Probleme der Geldtheorie und -praxis.

In unserem Verständnis sind Kredit und Geld konstitutive Bestandteile des Systems sozialistischer Produktionsverhältnisse. Daraus ergeben sich für Theorie und Praxis anspruchsvolle Aufgaben. Es ist an der Zeit, die marxistisch-leninistische Geld- und Reproduktionstheorie konsequent anzuwenden und weiterzuentwikkeln. Auch aktuelle Fragen der Geldtheorie sind zu klären, die Beschlüsse unserer Partei und Regierung zur aktiven Rolle des Geldes und der wirtschaftlichen Rechnungsführung sind zu propagieren und umzusetzen.[2] Auf dem Gebiet der Wirtschaftswissenschaften und speziell der Geld- und Reproduktionstheorie sind das vor allem

- die Konsequenzen aus der konstruktiven Bestimmung der sozialistischen Warenproduktion und der Ware-Geld-Beziehungen, wozu die Überwindung einseitiger und ideologie- und praxisschädlicher Auffassungen zur Warenproduktion und zu den Wertkategorien in der sozialistischen Planwirtschaft gehört;
- die aktive Nutzung des Geldes in der sozialistischen Planwirtschaft als Wertmaß und Maßstab der Preise, als ökonomischen Hebel und als Kontrollinstrument zur Verwirklichung der umfassenden und dauerhaften Intensivierung;
- die Charakterisierung des Geldes als sozialistisches Kreditgeld mit ihren Konsequenzen für Theorie und Praxis, insbesondere zur Beschleunigung des Kreislaufes der intensiv erweiterten sozialistischen Reproduktion und zur Steigerung der Effektivität, wozu insbesondere die aktive Rolle des Kredits und die Bedingungen seiner Rückzahlung gehören;
- die Vervollkommnung der Planung und der wirtschaftlichen Rechnungsführung mit ihrem Kern, der Eigenerwirtschaftung der Mittel für die intensiv erweiterte Reproduktion der Kombinate und Betriebe, im Interesse der Stimulierung und Bilanzierung der Erfordernisse und Ergebnisse des wissenschaftlich-technischen Fortschritts;
- die übereinstimmende Gestaltung von materieller und finanzieller Planung und die Ausgestaltung der wirtschaftlichen Rechnungsführung als wirksame Instrumente zur Verwirklichung der Intensivierung;
- die theoretischen und praktischen Voraussetzungen für die ausgewogene Gestaltung von Wachstum und Stabilität bei der Verwirklichung der im Programm der SED begründeten Gesellschaftsstrategie sowie der vom XI. Parteitag der SED beschlossenen wirtschafts- und sozialpolitischen Aufgaben.

Ein Schlüsselproblem der sozialistischen Planwirtschaft ist die Einheit von Planung und wirtschaftlicher Rechnungsführung. Auf der Grundlage des sozialistischen Eigentums an den wichtigsten Produktionsmitteln und des demokratischen Zentralismus wird die Eigenverantwortung der Kombinate und Betriebe für die Erfüllung der Planaufgaben erhöht. Dem dient die weitere Ausgestaltung der Eigenerwirtschaftung der Mittel. Das ist eine unerläßliche Bedingung für ein positives Verhältnis zwischen den Leistungen für die Gesellschaft und der Bereitstellung von Fonds durch die Wirtschaftseinheiten. Die sich daraus ergebenden Konsequenzen verdienen eine ausführlichere Behandlung, sind aber nicht Gegenstand dieses Beitrages.

Die wirtschaftliche Rechnungsführung mit ihren Kategorien ist so zu gestalten, daß für die Kombinate und Betriebe vorteilhaft ist, was der Volkswirtschaft nutzt. Dieser Grundsatz muß mit gleicher Konsequenz auch umgekehrt gelten: Was der Gesellschaft schadet, muß vor allem von den Verursachern getragen werden. Indem die zentrale staatliche Leitung und Planung vervollkommnet und gleichzeitig die Eigenverantwortung der Wirtschaftseinheiten erhöht werden, sind alle Wirtschaftssubjekte auf die gesamtgesellschaftlichen Interessen und Erfordernisse und auf die effektivste Lösung aller Planaufgaben zu orientieren. Die wirksame Nutzung der Geld- und Finanzinstrumente des sozialistischen Staates ist dafür eine unerläßliche Bedingung.

Die sozialistische Gesellschaft ist eine wachstums- und leistungsorientierte Gesellschaft. Das erfordert, alle Möglichkeiten zu realisieren, die sich aus der Ausnutzung der Kategorien der sozialistischen Warenproduktion auf der Grundlage und im Rahmen des zentralen staatlichen Planes für Wachstum, Leistungsanstieg, Dynamik, Proportionalität und Stabilität ergeben. Nur bei Verwirklichung der These von der aktiven Rolle des Geldes können die gesamtgesellschaftlichen Interessen zu Maßstäben des Handelns werden und als Kriterien der Bewertung des Erreichten sowie als Grundlage für zukunftsorientierte Aufgaben dienen.

Am Ende der achtziger Jahre kann die DDR auf beachtliche Leistungen bei der Verwirklichung der vom VIII. Parteitag der SED begründeten Wirtschafts- und Sozialpolitik verweisen. Das Nationaleinkommen, die volkswirtschaftliche Produktivität und der Lebensstandard sind beträchtlich erhöht worden. Besonders das Wohnungsbauprogramm und die Entwicklung der Realeinkommen der Werktätigen spiegeln die gewachsenen Potenzen der Volkswirtschaft wider. Der Überwindung der vielen Ursachen geschuldeten Divergenzen zwischen materiellen und monetären Prozessen in der Volkswirtschaft sind die Anstrengungen der Werktätigen der DDR bei der Verwirklichung der ökonomischen Strategie gewidmet. Auf der 7. Tagung des ZK der SED wurden die diesbezüglichen Aufgaben deutlich angesprochen. Meines Erachtens gehört zu diesen verschiedenen Ursachen auch eine gewisse Unterschätzung oder gar Negierung einiger fundamentaler Thesen der marxistisch-leninistischen Reproduktions- und Geldtheorie. Obwohl dies bereits auf der 28. Tagung des Rates für die wirtschaftswissenschaftliche Forschung herausgearbeitet wurde, besteht Grund zu sagen, daß dieser Umstand noch nicht überwunden ist. Die Rolle der monetären Bilanzierung und Stimulierung für Wachstum und Stabilität wird in Theorie und Praxis noch oft verkannt. Natürlich wäre es abwegig, in der Entfaltung der Ware-Geld-Beziehungen ein Allheilmittel für die Lösung unserer Probleme zu suchen. Unerläßlich ist jedoch die aktive und konsequente Nutzung der Wert- und Geldkategorien und -formen auch durch und in der zentralen staatlichen Leitung und Planung sowie die Anwendung des Kreditsystems als eines mächtigen Hebels bei der Gestaltung der Produktionsweise der assoziierten Arbeit.[3] Bei der Lösung dieser Probleme kann es stets nur um Antworten gehen, die auf der Basis sozialistischer Produktions- und Machtverhältnisse zu realisieren sind. Konvergenztheoretisch begründete oder kosmopolitische Lösungen gefährden die Entwicklung des realen Sozialismus. Der untrennbare Zusammenhang von Klassen- und Menschheitsinteressen ist unumstritten. Er bestätigt auch, daß auf dieser Erde zwei entgegengesetzte sozialökonomische Systeme existieren, was den langwierigen und komplizierten Kampf um eine demokratische und gerechte Weltwirtschaftsordnung charakterisiert. Besonders auf den Gebieten der Preise, des Geldes und der Finanzen wird das deutlich und erfordert die Beachtung des Allgemeinen und Spezifischen des Geldes sowie seiner Funktionen und Formen.

Wenngleich monetäre Prozesse – objektiv bedingt durch die Existenz von Warenproduktion und Ware-Geld-Beziehungen – für sozialistische und kapitalistische Staaten bedeutsam sind, so unterscheiden sich Inhalt, Funktion und Ausnutzung des Geldes im Sozialismus und im Kapitalismus prinzipiell voneinander. Bestimmend hierfür sind Inhalt und Charakter der Produktionsverhältnisse. Im Kapitalismus dient das Geld im Verwertungsprozeß des Kapitals der Erzielung von höchstmöglichem Profit. Als kapitalistisches Produktionsverhältnis bringt das Geld Ausbeutungsverhältnisse zum Ausdruck. Bedingt durch die dem kapitalistischen Reproduktionsprozeß innewohnenden Widersprüche wird das Geldsystem im heutigen Kapitalismus von zunehmender Instabilität geprägt, die ihre besondere Zuspitzung in akuten Währungs- und Finanzkrisen erfährt.

Auch im Sozialismus sind Geld und Finanzen objektive Kategorien. Sie werden zugleich als Instrumente der Politik mit dem Ziel eingesetzt, die Arbeitsproduktivität unablässig zu steigern, das materielle und geistig-kulturelle Lebensniveau der Werktätigen zu erhöhen sowie die Existenz des sozialistischen Staates zu gewährleisten.

Die historischen Veränderungen, die mit der Großen Sozialistischen Oktoberrevolution und der Entwicklung des sozialistischen Weltsystems eingetreten sind, haben Konsequenzen für die Theorie des Geldes und für die Ausnutzung des Geldes im Sozialismus, insbesondere bei der Verwirklichung der Wirtschafts- und Sozialpolitik von Partei und Regierung. Der reale Sozialismus hat eine neue Qualität in der Praxis des Geldwesens hervorgebracht, die es theoretisch zu erfassen gilt. Die Geldtheorie von Marx und ihre Weiterentwicklung durch Lenin sowie besonders die praktischen Erfahrungen der sozialistischen Staaten sind für die weiteren geldtheoretischen Forschungen unerläßliche Voraussetzungen, nicht zuletzt, um den Widerspruch von Anspruch und Wirklichkeit im Sinne der marxistisch-leninistischen Gesellschaftstheorie zu lösen. Die Charakterisierung des Geldes als kapitalistisches oder sozialistisches Produktionsverhältnis erfordert die monetären Prozesse stets im Zusammenhang mit dem System der Leitung, Planung und ökonomischen Stimulierung zu betrachten. So kommt es im Unterschied zum Kapitalismus in der sozialistischen Produktion darauf an, den Gebrauchswert, die Qualität und das Sortiment der Erzeugnisse stets als Mittel zur Befriedigung gesellschaftlicher Bedürfnisse im untrennbaren Zusammenhang mit dem Wert zu sehen. „Im Interesse der besseren Befriedigung der gesellschaftlichen Bedürfnisse kommt es uns gerade darauf an, den Aufwand ständig zu senken. Es ist ein Wesensmerkmal der sozialistischen Planwirtschaft und der in ihr verwirklichten sozialistischen Warenproduktion, daß Gebrauchswert und Wert eine Einheit bilden."[4] Wir erinnern auch an die Bemerkungen von Helmut Koziolek, der auf der 28. Tagung des Wissenschaftlichen Rates für die wirtschaftswissenschaftliche Forschung bei der Akademie der Wissenschaften der DDR zu Recht hervorhob, daß „in der sozialistischen Planwirtschaft der Wert und seine Formen, vor allem das Geld und der Preis sowie auf ihnen aufbauende Wertformen, wie Finanzen und Kredit, objektive ökonomische Kategorien darstellen, die von der sozialistischen Gesellschaft bewußt und planmäßig gestaltet werden. Eine zentrale Frage ist die untrennbare Verbindung der Warenproduktion im Sozialismus mit der Planung der Volkswirtschaft, der wirtschaftlichen Rechnungsführung, dem Äquivalenzprinzip und dem sozialistischen Leistungsprinzip."[5] Diese Aussagen sind von weltanschaulicher, methodologischer und praktischer Bedeutung. Zum einen wird die objektive Rolle der Warenproduktion und der Wertkategorien im Sozialismus bekräftigt. Zum anderen wird die Spezifik des Sozialismus hervorgehoben: Die sozialistischen Produktionsverhältnisse bestimmen die Einordnung der allgemeinen ökonomischen Kategorien in das System der ökonomischen Gesetze des Sozialismus. Das Wertgesetz und die Geldgesetze gehören zum System der ökonomischen Gesetze des Sozialismus, ohne Wenn und Aber. Wachsender Wohlstand des Volkes, höhere Effektivität sind neben oder außerhalb dieser Gesetzmäßigkeiten nicht zu erreichen, schrieb Erich Honecker 1971 in einem Artikel. „Diese gewissenhaft zu berücksichtigen und zu beherzigen, sie mit Kenntnis und Meisterschaft zu nutzen – das erweist sich auch in unserem Lande als der einzige Weg zu guten und dauerhaften ökonomischen Ergebnissen. Das ist eine sich immer wieder bestätigende Erfahrung, eine immer aufs neue zu beherzigende marxistisch-leninistische Wahrheit. Hier liegt die Scheidelinie zwischen wissenschaftlicher Politik und Subjektivismus in der Ökonomie. Natürlich ist der Drang nicht unverständlich, noch schneller, als es exakte Bilanzen gestatten, wichtige Bedürfnisse der Gesellschaft zu befriedigen und dem Gegner einen Vorsprung in der Arbeitsproduktivität zu entreißen. Doch erhält solches Wunschdenken Einfluß auf konkrete Entschlüsse, so bringt es in der Konsequenz Tempoverlust statt Tempogewinn. Subjektivismus in wirtschaftlichen Fragen ist stets eine teure Angelegenheit."[6]

Das bedeutet, daß in der sozialistischen Planwirtschaft die Geldkategorien und die Finanzinstrumente in ihrer jeweiligen Spezifik, d. h. auf der Grundlage ihrer neuen sozialökonomischen Qualität zum Ausgangspunkt der theoretischen Analysen, der Verallgemeinerung und der Weiterführung der marxistisch-leninistischen Reproduktions- und Geldtheorie zu nehmen sind. Dementsprechend gehe ich von folgenden Erkenntnissen aus:

Erstens: Im Sozialismus bringt das Geld sozialistische Produktionsverhältnisse zum Ausdruck. Das Geld wird auf der Grundlage des materiellen Reproduktionsprozesses über den Kredit emittiert. Es wird als Kreditgeld charakterisiert. Im Zuge des Vergesellschaftungsprozesses verdrängt das Kreditgeld die Geldware Gold bereits im Kapitalismus. Mit der Ausbreitung des Kreditgeldes und der Demonetisierung des Goldes verliert das umlaufende Geld seinen Warencharakter. Die Berufung auf eine Äußerung von Marx, derzufolge das Kreditwesen „nie von den edlen Metallen loskommen"[7] werde, ist nicht überzeugend und ahistorisch. Die historischen und logischen Aspekte der Marxschen Geldtheorie zwingen uns, die Entwicklung der Produktivkräfte mit Konsequenz für die Rolle des Geldes in der „modernen Warenwirtschaft" aufzuarbeiten. Es zeigt sich, daß alle Waren die Funktion „Maß der Werte" übernehmen können, wenn sie einen Preis haben.[8]

Den Doppelcharakter der Arbeit und der Ware stets beachtend, die Demonetisierung des Goldes berücksichtigend, können wir mit Marx feststellen, daß die Maßeinheit einer Ware ein Quantum Arbeit ist, das durch Volumina, Qualität und Proportionen gekennzeichnet und bestimmt wird.[9] Anstelle einer spezifischen Geldware tritt eine neue Geldqualität auf, Geld, das nur auf der Grundlage des Kredits, des „Nationalkredits" in Umlauf gebracht werden kann. Das Gold verliert seine Rolle als allgemeines Äquivalent.[10]

Die sozialistische Geldwirtschaft erfordert vor allem bedarfs- und qualitätsgerechte Produktion, Proportionen, die dem Gesetz der Ökonomie der Zeit entsprechen, und Preise, denen der gesellschaftlich notwendige Aufwand zugrunde liegt und deren Entwicklung perspektivisch an der höchstmöglichen Übereinstimmung von Angebot und Nachfrage orientiert wird. Der Kredit kann das garantieren, wenn er nur für Waren gegeben wird, deren Erlös seine Rückzahlung und das gesellschaftlich notwendige Mehrprodukt gewährleisten. Das bedeutet, der Bank das Recht (weil Pflicht der Gesellschaft) einzuräumen, Kredite zu verweigern oder vorzeitig zurückzufordern. Bei den institutionellen Vorschlägen, wie sie in bezug auf die Trennung von Zentralbank und Geschäftsbank gelegentlich unterbreitet werden, sollten wenigstens die Erfahrungen der Industrie- und Handelsbank der DDR gebührend berücksichtigt werden. Die Lösung des Problems besteht m. E. nicht in der Schaffung neuer Institutionen, sondern in der Realisierung der aus der Reproduktions- und Geldtheorie resultierenden Konsequenzen.

Zweitens: Wir halten die These vom einheitlichen Geldumlauf im Sozialismus für geklärt. Er besteht aus der Bargeldsphäre und der bargeldlosen (Giralgeld) Sphäre, die zwar für bestimmte Bereiche auf der Grundlage der Regelungen über den Zahlungsverkehr bindend vorgeschrieben sind, die aber fließend ineinander übergehen. Beide Formen des Kreditgeldes bringen Ansprüche auf Waren und Dienstleistungen zum Ausdruck und spiegeln die Verpflichtung zur Dynamik, zu Wachstum und Stabilität wider.

Drittens: Zum Charakter des sozialistischen Geldes gibt es unterschiedliche Auffassungen. Von einigen Autoren wird die Ansicht vertreten, im Sozialismus handle es sich um „Papiergeld mit staatlichem Zwangskurs", es trage „Budgetcharakter". Die Auseinandersetzungen hierzu sind keineswegs nur erkenntnistheoretisch interessant. Hier geht es um Kernfragen sowohl der Theorie als auch der praktischen Gestaltung der Geldbeziehungen im Sozialismus.

Das Kreditgeld im Sozialismus basiert u. E. von vornherein auf dem Bankkredit. Die Entscheidung, die sich aus der Warenproduktion und -zirkulation ergebenden Kredit- und Geldbeziehungen ausschließlich über das einheitliche staatliche Bankensystem zu realisieren, ist m. E. ein Erfordernis der sozialistischen Produktionsweise. Sie ist notwendig, damit diese Beziehungen zur Realisierung des Ziels der sozialistischen Produktion, für die gesamtgesellschaftliche Planung, Rechnungslegung und Kontrolle effektiv gestaltet und ausgenutzt werden können.

Bekanntlich ist es bewährte Praxis, daß der Staat die für die Finanzierung der gesamtgesellschaftlichen Aufgaben erforderlichen Mittel planmäßig hauptsächlich über eigene Einnahmen des Staatshaushalts zentralisiert, wobei den Abführungen der volkseigenen Wirtschaft die größte Bedeutung zukommt. Da zugleich die Ausgeglichenheit des Staatshaushalts ein fundamentaler Grundsatz sozialistischer Finanzpolitik ist, werden die Möglichkeiten zur Erhöhung der Ausgaben des Staatshaushaltes letztlich vom Leistungswachstum der Volkswirtschaft bestimmt und eine Papiergeldemission zur Finanzierung eines Haushaltsdefizits ist verfassungsrechtlich nicht gestattet.

Viertens: Das als Kreditgeld charakterisierte Geld im Sozialismus bringt die Beziehungen zwischen allen an Wirtschaftsprozessen Beteiligten, also zwischen den Wirtschaftseinheiten, zwischen diesen und dem Staat und den Werktätigen, zwischen dem Staat und der Bevölkerung sowie zwischen den Bürgern selbst zum Ausdruck. Kreditgeld erhält seine Fähigkeit, als allgemeines Äquivalent zu fungieren, durch die planmäßige, proportionale Entwicklung des Reproduktionsprozesses, durch das planmäßige, aufeinander abgestimmte Handeln der Werktätigen und ihrer Kollektive. Es ist ein aktiver und stabilisierender Faktor der ökonomischen Entwicklung und drückt die wechselseitige Verflechtung der materiellen und der monetären Fonds der Wirtschaft, der Bevölkerung und des Staates aus.

Kreditgeld ist ökonomisch bestimmt und nicht außerökonomisch. Der Kreditcharakter des Geldes im Sozialismus ergibt sich aus den sozialistischen Produktionsverhältnissen, aus der Existenz der Warenproduktion und -zirkulation.

Die Ausnutzung der Vorzüge des sozialistischen Kreditgeldes ist eine wichtige Voraussetzung für die Vervollkommnung der Planung und der wirtschaftlichen Rechnungsführung der Kombinate und Betriebe. Durch die Bindung der Emission von Kreditgeld an die Prozesse der materiellen Produktion erhält der Kreislauf der Geldfonds der Kombinate und Betriebe seine materielle Deckung. Sie ist eine entscheidende Voraussetzung für die Gewährleistung eines kontinuierlichen Reproduktionsprozesses. Kreditgeld schafft von der monetären Seite überhaupt erst die Voraussetzungen für den Kreislauf der Fonds.

Marx entwickelte das Gesetz des Rückflusses der auf Kredit gegründeten Zirkulation zu ihrem Ausgangspunkt. Dieses Gesetz besagt, daß Geld ausschließlich über die ständig im Kreislaufprozeß entstehenden Kreditbeziehungen in Umlauf gebracht wird. Über die Kredittilgung wird es aus dem Umlauf gezogen. Damit wird auf die große Bedeutung einer strengen, auf hohe Effektivität orientierten Kreditgewährung hingewiesen. Tatsächlich sichern nur solche dem Kredit zugrundeliegenden Produktions- und Zirkulationsprozesse, die mit hoher Effektivität und bedarfsgerecht realisiert werden, auch den Rückfluß des Geldes und die Auflösung der vorgeschossenen Geldfonds. Die sich dabei vollziehende Tilgung des Kredits ist also ein sehr wesentliches Moment eines planmäßigen Geldumlaufs.

Fünftens: Der Kreditmechanismus gilt generell und nicht nur für den durch die erweiterte Reproduktion bedingten Zuwachs des Geldvolumens.

Der Kredit verteilt also nicht bereits vorhandenes Geld neu um, wie dies beim Verleihen von Geldmitteln bei metallischer oder Papiergeldzirkulation der Fall ist, sondern setzt Geld in Umlauf. Das einseitige Festhalten an der Umverteilungsfunktion des Kredits ist beim richtigen Verständnis der Emissionsfunktion nicht zu begründen. Selbstkritisch ist hinzuzufügen, daß ich die früher auch von mir formulierte Umverteilungsfunktion des Kredits nicht mehr nenne. Die Umverteilung zeitweilig freier Geldmittel in der Volkswirtschaft gilt in gewisser Weise, wenn man das Problem aus der Sicht der Wirtschaftssubjekte betrachtet. Das ist aber nicht das Thema.

Das über den Bankkredit emittierte Geld (Bar- und Buchgeld) fließt bei bedarfsgerechter, effektiver und kontinuierlicher Produktion und Zirkulation zu seinem Ausgangspunkt, der Bank, zurück. Die Banken kontrollieren über den Geldumlauf den Ablauf der materiellen Prozesse und helfen so, Entscheidungen über den Kreislauf der Fonds im Reproduktionsprozeß vorzubereiten.

Sechstens: Bei Kreditgeldzirkulation besitzt die Entwicklung und Begrenzung des volkswirtschaftlichen Geldvolumens einen hohen Stellenwert für die planmäßige Gestaltung des Verhältnisses von materiellen und monetären Prozessen. Die Kreditgeldzirkulation erfordert eine sorgfältige Planung des volkswirtschaftlichen Geldvolumens. Verletzungen des Geldumlaufgesetzes können zu einer Verlangsamung der Umschlagsgeschwindigkeiten des Geldes führen und längerfristig – vermittelt über eine Veränderung der Kosten- und Reineinkommensstruktur – einen Druck auf die Preise ausüben. Obwohl noch viele Erfordernisse ökonomischer Gesetze nur sehr vermittelt quantifizierbar sind, liefert gerade das Geldumlaufgesetz wesentliche Ausgangspunkte für die Quantifizierung des volkswirtschaftlich erforderlichen Geldvolumens, zur Erarbeitung von Kriterien für die Entwicklung des Geldvolumens, was bei Kreditgeld von besonderer Bedeutung ist.

Eine wichtige Aufgabe ist die Bestimmung der Kriterien für das volkswirtschaftlich notwendige Kredit- und Geldvolumen. Bei Kreditgeld gehören nicht nur das Preisniveau (bei gegebener Warenmenge) und die Umlaufgeschwindigkeit des Geldes zu den Bestimmungsfaktoren des volkswirtschaftlich notwendigen Geldvolumens. Solche Faktoren wie das Kreditvolumen, die Nettogeldeinnahmen der Bevölkerung sowie die Salden der Zahlungs- und der Staatshaushaltsbilanz und deren Strukturen besitzen eine eminente Bedeutung für die Sicherung der planmäßigen Entwicklung des Geldvolumens. Es handelt sich also, wie Stoll mehrfach herausgestellt hat, um ein Proportionsgefüge. Ich befürworte folgende Reihenfolge der wichtigsten Kriterien:

1. Ausgangspunkt für die Bestimmung des volkswirtschaftlich notwendigen Kredit- und Geldvolumens ist die Preissumme der zu realisierenden Waren (des gesellschaftlichen Gesamtprodukts). Insofern haben die Kategorien „Gesamtprodukt“ und „produziertes Nationaleinkommen“ immer eine wichtige Ausgangsposition in diesem Proportionsgefüge. Doch ergibt sich die Notwendigkeit, vor allem die Zuwachsraten des Kreditvolumens mit den Wachstumsraten des Nationaleinkommens (in allen seinen Modifizierungen) zu vergleichen. Natürlich können diese Wechselbeziehungen aus vielen Gründen beeinflußt werden, doch eine allgemeine Orientierung läßt sich daraus ableiten: Die umfassende Intensivierung erfordert, mit den vorhandenen Kredit- und Geldfonds effektiver zu wirtschaften. Der Krediteinsatz in den produzierenden Bereichen ist unter Beachtung von Kontinuität, Effektivität, Flexibilität und Stabilität zu optimieren, d.h. – und darüber gibt es Übereinstimmung – die relative Kreditbelastung der Volkswirtschaft darf nicht weiter erhöht werden.

2. Eine wichtige Proportion für die Beurteilung der Entwicklung des Kredit- und Geldvolumens stellt das Verhältnis des Nationaleinkommens zu den Geldeinnahmen bzw. zum Realeinkommen der Bevölkerung dar. Die bilanzierte Entwicklung auf diesem Gebiet ist für die Finanzierung der gesamtgesellschaftlichen Aufgaben notwendig. Gerade bei intensiv erweiterter Reproduktion gilt es, das Reineinkommen durch die Erhöhung der Produktion, durch die Verbesserung der Qualität der Erzeugnisse und vor allem durch die Senkung der Selbstkosten und stärker als bisher auch durch rentablere Außenwirtschaftsbeziehungen zu erhöhen. Mit dem Blick auf das Jahr 2000 sollten wir einen Koeffizienten von 1,25 zu 1,00 ansteuern, d.h. eine grundlegende Wende im Verhältnis von Leistungsanstieg und Realeinkommenserhöhung ist im Interesse von Wachstum und

Stabilität unerläßlich. Vor dieser Aufgabe bekunden einige Diskussionspartner viel Respekt und Zurückhaltung, doch der Logik ökonomischer Gesetze kann man nicht entkommen, schon gar nicht, wenn man sich an die Politik-Definition W.I. Lenins erinnert: Die Politik ist (oder soll sein) der konzentrierte Ausdruck der Ökonomik!

3. Die Umschlagsgeschwindigkeit des Geldes, die den Kreislauf und den Umschlag der materiellen Fonds widerspiegelt, darf sich unter den Bedingungen der intensiv erweiterten Reproduktion nicht verlangsamen, sondern sollte beschleunigt werden. Bei konsequenter Anerkennung des Kreditcharakters des Geldes im Sozialismus ist eine richtige Einordnung der Umschlagsgeschwindigkeit des Geldes in die Kriterien für die Entwicklung des Kredit- und Geldvolumens notwendig. Die ökonomische Strategie zielt auf eine Beschleunigung des Umschlags der materiellen Fonds ab, die sich beschleunigend auf die Umschlagsgeschwindigkeit des Geldes auswirkt. Daraus ergibt sich, daß unter sonst gleichen Bedingungen in der intensiv erweiterten Reproduktion die Kredite und die Geldfonds in den produzierenden Bereichen langsamer wachsen sollten als das Volumen des gesellschaftlichen Gesamtprodukts (bzw. seiner Teile).

4. Ein weiterer wichtiger Einflußfaktor des Kredit- und Geldvolumens ist die Geldakkumulation der Bevölkerung. Sie verändert sich in Abhängigkeit von den Geldeinnahmen der Bevölkerung, von der Reproduktion der individuellen Konsumtionsfonds, dem Warenangebot, der Preisentwicklung und anderen Einflüssen. Eine optimale Geldakkumulationsquote zu begründen, ist eine anspruchsvolle Aufgabe, die stets von den Bilanzen ausgehend und mit dem Blick auf den Sparer auszuarbeiten ist und erfordert, mehr und bessere Konsumgüter anzubieten.

5. Der Saldo aus aktiven und passiven Kreditbeziehungen mit dem Ausland sollte planmäßig in Abhängigkeit von der Exportkraft, von den primären Beziehungen von Produktivität und Einkommen, Akkumulation und Konsumtion gestaltet werden. Zins- und Tilgungszahlungen an das Ausland sind Gegenstand der volkswirtschaftlichen Bilanzierung und sollten in einem optimalen Verhältnis zum Zuwachs des produzierten Nationaleinkommens stehen.

Allein diese Kriterien zeigen die weitreichenden Konsequenzen für die Gestaltung der Einheit von materiellen und monetären Prozessen und die Erfassung der Bedingungen für die Sicherung der Stabilität des Geldumlaufs und der Währung, die letztlich auf der zielstrebigen Verwirklichung der ökonomischen Strategie der SED und den Anstrengungen der Werktätigen beruhen, um die Qualität und Effektivität der Arbeit ständig zu verbessern sowie die Vorzüge des Sozialismus noch enger mit den Erfordernissen und Errungenschaften der wissenschaftlich-technischen Revolution zu verbinden.

Als ein besonders schwieriges Problem in der Diskussion erweist sich die Wertmessung, die ich nicht als statische Fixierung der Wertgrößen für die einzelnen Waren auffasse. Die Anerkennung der individuellen Arbeit muß in einer bestimmten Relation zur gesellschaftlich notwendigen Arbeit im Rahmen der gesamten Gesellschaft stehen. Die positiven Wirkungen des historischen Prozesses der Herausbildung der unmittelbar gesellschaftlichen Arbeit kraft sozialistischer Produktionsverhältnisse sollten gefördert werden. Ihre Negierung bringt keine Lösungen, schon gar nicht für die Anerkennung der individuellen und der gesellschaftlichen Arbeit im Planungsprozeß und letztlich auf dem Markt, die immer mit dem Setzen und Realisieren von Proportionen verbunden ist. Im Sozialismus wird dieser Prozeß über das System der Leitung, Planung und ökonomischen Stimulierung mit Normen, Normativen, Tarifen, Preisen usw. realisiert.

Mit der Entwicklung des sozialistischen Kreditgeldes hat sich ein eigenständiger Bewegungsmechanismus zwischen der Wertproduktion und der Geldzirkulation herausgebildet. Die Stabilität unseres Geldes erfordert, die Proportionalität zwischen materiellen und monetären Prozessen planmäßig zu sichern. Das bedeutet, bewußt und planmäßig den gesellschaftlichen Aufwand über die Preise zu realisieren, um so den Erfordernissen der Reproduktion und des Wertgesetzes zu entsprechen, wonach die „Summe der Werte" mit der „Summe der Preise" übereinstimmen muß.

Die Vorleistungen für die Zukunft (Wissenschaft und Technik, Investitionen, Strukturpolitik, Außenwirtschaft u.a.) und die Erfordernisse einer erfolgreichen Einheit von Wirtschafts- und Sozialpolitik bei Beachtung der wechselseitigen Einflüsse innerer und äußerer Faktoren gestatten m.E. für absehbare Zeit keine Senkung des Preisniveaus, und punktuelle Preissenkungen sind für unser Thema nicht nennenswert. Ich warne vor naiven Betrachtungen dieses Themas und vor Versprechungen, deren Nichteinhaltung schon programmiert ist. Die Erhöhung der Realeinkommen ist der Hauptweg zur Entwicklung des Lebensstandards, wobei stets zu beachten ist, daß Leistungsanstieg, Qualitätsverbesserung und Kostensenkung die wichtigsten Voraussetzungen für jeglichen sozialen Fortschritt sind. Die Entwicklung der Einkommen und der Preise bestimmen Geldwert und Kaufkraft. Die praktische Bedeutung beider ist umstritten. Ich respektiere die diesbezüglichen Untersuchungen und Überlegungen von Lotze u.a. Autoren. Doch gestatten die schon genannten Realitäten m.E. keine praktische Umsetzung der Vorstellungen von einem „stabilen Geldwert".

Der entscheidende Einfluß auf die Entwicklung der Kaufkraft der Währungseinheit und des zirkulierenden Geldvolumens geht von dem Effektivitätszuwachs und den materiellen Proportionen aus, wobei wir angesichts der bekannten objektiven und subjektiven Bedingungen wohl noch für längere Zeit zwischen den effektiven Preisen für Produktionsmittel und denen für Konsumgüter zu unterscheiden haben. Die Kosten und ihre Entwicklung sind ein wichtiger Maßstab der Effektivität und der Leistungsentwicklung. Ihre Senkung erfordert unter anderem eine direkte Verbindung der Bilanzierung und der Materialeinsparung mit der Kostenplanung in den Kombinaten mit dem Ziel, den Ressourceneinsatz in direktere Abhängigkeit von der Planerfüllung zu bringen. Diese Prozesse sind Gegenstand der differenzierten Formen der Finanzkontrolle, die ihren spezifischen Beitrag zur Stabilität der Staatsfinanzen zu leisten, d.h. zu erhöhen haben.

Die Stabilität des Geldumlaufs wird von der effektiven Gestaltung der intensiv erweiterten Reproduktion bestimmt. Steigende Arbeitsproduktivität und Effektivität der Produktion, Senkung der Kosten und Erhöhung der Qualität der Erzeugnisse, Einhaltung der Grundproportionen der Volkswirtschaft sind die entscheidenden materiellen Prozesse für die Stabilität der Währung, die eine wichtige Seite der ökonomischen und politischen Stabilität ist. Die Struktur- und die Sozialpolitik bestimmen die Einkommens- und in gewisser Weise auch die Geldpolitik zu den Ausgangspositionen für die Preis- und Geldwertentwicklung, und nicht umgekehrt. Hier unterscheidet sich meine Auffassung hinsichtlich der Reihenfolge von der meines Vorredners.

Wenn wir betonen, daß das Geld im Sozialismus ein sozialistisches Produktionsverhältnis ist, so schließt dies selbstverständlich ein, auch die Einflüsse zu analysieren, denen das Geldsystem im Sozialismus durch die Wirtschaftsbeziehungen mit den kapitalistischen Staaten ausgesetzt ist. Dabei geht es jedoch in erster Linie um Einflüsse, die sich aus der Entwicklung der kapitalistischen Weltmarktpreise, aus der Währungskurs-, Kredit- und Zinsentwicklung im Kapitalismus ergeben, nicht aber um Einflüsse des Goldes. Dabei ist wohl allen klar, daß diese Prozesse durch die imperialistischen Staaten als Instrumente ihrer Politik, auch gerade gegen den Sozialismus, genutzt werden.

Das Gold als Geldware kann die ökonomischen Beziehungen zwischen kapitalistischen und sozialistischen Staaten nicht beeinflussen. Als Exportware spielt es allenfalls in gewissen Grenzen die von Lenin bereits 1921 charakterisierte Rolle. Wir bringen unsere Übereinstimmung mit S. M. Borisow zum Ausdruck, der hervorhebt, daß das Gold in der historischen Perspektive als Geld verschwinden wird, und daß das Kreditgeld das Geld in Gegenwart und Zukunft ist. Es ist jenen zuzustimmen, die dem Gold für die Währungsstabilität keine reale Bedeutung beimessen und den Goldgehalt der Währungseinheit für einen Anachronismus halten.

Die in der Perspektive angestrebte Teilkonvertibilität sozialistischer Währungen untereinander ist mehr von den Grundfragen der Wirtschaftsführung (demokratischer Zentralismus, Außenwirtschaftsmonopol, ausgewogene Bilanzierung der Ansprüche und Ressourcen, Preisbildungsprinzipien) als von den banktechnischen Instrumenten abhängig.

Wir gehen davon aus, daß die seit drei Jahrzehnten bewährten Grundsätze der RGW-Preisbildung für die Stabilität unserer Pläne von großer Bedeutung waren und in bestimmter Weise auch künftig sein werden. Jede Überlegung zur Vervollkommnung der Preisbildung muß vom Leistungs- und Äquivalenzprinzip ausgehen.

Mit der Bildung der RGW-Vertragspreise auf der Grundlage der Preise der Hauptwarenmärkte wird die wesentliche Tatsache berücksichtigt, daß die Weltmarktpreise fortschrittliche Produktionsbedingungen reflektieren und damit zugleich auf ein hohes wissenschaftlich-technisches Niveau der Erzeugnisse, einen hohen Stand der Arbeitsproduktivität und niedrige Selbstkosten orientieren.

Die Möglichkeit der uneingeschränkten Wirkung kapitalistischer Weltmarktpreise auf die Wirtschaftseinheiten und die Bevölkerung ist Gegenstand wissenschaftlichen Meinungsstreits. Ihre etwaige volle oder teilweise Verwirklichung fällt, insbesondere wegen ihrer wirtschafts- und sozialpolitischen Konsequenzen, in die Kompetenz der Regierungen der Mitgliedsländer des RGW. Es handelt sich hier m. E. um Grundfragen, ebenso wie die sich aus den Stichworten „gemeinsamer Markt“ und „Konvertibilität“ ergebenden perspektivischen Aufgaben. Diese Fragen berühren auch grundsätzliche Fragen der perspektivischen Entwicklung der staatlichen Souveränität.

Wir gehen davon aus, daß sich der transferable Rubel bewährt hat und zu entwickeln ist. In der Literatur ist seine Charakterisierung als „Weltgeld“ oder als „Verrechnungsinstrument“ umstritten. Im Komplexprogramm von 1971 wird die Aufgabe gestellt, ihn zu entwickeln, damit er alle Geldfunktionen ausfüllen kann. Realistisch betrachtet ist er noch immer nur ein Verrechnungsinstrument.

In der Frage der „Konvertibilität“ gibt es viele Unklarheiten und Illusionen. Eine viel diskutierte Frage besteht darin, ob die Konsequenz sozialistischer Warenproduktion die Anerkennung der Konvertibilität als ökonomische Kategorie einschließt. Ich bejahe diese Frage. Wer die sozialistische ökonomische Integration wirklich will, wird auch die Konvertibilität sozialistischer Währungen untereinander anstreben müssen, denn sonst bleiben Effektivitätszuwachs und Interessenverknüpfung bloße Worte. Gelegentlich spürt man viel Distanz zu den Fragen der Konvertibilität. Das ist einerseits berechtigt, weil das Defizit an Waren in den RGW-Ländern und weil die tatsächlichen Verhältnisse in bezug auf Produktivität, Kosten und Qualität, Einkommen und Preise die breite Anwendung einer weiten Fassung des Begriffs „Konvertibilität“ für Wirtschaftssubjekte für viele Jahre nicht zulassen werden, und andererseits unberechtigt, weil man ökonomische Kategorien nicht ungestraft ignorieren darf. Das lehrt uns die Geschichte. Zum „modernen Sozialismusbild“ gehört perspektivisch eine Konvertibilität, die den Prinzipien des Sozialismus zu größerer Wirksamkeit verhilft.

Überlegungen zur teilweisen oder vollen Anwendung der Konvertibilität als ökonomisches Instrument erfordern die Respektierung der materiellen und finanziellen Bilanzen sowie der Grundsätze der Planwirtschaft. Ihre Realisierung erfordert ausgeglichene Bilanzen, Überschüsse an weltmarktfähigen und devisenrentablen Erzeugnissen, einheitliche Preisbildungsgrundsätze für Produktionsmittel und Konsumgüter usw., einen bindenden Mechanismus für die Festsetzung und Veränderung der Umrechnungssätze (Kurse) aller beteiligten Regierungen und internationalen Institutionen der Mitgliedsländer des RGW sowie eine weitgehend übereinstimmende Gestaltung des demokratischen Zentralismus sowie des Außenwirtschafts- und Valutamonopols.

Diese objektiven Bedingungen erfordern zwingend einen auf Jahrzehnte berechneten Plan zur teilweisen Anwendung der Konvertibilität zunächst zwischen den Mitgliedsländern des RGW, dann zwischen diesen und dem transferablen Rubel, dann unter Einschluß interessierter Länder.

Eine volle Anwendung der Konvertibilität, insbesondere gegenüber kapitalistischen Ländern, ist m. E. für die nächsten Jahrzehnte nicht möglich. Denken wir daran, daß viel mehr als bisher zu tun ist, um durch Gewinne auf dem kapitalistischen Weltmarkt solche Währungsreserven anzusammeln, die die Einführung einer entsprechenden, wenn auch teilweisen Konvertibilität erlauben könnten.

Schließlich ist an die Schutzfunktion des verfassungsrechtlich verankerten Außenwirtschafts- und Valutamonopols (Art. 9 Abs. 5 der Verfassung der DDR) zu erinnern.

Unabhängig von dem Thema „Konvertibilität" sollte der Währungs- und Kreditmechanismus weiter vervollkommnet werden, wenn er auch nicht der Schlüssel zur Lösung der RGW-Probleme ist. Er kann und muß allerdings hilfreich sein, im Sinne der von Karl Marx charakterisierten Hebelwirkung. Durch konsequente Anwendung des Leistungs- und des Äquivalenzprinzips können auch mit Hilfe von Kredit- und Währungsinstrumenten die Defizite beseitigt und die Effektivität erhöht werden.

Der Volksmund sagt, nur einer von zehntausend kundigen Bürgern versteht was von den komplizierten Währungsproblemen. Eigenartigerweise trifft man jeden Tag diesen einen. Angesichts der hier versammelten geistigen Potenz braucht es uns nicht bange zu sein. Wir werden heute einen großen Schritt nach vorn tun.

Für mich ist die Tatsache des Stattfindens unserer Tagung schon ein Erfolg, weshalb ich mich beim Vorsitzenden des Wissenschaftlichen Rates für die wirtschaftswissenschaftliche Forschung, Helmut Koziolek, noch einmal herzlich bedanke.

Wenn unsere Lehrmeinung bekräftigt wird, demzufolge das Gold keine Grundlage des sozialistischen Währungssystems ist, daß der Kredit im Sozialismus jegliches Geld in Umlauf setzt, dann wäre ich glücklich.

Was die vorgeschlagenen Stabilitätskriterien betrifft, so bin ich unbescheiden genug zu sagen, nur wenn wir sie mit dem Blick auf das Jahr 2000 anstreben, können wir unseren historischen Beitrag zur Stärkung des Sozialismus und zur Erhaltung des Friedens leisten.

Im Rahmen dieses kurzen Beitrages konnte ich nicht ausdrücklich auf alle von meinem Vorredner aufgeworfenen Fragen und Details eingehen. Ich denke der kontroverse Inhalt ist auch so deutlich genug und gibt uns allen Grund zum Nachdenken. Der konstruktive Erkenntnis- und Erfahrungsaustausch wird diesen Prozeß beschleunigen.

Das richtige Verständnis für
- die Einheit von Planmäßigkeit und sozialistischer Warenproduktion,
- die aktive Rolle des Geldes und die Bedeutung aller Geld- und Finanzinstrumente des Staates zur Verwirklichung der ökonomischen Strategie,
- die Charakteristik des Geldes im Sozialismus als Kreditgeld und
- die Bedeutung ausgeglichener Geld- und Finanzbilanzen zur Gewährleistung von Wachstum und Stabilität

hat für die weitere erfolgreiche Gestaltung der entwikkelten sozialistischen Gesellschaft eine große politische Bedeutung.

Die seit vielen Jahren in der „Wirtschaftswissenschaft" geführte Diskussion zu einigen Grundfragen der marxistisch-leninistischen Geldtheorie erfordert eine Zwischenbilanz, die für Forschung, Lehre, Praxis und Propaganda neue Impulse vermitteln sollte. Die Diskussion – auch in den Bruderländern – ist in vollem Gange. Beiden Schulen sollte Gelegenheit gegeben werden, ihre Thesen zu überprüfen und einige Schlußfolgerungen für Lehre und Forschung zu ziehen.

Dies wäre zugleich ein Beitrag zur Erfüllung des Auftrages des XI. Parteitages der SED an die wirtschaftswissenschaftliche Forschung dazu beizutragen, auch künftig „die sozialistischen Produktionsverhältnisse so auszugestalten, daß sie die dynamische Entwicklung der Produktivkräfte im Interesse der Stärkung des Sozialismus fördern"[11].

Anmerkungen

1 Vgl. 7. Tagung des ZK der SED. Mit dem Blick auf den XII. Parteitag die Aufgaben der Gegenwart lösen. Aus dem Bericht des Politbüros an das Zentralkomitee der SED. Berichterstatter: Genosse Erich Honecker, Dietz Verlag, Berlin 1988, S. 12f.

2 Vgl. G. Mittag, Konsequent auf dem Kurs der Hauptaufgabe. Dietz Verlag, Berlin 1986, S. 428f.

3 Vgl. K. Marx, Das Kapital, Dritter Band, in: MEW, Bd. 25, S. 621.

4 G. Mittag, Mit höchsten Leistungen den XI. Parteitag vorbereiten, in: Einheit, Heft 6/1985, S. 495.

5 H. Koziolek, Zu einigen Fragen des Beratungsgegenstandes, Zur aktiven Rolle der Finanzen, in: Abhandlungen der Akademie der Wissenschaften der DDR, Jahrgang 1979, Nr. W6, S. 130.

6 E. Honecker, Fragen von Wissenschaft und Politik in der sozialistischen Gesellschaft, in: Reden und Aufsätze, Band 1, Dietz Verlag, Berlin 1975, S. 377.

7 Vgl. K. Marx, Das Kapital, Dritter Band, a. a. O., S. 620.

8 Vgl. K. Marx, Grundrisse der Kritik der politischen Ökonomie, in: MEW, Bd. 42, S. 134.

9 Vgl. Ebenda, S. 678.

10 Vgl. K. Marx, Das Kapital, Erster Band, in: MEW, Bd. 23, S. 131, S. 75;
Vgl. Wieviel ist das Gold wert? Interview von A. Anikin für die „Iswestija", in: Presse der Sowjetunion, 2/1989, S. 20f.

11 XI. Parteitag der SED. Bericht des Zentralkomitees der Sozialistischen Einheitspartei Deutschlands an den XI. Parteitag der SED. Berichterstatter: Genosse Erich Honecker, Dietz Verlag, Berlin 1986, S. 27.

2. DISKUSSION

Wolfried Stoll

Zur Ausnutzung des Geldes in unserer sozialistischen Planwirtschaft

Wir sind dankbar, daß der Wissenschaftliche Rat für wirtschaftswissenschaftliche Forschung nach dem 7. Plenum des ZK der SED gewissermaßen im Felde der Vorbereitung des XII. Parteitages der SED konzeptionelle Fragen der Ausnutzung des Geldes in unserer sozialistischen Planwirtschaft aufgreift.

Wenn Erich Honecker feststellte: „Wir haben kein gestörtes Verhältnis zur Existenz von Ware, Wert, Geld, Kosten, Preis und Gewinn",[1] so liegen dieser Aussage solche begründeten historischen Erfahrungen zugrunde,

- daß in unserem Lande mit dem Entstehen des Volkseigentums die Gestaltung des Reproduktionsprozesses stets auf der Grundlage sozialistischer Warenproduktion erfolgte und bereits 1951 auf dem 6. Plenum des ZK der SED die Grundzüge der wirtschaftlichen Rechnungsführung begründet wurden;
- daß das Geld in der Leitung und Planung in der DDR nach dem bei uns geprägten Grundsatz der Einheit von materieller und finanzieller Planung und in dem gesamten Prozeß der Vervollkommnung von Leitung, Planung und wirtschaftlicher Rechnungsführung bei der Gestaltung unserer Planwirtschaft eine wichtige Rolle spielt;
- daß wir in der DDR im Ergebnis der Leistungsentwicklung der Volkswirtschaft über ein leistungsfähiges Finanz- und Banksystem in den Händen des Staates verfügen.

Der Blick auf die zurückgelegte und gleichermaßen auf die vor uns liegende Wegstrecke in der Dialektik von Kontinuität und Erneuerung fordert jedoch ganz im Sinne unseres Parteiprogramms die bewußte Ausnutzung der Ware-Geld-Beziehung für effektives Wirtschaften noch wirkungsvoller auszuschöpfen.[2] Wir sehen aus unserer Verantwortung mit dem Blick auf die weitere Ausgestaltung der aktiven Rolle des Geldes insbesondere folgende Arbeitsrichtungen:

Erstens: Im Rahmen der volkswirtschaftlichen Planung müssen die Finanzen in der Verflechtung mit den materiellen Prozessen zu einem höheren Niveau volkswirtschaftlicher Bilanzierung und begründeter Effektivitätsmaßstäbe beitragen. Das schließt eine Qualifizierung der monetären volkswirtschaftlichen Planung mit der Finanzbilanz des Staates und der Planung des Geldumlaufs ein.

Das Geld, das alle Glieder der Volkswirtschaft und innere und äußere Wirtschaftsbeziehungen miteinander verbindet, muß auf der Grundlage des Planes künftig wirkungsvoller volkswirtschaftliche Proportionen, wie das Verhältnis von Leistungen für die Gesellschaft und Inanspruchnahme von Ressourcen von der Gesellschaft und darin eingeschlossen die Dynamik zwischen Fondsvorschuß von heute und Effektivität von morgen auf der Basis der Ökonomie der Wiedererwirtschaftung und des Umschlags der Fonds auf ökonomische Art und Weise besser mit durchsetzen helfen.

So ist es notwendig, wachsende Akkumulation mit einer wachsenden Erwirtschaftung von gesellschaftlichen Reineinkommen zu verbinden. Ebenso erfordern wachsende Geldeinkommen der Bevölkerung die Erwirtschaftung der materiellen Konsumtionsfonds.

Frühere Thesen von einem notwendigen Vorauseilen von Geldeinnahmen als Stimulus der Produktion, die einmal in den Rang objektiver Erfordernisse gehoben wurden, haben sich ebenso überholt, wie solche Auffassungen und Praktiken, daß am Geld nichts scheitern dürfe.

Die Ausnutzung des Geldes in der volkswirtschaftlichen Planung muß zum Wachstum an Leistungen und Effektivität im Sinne der Anforderungen an eine neue Qualität des Wirtschaftswachstum beitragen und die Konzentration volkswirtschaftlicher Ressourcen auf Knotenpunkte wirtschaftlicher Entwicklung muß die Förderung der modernen Produktivkräfte und die damit verbundenen Strukturänderungen unterstützen.

Ich stimme voll den Aussagen von Schließer und Stiemerling zu, wenn sie in diesem Zusammenhang auf die dialektische Einheit und Gleichwertigkeit von Gebrauchswert und Wert orientieren. Die wirksame Ausnutzung des Geldes in der volkswirtschaftlichen Planung und Bilanzierung gehört zu dem Auftrag des XI. Parteitages der SED an die zentralen staatlichen Organe für die Wahrnehmung der volkswirtschaftlichen Verantwortung der Kombinate, die notwendigen Bedingungen zu schaffen. Ein höheres Niveau materieller und finanzieller Bilanzierung muß zur weiteren Festigung des Geldumlaufs auf Basis leistungsgerechter Bildung und bedarfsgerechter Realisierung der Geldeinnahmen der Bevölkerung und der Wirtschaft sowie zur Stabilität der Staatsfinanzen und unserer Währung beitragen. Das sind wichtige Bedingungen für die ökonomische Wirksamkeit der Ware-Geld-Beziehungen und für die Ausnutzung der Geldfunktionen.

In dieser Zielrichtung besteht auch vollkommene Übereinstimmung mit Schließer, wobei ich sagen darf, daß wir in der Planung mit der dadurch möglichen materiellen und finanziellen Verflechtung durchaus über ein System von Währungskriterien verfügen, das einen Vergleich mit den modernen Instrumenten kapitalistischer Geldmengensteuerung nicht zu scheuen braucht. Im Kern geht es darum, wie Erich Honecker sagte, stets zu sichern, daß das Geld einen Wert hat, daß man sich dafür auch etwas kaufen kann, was wir letztlich an der realen Kaufkraft unserer Mark und an der bedarfsgerechten Geldrealisierung messen. Darin sehen wir ebenfalls Eckpunkte von zunehmender Bedeutung in der zentralen staatlichen Planung und Bilanzierung.[3]

Es fällt schwer, die von Schließer dem Gold zugeordnete zentrale Rolle im Währungssystem für die praktische Arbeit zu verstehen. In der kapitalistischen Welt von heute hat sich das Geld durch die Wirtschaftsentwicklung nicht nur quantitativ vom Gold entfernt, wenn ich das Geldvolumen der kapitalistischen Welt nach unseren Berechnungen auf Dollarbasis mit rd. 18,5 Billionen US-Dollar den Goldbestä ıden als Währungsreserven gegenüberstelle, sondern vor allem auch qualitativ, allein wenn ich an die Statutenänderung des Internationalen Währungsfonds von 1976 erinnere, die die Beziehungen zum Gold als gemeinsamen Bezugspunkt der Währungsparitäten ausdrücklich untersagt.

Zweitens: Eine weitere Richtung zur aktiven Ausnutzung der Ware-Geld-Beziehungen in der Praxis sehen wir hinsichtlich der Ausprägung der volkswirtschaftlichen Verantwortung der Kombinate auf der Grundlage der umfassenden Eigenerwirtschaftung der Mittel.

Die Eigenerwirtschaftung der Mittel ist nicht nur ein wichtiges ökonomisches Fundament für wachsende Rechte und gleichermaßen entsprechende Pflichten, sondern erhöht prinzipiell die Rolle des Geldes in der Leitung, Planung und wirtschaftlichen Rechnungsführung, also aller Elemente unseres planwirtschaftlichen Systems mit einer neuen dialektischen Ausgestaltung von Plan und wirtschaftlicher Rechnungsführung. Die Eigenerwirtschaftung bringt neue Anforderungen an die Verteilungsfunktion der Finanzen sowie die Ausnutzung des Geldes als allgemeines Äquivalent hervor. Sie schließt dabei als unverzichtbaren Bestandteil der Leitung nach dem Prinzip des demokratischen Zentralismus auch in Zukunft die Kontrolle durch die Mark nach gesellschaftlichen Erfordernissen mit dem Blick auf hohe Effektivität ein.

Erste Erfahrungen zeigen, daß die leistungsabhängige Erwirtschaftung und effektive Verwendung der Mittel zu einem wichtigen – in der Zukunft unverzichtbaren – Maßstab bei der Entscheidungsfindung nach ökonomischen Kriterien, bei der Ausarbeitung der Pläne nach dem Grundsatz, daß bereits vom Plan her nur das verteilt werden kann, was erwirtschaftet wurde und bei der Anwendung der wirtschaftlichen Rechnungsführung mit ihrer Ausdehnung auf die Wiedererwirtschaftung von Fondsvorschüssen wird.

Eigenerwirtschaftung beruht auf der zunehmend komplexen und bewußten Ausnutzung der Wertkategorien in unserer Planwirtschaft und muß ökonomisches Wirtschaften unterstützen.

Dabei teilen wir die Auffassung von Schließer, strengste ökonomische Maßstäbe für die Kreditgewährung anzulegen und gestalten im System der Eigenerwirtschaftung die leistungs- und effektivitätsabhängige Ausnutzung von Kredit und Zins durch Bindung an Maßstäbe der Wiedererwirtschaftung und des Umschlags der Fonds auf Basis der Intensivierung weiter aus. Dabei darf ich daran erinnern, daß in der DDR seit Jahren die Kreditgewährung für Verluste gesetzlich untersagt ist. In der Praxis müssen Ideologen und Erscheinungsformen eines Finanzierungsautomatismus als ein Hauptpthemmnis einer aktiven Rolle des Geldes überwunden werden.

In unseren Banken erweisen sich die von der Bevölkerung akkumulierten Geldfonds, die Geldfonds der Wirtschaft und gesellschaftlicher Organisationen sowie die Geldfonds des Staates und die im internationalen Geldverkehr mobilisierten Mittel als reale Kreditressourcen. Diese Ressourcen stellen – übereinstimmend mit der Bewertung von Stiemerling – einen einheitlichen Kreditfonds im Rahmen eines einheitlichen Geldumlaufs in der DDR dar. Dabei ist auch der Bargeldumlauf, der durch den modernen Zahlungsverkehr nur einen begrenzten Anteil am gesamten Geldvolumen hat, eine reale Kreditressource. Der sowjetische Ökonom Pessel äußerte dazu: „Das bedeutet, wer Geld in den Händen hält, kreditiert auf seine Weise die Gesellschaft: ... sie haben gegeben, aber noch nicht zurückerhalten."[4] Solange die Geldzeichen für real für die Gesellschaft geschaffene Werte und erbrachte Leistungen ausgezahlt werden, solange sind sie eine Bescheinigung dafür, daß die Bevölkerung die Gesellschaft kreditiert hat und dafür Geldzeichen, d.h. Kreditbescheinigungen, bekommen hat. Die Summe der durch die Bank erfolgenden Geldemission ist folglich Ressource für die Gewährung von Krediten.

Dabei vollziehen sich im einheitlichen Geldumlauf vielfältige Wandlungen zwischen der baren und bargeldlosen Form. Diesem Kreditgeld liegt in der DDR als unübersehbares Merkmal zugrunde, daß

- der Kredit in den Händen des sozialistischen Staates planmäßig genutzt wird;
- die Kredite durch sozialistisches Eigentum gedeckt sind,
- der Kredit insgesamt als gesellschaftliche Beziehung im Rahmen der sozialistischen Produktionsverhältnisse fungiert.

Die Mark der DDR ist nach unserer Auffassung auch kein Budgetgeld, wie das in der Literatur teilweise betont wird.

Auch Erklärungen in der Literatur, daß das Buchgeld Geld geringerer Qualität darstellt, da es nur Anspruch auf Bargeld ist, ist mit der Praxis eines modernen Geldumlaufs schwer in Übereinstimmung zu bringen.

Es sollten Praxisanalysen, z.B. bei der volkswirtschaftlichen Bilanzierung von Quellen und Krediten, von theoretischen Verallgemeinerungen erfolgen, schon um Vorschläge zu ihrer Weiterentwicklung zu machen.

Hinzuzufügen ist: Das beziehe ich auch auf das Verhältnis von Geld- und Kreditvolumen, wo sich entgegen allen angeführten theoretischen Aussagen die Summengleichheit täglich elementar wie Soll und Haben vollzieht. Darin bestehen ja zugleich auch die Gefahren einer auf dem Kredit beruhenden Geldemission durch ein zuviel an Geld, was wir sehen und nicht ungewollt zudecken sollten, damit wir diesen Prozeß immer wieder planmäßig beherrschen.

Drittens: Höheres Niveaus der materiellen und finanziellen volkswirtschaftlichen Planung und Bilanzierung und wachsende volkswirtschaftliche Verantwortung der Kombinate auf Basis der Eigenerwirtschaftung erfordern zugleich klare Positionen zu den Aufgaben und der Verantwortung der Finanz- und Bankorgane in den Händen des Staates.

Die Konzentration finanzieller Ressourcen im Staatshaushalt und zeitweilig freier Mittel in den Händen unseres staatlich organisierten Banksystems hat für die

Planung und gesellschaftliche Verfügbarkeit unserer Finanzmittel zur Entwicklung der Produktivkräfte in unserem Lande und die Gestaltung einer modernen Produktions- und Exportstruktur bedeutende gesellschaftliche Vorteile hervorgebracht, die man nicht – wie in einigen RGW-Ländern diskutiert und auch praktiziert – einem allgemeinen Geldmarkt opfern sollte. Das berührt auch die von Schließer angeschnittenen Fragen zur künftigen Gestaltung unseres staatlich organisierten Banksystems und seine Arbeit nach dem Prinzip des demokratischen Zentralismus.

Modelle und Praktiken zur Schaffung vom Staat unabhängiger Geschäftsbanken mit Zielfunktionen zur Gewinnerwirtschaftung werfen nicht nur Fragen der staatlichen Leitung und Planung des Kreditsystems auf, sondern bringen, wie wir aus unmittelbaren Diskussionen mit unseren Bruderbanken wissen, Widersprüche hervor, weil Gewinnorientierung im Kreditsystem über Zinseinnahmen Interessen an hohen Krediten entgegen gesamtgesellschaftlichen Zielstellungen hervorbringen, es sei denn Kredit und Zins sollen nach Angebot und Nachfrage mit schwankenden Zinssätzen und Zinsspannen nach Markterfordernissen gestaltet werden.

Das in der DDR in der Zeit von 1968 bis 1974 durchgeführte Experiment einer Trennung von Emissions- und Geschäftsbanken hat – ich muß einräumen, zu den damaligen Bedingungen – Wirksamkeit, Schlagkraft und Rationalität des Kreditsystems nicht erhöht, sondern eher eingeschränkt. Die in der DDR erreichte komplexe Anwendung moderner Rechentechnik für das gesamte Kreditsystem mit einem täglichen Geldumsatz von etwa 7 Mrd. Mark beruht im wesentlichen auf den Vorzügen und der Rationalität eines einheitlich, staatlich geleiteten Kreditsystems. Dabei sind die Möglichkeiten, diese Daten für eine gesellschaftlich ausgerichtete Kontrolle und Analyse aufzubereiten, noch nicht ausgeschöpft. Nach unseren Erfahrungen ist der Ausbau der Funktionen zweigspezialisierter Industriebankfilialen und die Ausgestaltung der ökonomischen Beziehungen zu den Kombinaten unter unseren konkreten Bedingungen ein wichtiger Weg, um die Verantwortung und die Wirksamkeit der Banken in Übereinstimmung mit der volkswirtschaftlichen Verantwortung der Kombinate sowie den Erfordernissen der Eigenerwirtschaftung zu erhöhen.

Abschließend möchte ich bemerken: Die seit Jahren geführten geldtheoretischen Diskussionen binden angesichts der neu herangereiften Fragen viele Kräfte. Erinnern wir uns gemeinsam an die Aufforderung von Marx in den Feuerbachthesen, wo er u. a. sagte: „Alles gesellschaftliche Leben ist wesentlich praktisch."

Richten wir unsere gemeinsamen Anstrengungen auf eine weitere Ausnutzung des Geldes für das Leistungs- und Effektivitätswachstum in unserer Planwirtschaft der DDR. Diesem Anliegen fühlen wir uns zutiefst verpflichtet.

Anmerkungen

[1] 7. Tagung des ZK der SED. Bericht des Politbüros, Berichterstatter: Genosse Erich Honecker, Dietz Verlag, Berlin 1988, S. 48.

[2] Vgl. H. Koziolek/O. Reinhold, Plan und Markt im System unserer sozialistischen Planwirtschaft, in: Einheit, Heft 1/1989, S. 16ff.

[3] E. Honecker, Referat des Generalsekretärs des ZK der SED auf der Beratung des Sekretariats des ZK der SED mit den 1. Kreissekretären am 12. Februar 1988 in Berlin, Dietz Verlag, Berlin 1988, S. 24.

[4] Übersetzung Nr. 70/142/88 der Staatsbank aus Dengi i kredit 7/1988.

Horst Richter

Zum Verhältnis von Warenproduktion und Geld im Sozialismus

Das Geld zählt mit zu den grundlegenden Kategorien in einer Gesellschaft, in der es Warenproduktion gibt. Zugleich sind zur Rolle des Geldes im Sozialismus noch viele Fragen zu klären.

Ich möchte mich einer Frage zuwenden, die den Zusammenhang von Warenproduktion und Geld im Sozialismus berührt. An die Wesensbestimmung des Geldes im Sozialismus, die Erhöhung seiner praktischen Wirksamkeit und aktiven Rolle, kommen wir offensichtlich nur dann näher heran, wenn wir über tiefere Einsichten über die Warenproduktion im Sozialismus, über ihren Inhalt und Rang im System der sozialistischen Produktionsverhältnisse verfügen. Über den Zusammenhang von Warenproduktion und Geld bemerkte Marx in den „Grundrissen der Kritik der Politischen Ökonomie": „Der Tauschwert des Produkts erzeugt also das Geld neben dem Produkt. Wie es nun unmöglich ist, Verwicklungen und Widersprüche, die aus der Existenz des Geldes neben den besonderen Waren hervorgehen, dadurch aufzuheben, daß man die Form des Geldes verändert (obgleich Schwierigkeiten, die einer niedrigeren Form derselben angehören, durch eine höhere vermieden werden mögen), ebenso unmöglich ist es, das Geld selbst aufzuheben, solange der Tauschwert die gesellschaftliche Form der Produkte bleibt. Es ist nötig, dies klar einzusehen, um sich keine unmöglichen Aufgaben zu stellen und die Grenzen zu kennen, innerhalb deren Geldreformen und Zirkulationsumwandlungen die Produktionsverhältnisse und die auf ihnen ruhenden gesellschaftlichen Verhältnisse neugestalten können."[1]

Diese Bemerkung von Marx, seinerzeit vor allem gegen Proudhon gerichtet, der der Arbeiterbewegung vorschlug, um die Ausbeutung abzuschaffen, das Geld zu beseitigen ohne die Warenproduktion aufzuheben, ist für uns heute insofern methodologisch bedeutsam, als notwendige Veränderungen in den gesellschaftlichen Verhältnissen zum Zweck der Erzielung eines hohen Tempos der Entwicklung der modernen Produktivkräfte nicht primär in der Zirkulation, z.B. durch die Schaffung eines Geldmarktes, sondern primär in der Produktion, durch die Schaffung der den modernen Produktivkräften entsprechenden Produktionsverhältnisse erfolgen müssen. Die Tatsache, daß – wie auf der 7. Tagung des ZK der SED erneut betont – die sozialistische Produktion Warenproduktion ist[2], diese Warenproduktion in einer sozialistischen Planwirtschaft existiert, wirft für die Politische Ökonomie des Sozialismus viele Fragen auf, deren Beantwortung sowohl für die ökonomische Theorie als auch für die Wirtschaftspraxis von großer Bedeutung sind. In ihrem Beitrag „Plan und Markt im System unserer sozialistischen Planwirtschaft" (Einheit, Heft 1/1989) haben Helmut Koziolek und Otto Reinhold zu wichtigen Fragen Stellung genommen, die sich aus der Existenz der Warenproduktion im Sozialismus ergeben.

Bei aller Bedeutung, die der sozialistischen Produktion als Warenproduktion zukommt, offensichtlich sind die Möglichkeiten der Warenproduktion bei weitem noch nicht ausgeschöpft, darf aber die sozialistische Planwirtschaft nicht mit einer sozialistischen Waren- und Geldwirtschaft verwechselt werden.

Es steht vielmehr die Aufgabe, ausgehend von der sozialistischen Planwirtschaft noch fundierter den neuen Inhalt der Warenproduktion im Sozialismus und damit auch den neuen Inhalt des Geldes im Sozialismus zu bestimmen. Die Warenproduktion im Sozialismus ist keine Warenproduktion schlechthin, sondern eine Warenproduktion mit eigenem Inhalt, der sowohl durch allgemeine Merkmale der Warenproduktion als auch durch die Wesensmerkmale der sozialistischen Produktionsverhältnisse gekennzeichnet ist. Sowohl das Allgemeine der Warenproduktion als auch das typisch Sozialistische ist in ihrer Einheit für das Begreifen der Warenproduktion in der sozialistischen Planwirtschaft außerordentlich bedeutsam.

So bedingen die sozialistischen Produktionsverhältnisse, daß im Unterschied ja im diametralen Gegensatz zum Kapitalismus, die Warenproduktion im Sozialismus nicht mehr die allgemeine Form der Produktion ist. Im Kapitalismus wird buchstäblich alles zur Ware, die Warenproduktion dringt in den innersten Zusammenhang der kapitalistischen Produktionsweise ein und erfaßt damit auch das Verhältnis von Eigentümer an den Produktionsmitteln und Produzenten: Die Arbeitskraft verselbständigt sich und wird zur Ware, die Produktionsmittel nehmen Kapitaleigenschaften an und das Geld wird ebenso zu Kapital. Die Warenproduktion als allgemeine Form der Produktion ist nur auf der Basis von Lohnarbeit (Ware Arbeitskraft) und Kapital möglich. „In der Tat ist die kapitalistische Produktion die Warenproduktion als allgemeine Form der Produktion, aber sie ist es nur, und wird es stets mehr in ihrer Entwicklung, weil die Arbeit hier selbst als Ware erscheint, weil der Arbeiter die Arbeit, das heißt die Funktion seiner Arbeitskraft, verkauft, und zwar, wie wir annehmen, zu ihrem durch ihre Reproduktionskosten bestimmten Wert."[3]

Karl Marx hat für uns die bedeutende Erkenntnis hinterlassen, daß Warenproduktion, Wert und Geld ohne Kapital und Lohnarbeit existieren können, Kapital und Lohnarbeit dagegen ohne Warenproduktion, Wert und Geld nicht denkbar sind; mehr noch, Kapital und Lohnarbeit erheben die Warenproduktion in den Rang der allgemeinen Form der Produktion.

Die Tatsache, daß die Warenproduktion im Sozialismus nicht mehr die allgemeine Form der Produktion ist

– an diese Stelle ist bedingt durch das gesellschaftliche Eigentum an den Produktionsmitteln die Planmäßigkeit getreten – erklärt politökonomisch, warum die sozialistische Wirtschaft eine Planwirtschaft ist und keine Marktwirtschaft sein kann.

Der neue Inhalt der sozialistischen Produktionsverhältnisse, die Planmäßigkeit, die ausbeutungsfreie Arbeit u. a. bedeutet keineswegs, daß dadurch die allgemeinen Merkmale, die jede Warenproduktion aufweist, außer Kraft gesetzt würden. Wir verfügen heute über die bedeutsame Erkenntnis, über die bekanntlich eine jahrzehntelange kontroverse Diskussion geführt wurde, daß die sozialistische Planwirtschaft als neuer Typ der Wirtschaft auf die Warenproduktion und das durch sie hervorgebrachte Geld überhaupt nicht verzichten kann.

Im Unterschied zu den Annahmen der Klassiker des Marxismus-Leninismus ist es durchaus so, daß sich ausbeutungsfreie Arbeit, Planmäßigkeit usw. und Warenproduktion nicht gegenseitig ausschließen, sondern sich vielmehr bedingen. Auf Grund der Tatsache, daß im System der sozialistischen Produktionsverhältnisse Warenproduktion existiert, gesellschaftliche Beziehungen über Ware und Geld vermittelt werden, ist es nicht so, wie Marx charakterisierte: „Die gesellschaftlichen Beziehungen der Menschen zu ihren Arbeiten und Arbeitsprodukten bleiben hier durchsichtig einfach in der Produktion sowohl als in der Distribution.“[4]

Die Merkmale, die zu jeder Warenproduktion gehören, wie

- Produktion von Waren ist Produktion für andere, d. h. Produktion für den Austausch;
- die Ware als dialektische und damit widersprüchliche Einheit von Wert und Gebrauchswert;
- das Geld als verselbständigte Form des Tauschwerts und allgemeines Äquivalent im Warenaustausch;
- die Existenz eines Marktes u. v. a.

erhalten durch die sozialistischen Produktionsverhältnisse ihren neuen Inhalt, d. h. sie müssen im Wirtschaftsmechanismus so ausgenutzt werden, daß sie mit dazu beitragen, die Wesenszüge der sozialistischen Produktion auszuprägen. Dieser neue Inhalt der Warenproduktion bedeutet aber keineswegs, daß die Kategorien und Instrumente der Warenproduktion nicht auch ihre Eigenständigkeit besäßen, eigenen Gesetzen, wie z. B. dem Wertgesetz oder den Geldumlaufgesetzen unterliegen, die ebenso strikt zu beachten und konsequent auszunutzen sind, wie beispielsweise das ökonomische Grundgesetz des Sozialismus, das Gesetz der planmäßigen proportionalen Entwicklung u. a. Nach den Gesetzen der Warenproduktion darf beispielsweise der Warenproduzent nur die Arbeit in Geld vergütet bekommen, die sich in einem gesellschaftlich nützlichen Produkt und als gesellschaftlich notwendige Arbeit vergegenständlicht hat. Dies ergibt sich aus dem Inhalt der Wertkategorie, die Friedrich Engels als den „allgemeinsten und daher umfassendsten Ausdruck der ökonomischen Bedingungen der Warenproduktion“[5] angesehen hat. Eine bestimmte Einseitigkeit in unserer werttheoretischen Auffassung, die nicht ohne Folgen für die Wirtschaftspraxis ist, besteht aber nach wie vor darin, daß wir den Wert vornehmlich als Kategorie der Produktion auffassen. Offensichtlich resultiert diese einseitige Betrachtung aus der berechtigten Kritik an der Grenznutzentheorie, die jeglichen Zusammenhang zwischen Produktion und Wert leugnet. Natürlich hat der Wert seinen Ausgangspunkt in der Produktion. Nur die abstrakte Arbeit ist wertschaffende Arbeit. Die Wertkategorie beinhaltet aber auch den Formwandel des Wertes, seine Realisierung, den Prozeß seiner tatsächlichen Anerkennung. Der Wert selbst ist somit weit mehr als eine Kategorie der Produktion. Er schließt ebenso Verhältnisse der Distribution, Zirkulation und Konsumtion ein. Er ist eine Kategorie der Reproduktion. Diese Ganzheitlichkeit des Wertes gilt es zu erfassen, die auch dem Geld als verselbständigter Tauschwert zugrunde liegt. Der Wert in dieser Ganzheitlichkeit durchdringt auch die Planmäßigkeit. Planmäßigkeit, Warenproduktion und Wert bilden somit eine widersprüchliche Einheit. Der Durchsetzung der Planmäßigkeit ist unter den gegebenen Bedingungen der Vergesellschaftung der Produktion ohne Warenproduktion genauso undenkbar wie die Warenproduktion im Sozialismus ohne Planmäßigkeit. Hieraus folgt, daß der Wirtschaftsmechanismus im Sozialismus ein Mechanismus sein muß, in dem sowohl die zentrale staatliche Planung als auch die Kategorien der Warenproduktion eine aktive Rolle spielen müssen.

Diese Widersprüchlichkeit von Planmäßigkeit, Warenproduktion und Wert berührt ein weiteres Grundproblem der Politischen Ökonomie des Sozialismus, nämlich den unmittelbar gesellschaftlichen Charakter der Arbeit oder die unmittelbar allgemeine Arbeit, wie Marx sie bezeichnet. Marx schreibt in den „Grundrissen der Kritik der Politischen Ökonomie“: „Die Arbeit, auf der Grundlage der Tauschwerte, setzt eben voraus, daß weder die Arbeit des einzelnen noch sein Produkt *unmittelbar* allgemein ist, daß es diese Form erst durch eine *gegenständliche Vermittlung* erlangt, durch ein von ihm (dem Produkt, H. R.) verschiednes Geld.“[6]

Es erhebt sich die Frage: Erfolgt in der sozialistischen Produktion, die eine Warenproduktion ist, die Arbeit auf der Grundlage des Tauschwertes? Offensichtlich ist das der Fall. Dann ist diese Arbeit keine unmittelbar gesellschaftliche Arbeit. Sie benötigt die Anerkennung durch das Geld. Insofern muß das Geld im Sozialismus wirkliches Geld sein, seinem Wesen nach allgemeines Äquivalent sein.

Es ist aber ebenso der Fall, daß die Arbeit in der sozialistischen Produktion auf der Grundlage des Planes erfolgt, und zwar auf der Grundlage eines Planes, der sich aus dem Gesamtplan der volkswirtschaftlichen Entwicklung ergibt. Dann ist diese Arbeit unmittelbar gesellschaftlich; sie trägt unmittelbar gesellschaftlichen Charakter.

Dieser hier dargestellte Sachverhalt im Charakter der Arbeit erfordert, in der Politischen Ökonomie des Sozialismus vereinfachte Vorstellungen vom „unmittelbar gesellschaftlichen Charakter der Arbeit“ ebenso zu korrigieren – in dem Sinne vereinfacht, als ob die planmäßig verausgabte Arbeit im Nachhinein keine Anerkennung mehr benötige – wie die Auffassung, daß die warenproduzierende Arbeit im Sozialismus gänzlich frei sei von unmittelbarer Gesellschaftlichkeit. Die Realität der ökonomischen Verhältnisse ist dergestalt, daß es weder einen „reinen“ unmittelbar gesellschaftlichen Charakter der Arbeit im Marxschen Sinne der „durchsichtigen Einfachheit“ gibt, noch eine „reine“ Warenproduktion, die frei wäre von Planmäßigkeit.

In diese Zusammenhänge sind die geldtheoretischen Fragen mit zu stellen und zu erörtern. Ebenso wie die Warenproduktion verkörpert auch das Geld im Sozialismus allgemeine Merkmale des Geldes und Spezifisches, das sich aus den sozialistischen Produktionsverhältnissen ergibt, was von der Politischen Ökonomie des Sozialismus zu untersuchen ist.

Anmerkungen

[1] K. Marx, Grundrisse der Kritik der politischen Ökonomie, in: MEW, Bd. 42, S. 80.

[2] E. Honecker, Mit dem Blick auf den XII. Parteitag die Aufgaben der Gegenwart lösen. Aus dem Bericht des Politbüros an die 7. Tagung des ZK der SED, Dietz Verlag, Berlin 1988, S. 47.

[3] K. Marx, Das Kapital, Zweiter Band, in: MEW, Bd. 24, S. 119f.

[4] Ebenda, S. 93.

[5] F. Engels, Anti-Dühring, in: MEW, Bd. 20, S. 289.

[6] K. Marx, Grundrisse der Kritik der politischen Ökonomie, a. a. O., S. 105.

Wolfgang Lebig

Zur aktiven Ausnutzung des Geldes und der Finanzen in der sozialistischen Planwirtschaft

Es entspricht unseren langjährigen Erfahrungen in der praktischen Arbeit und unseren Erkenntnissen und Überzeugungen, daß mit dem Geld planmäßig Druck auf die Effektivität des Reproduktionsprozesses und den sparsamen Umgang mit den Mitteln der Gesellschaft ausgeübt werden muß. Nach den Beschlüssen der 7. Tagung des ZK der SED stehen wir im Finanzwesen der DDR vor der Aufgabe, weitere Schritte auszuarbeiten, wie das auf allen Gebieten noch wirksamer gemacht werden kann.

Ich bin auch sehr einverstanden mit der Feststellung, daß im Zusammenhang mit den Ergebnissen der wissenschaftlich-technischen Revolution, der Intensivierung und der Einstellung des Systems der Leitung und Planung darauf sich die Wirkungsbedingungen des Geldes insofern verändert haben, als seine Rolle weiter gewachsen ist und in der kommenden Zeit noch wesentlich an Bedeutung gewinnen wird.

Diese Entwicklung hat mit objektiver Notwendigkeit zur Konsequenz, daß die wirtschaftliche Rechnungsführung durch immer breitere Anwendung des Prinzips der Eigenerwirtschaftung der Mittel in den Kombinaten und Betrieben weiter ausgestaltet wird. Damit werden bekanntlich die Wechselbeziehungen zwischen der zentralen staatlichen Planung und der zunehmenden Eigenverantwortung der Kombinate im Sinne ökonomischen Rechnens und höherer Effektivität der Fondsvorschüsse weiter vervollkommnet.

Man darf dabei auch nicht die Notwendigkeit übersehen, die Verantwortung der Territorien für die Erwirtschaftung ihrer Mittel künftig zu stärken und insgesamt ökonomisches Rechnen und Wirtschaften überall tiefer auszuprägen. Die Rolle des Geldes und der Währung in den außenwirtschaftlichen Beziehungen der DDR hat sich wesentlich erhöht. Dieser Frage ist in den kommenden Jahren durch die Umgestaltung der internationalen sozialistischen Valuta- und Finanzbeziehungen noch größere Aufmerksamkeit zu widmen, wozu in der gegenwärtigen Periode intensive Untersuchungen stattfinden und schrittweise auch Voraussetzungen geschaffen werden.

Insofern begrüße ich die heutige Veranstaltung, die sicher ihre Fortsetzung finden wird, wenn wir uns mit der Ausnutzung des Geldes, der Finanzen und der Preise unter den Bedingungen der neuen Qualität des Wirtschaftswachstums befassen werden.

Was nun die theoretische Frage nach dem Wesen des Geldes und seiner Funktionen im Sozialismus betrifft, so bin ich aus praktischen Erfahrungen heraus der Meinung, daß das Gold nicht die Grundlage des Währungssystems sein kann. Das ergibt sich nach meinem Verständnis allein schon aus der Tatsache, daß das Gold im Verlaufe der letzten Jahrzehnte und nicht zuletzt auch als Ergebnis der wissenschaftlich-technischen Revolution zu einem – wenn auch besonderen – Rohstoff geworden ist, der wie andere Waren auf den Märkten gehandelt und mit dem in der kapitalistischen Welt spekuliert wird. Daran kann auch nichts ändern, daß das Gold als thesaurierter Wert in bestimmtem Umfang gehortet wird. Dabei ist festzustellen, daß sein Preis erheblichen Schwankungen unterliegt.

Kostete die Feinunze Gold 1970 35,95 Dollar, so stieg ihr Preis bis 1974 auf 159,09 Dollar und 1979 auf 307,30 Dollar. Ein Jahr später kostete die Unze 612,95 Dollar, also fast das Doppelte, und fiel in den 80er Jahren auf gegenwärtig 431,44 Dollar. Diese Entwicklung macht deutlich, daß unter den heutigen Bedingungen das Gold wenig geeignet ist, einen festen Wertmaßstab zu bilden, was aber unbedingt notwendig wäre, um Gold als Wertmaßstab anwenden zu können. In zunehmendem Maße wird auch in der kapitalistischen Welt eingeschätzt, daß selbst bei steigenden Goldpreisen der Anlage von hochverzinslichen Fremdwährungsanleihen der Vorzug zu geben ist.

Meines Erachtens kann man bei dieser Diskussion auch nicht an der realen weltweiten Entwicklung vorbeigehen. Gold dient heute nicht mehr als Geld in ursprünglichem Sinne, und man muß auch sagen, daß das Gold keinerlei reale Bedeutung für die Sicherung der Stabilität einer Währung hat. Sie hängt vielmehr von solchen wichtigen Faktoren wie der Arbeitsproduktivität, der Effektivität der Produktion, der ausgeglichenen Entwicklung der Warenfonds und der Einkommen der Bevölkerung, von ausgeglichenen Staatsfinanzen und einem ausgeglichenen Außenhandel ab. Das alles sind bekanntlich Fragen, die bei uns große Aufmerksamkeit erfahren.

Und deshalb kann man auch feststellen, daß der offiziell festgelegte Goldgehalt der Währungen überholt ist und mit dem Goldpreis und der Kaufkraft der Währungseinheit in keiner Beziehung steht. In der ČSSR ist z. B. in den letzten Tagen in Verbindung mit der Festlegung eines Einkomponentenkurses der tschechoslowakischen Krone gegenüber ausländischen Währungen der offizielle Goldgehalt der Kronen aufgehoben worden.

Für mich ist im Zusammenhang mit der seit längerer Zeit geführten Golddiskussion noch eine andere Frage von Bedeutung. Was würde sich an unserem Währungssystem, von dem man sagen muß, daß es sich in den vergangenen 40 Jahren bewährt hat, ändern? Ich meine, daß wir sicher andere Wertausdrücke haben, und die Menge des umlaufenden Geldes sich entsprechend verändern würde. An den Problemen der planmäßigen Beherrschung und der ökonomischen Begründung der umlaufenden Geldmenge, der planmäßigen Entwicklung der Umschlagsgeschwindigkeit des Geldes, der Sicherung der Deckung durch bedarfsgerechtes Endprodukt, der Berechnung und Anwendung ökonomisch begründeter Kurse zu anderen Währungen usw. würde sich aber sicher nichts ändern.

Zusammenfassend möchte ich zu diesem Problem sagen, daß die Geldfunktion des Goldes historisch zu sehen ist und daß sie sich mit der Entwicklung der modernen Industrie in bisher nicht dagewesenen Dimensionen wegen nicht ausreichender Flexibilität überholt hat. Viele Argumente sprechen in unserer Zeit gegen die Geldfunktion des Goldes, und offensichtlich liegt der Ansatz zur Lösung des theoretischen Problems in der Konzeption des sozialistischen Kreditgeldes. Was die Frage nach der Meßfunktion betrifft, so sind Überlegungen auf der Grundlage der Marxschen Arbeitswerttheorie anzustellen. Dabei liegt der Kern des Problems in der Relativität der Wertform.[1] Marx selbst hat die Wertmaßfunktion des Geldes an die wechselseitigen relativen Wertausdrücke der Waren gebunden. Es ist Aufgabe des Geldes, den Wert der Waren qualitativ in der relativen Wertform darzustellen und diesen Wert als relativ verselbständigten Tauschwert, d. h. als allgemeines Äquivalent, quantitativ zu messen. Es handelt sich dabei sicher unbestritten um eine Vertretung des Arbeitswertes durch die Geldzeichen.

Die praktische und äußerst wichtige Seite dieser theoretischen Position besteht in den sozialistischen Volkswirtschaften (wie bisher) in einer gezielten, auf Stabilität gerichteten Währungspolitik. Im Vordergrund steht dabei die Sicherung

- einer hohen Effektivität der Erwirtschaftung des Nationaleinkommens und seiner Verwendung,
- eines ausgeglichenen Staatshaushaltes,
- einer ausgeglichenen Handelsbilanz,
- einer leistungsgerechten Entwicklung der Geldeinnahmen der Bevölkerung und der Sicherung ihrer bedarfsgerechten Realisierung und
- eines stabilen Preisniveaus.

Es handelt sich folglich um die Proportionalität des volkswirtschaftlichen Reproduktionsprozesses, der die Sicherung der Übereinstimmung materieller und monetärer Vorgänge einschließt. Konkret geht es um die Gewährleistung einer ökonomisch notwendigen umlaufenden Geldmenge, die mit dem Wachstum der materiellen Produktion und dem im Inland verwendeten Nationaleinkommen in Übereinstimmung steht.

Es zeigt sich also, daß die Stabilität der Währung ein äußerst komplexes Problem ist, das letztlich von der Entwicklung der Leistungskraft der Volkswirtschaft abhängt. Ich glaube, das ist theoretisch seit langem klar, und danach wird auch in der Praxis gehandelt. Deshalb sind auch die Druckpunkte, auf die unsere Partei die Arbeit der Finanz- und Bankorgane sowohl bei der Ausarbeitung als auch bei der Durchführung der Pläne orientiert, mit diesen Aufgaben identisch.

Im Kern geht es immer um die Verbesserung des Verhältnisses von Aufwand und Ergebnis.

Die Verbesserung dieses Verhältnisses berührt nicht nur die Produktion im engeren Sinne, sondern insbesondere auch den Fondsvorschuß entsprechend den Erfordernissen der umfassenden Intensivierung. Das bedeutet, daß das ökonomische Rechnen bereits bei den produktionsvorbereitenden Prozessen beginnen muß. So gilt es vor allem, mit jeder Mark, die für Forschung und Entwicklung sowie für Investitionen eingesetzt werden soll, höchste Effektivität zu erreichen. Dazu müssen über das Geld, mit Finanzkennziffern hohe gesellschaftliche Maßstäbe für ein ständig besseres Verhältnis von Aufwand und Ergebnis gesetzt werden. Sie bilden die Grundlage für die Ausarbeitung der Pläne, für anspruchsvolle Pflichtenhefte der Forschungskollektive sowie auch für Grundsatzentscheidungen bei Investitionen.

Das volkswirtschaftliche Problem besteht darin, daß der Einsatz dieser Mittel in den letzten Jahren nicht in genügendem Maße zur Effektivitätserhöhung beigetragen hat. Es muß gelingen, aus jeder investierten Mark einen größeren Zuwachs an verfügbarem Nationaleinkommen zu erwirtschaften. Die Verbesserung des Verhältnisses von Aufwand und Ergebnis ist auch untrennbar mit der objektiv wachsenden internationalen Arbeitsteilung verbunden.

Die Tatsache, daß etwa 50% unseres produzierten Nationaleinkommens über die Außenwirtschaft gewandelt werden, ist mit der Konsequenz verbunden, hohe Forderungen an die Effektivität der entsprechenden Prozesse zu stellen.

Das gilt vor allem für die Verbesserung der Exportstruktur und -rentabilität. So muß bei den Verträgen über die Spezialisierung und Kooperation der Produktion und bei weiteren Maßnahmen zum Ausbau der Direktbeziehungen im Rahmen der sozialistischen ökonomischen Integration das Kriterium darin bestehen, eine höhere Effektivität für die Volkswirtschaft zu erreichen. Das gilt ebenso für die bedeutenden Investitionen, die wir gemeinsam durchführen, um die Energie- und Rohstoffversorgung der beteiligten sozialistischen Länder und damit unserer Republik heute und in Zukunft zu gewährleisten.

Auf den Außenmärkten müssen die realen Valutaerlöse in Mark als unbestechlicher Maßstab gelten und im Welthandel muß eine Mark der DDR eine Mark sein.[2]

Daraus ergeben sich hier insbesondere folgende praktische Anforderungen:

- Senkung des Aufwandes für die Produktion und den Absatz der Erzeugnisse und Erhöhung ihrer Qualität sowie
- wesentliche Verbesserung der Makrostruktur des Exports, wie auf der 7. Tagung des ZK der SED gefordert.[3]

Vor allem muß die Entwicklung neuer Erzeugnisse zur Erhöhung der Exportrentabilität führen und insbesondere die Exportrentabilität der metallverarbeitenden Industrie sich volkswirtschaftlich positiv auswirken.

All dies sind Fragen und Aufgaben, die mit der Entwicklung des Wertes unseres Geldes unmittelbar im Zusammenhang stehen. Das Kernproblem ist dabei, die Höhe des Aufwandes für die Erwirtschaftung einer Einheit Valuta wesentlich zu verringern.

Die aktive Rolle des Geldes und der Finanzen und die damit verbundene Einflußnahme auf die Verbesserung des Verhältnisses von Aufwand und Ergebnis sind untrennbar mit der weiteren Ausgestaltung der wirtschaftlichen Rechnungsführung in Richtung der umfassenderen Anwendung des Prinzips der Eigenerwirtschaftung der Mittel in den Kombinaten verbunden. Auf der 7. Tagung des ZK der SED wurde hervorgehoben, daß mit diesem Schritt, der die Bildung langfristiger Normative einschließt, die Kombinate an steigenden Gewinnen durch eigene hohe Leistungen interessiert werden und eigene volkswirtschaftliche Verantwortung für ihre intensiv erweiterte Reproduktion übernehmen. Eine wichtige Rolle spielen dabei der Vergleich der eingesetzten Mittel mit dem erwirtschafteten Ergebnis und die sich daraus ergebenden Möglichkeiten der weiteren Entwicklung ihrer Leistungskraft.[4]

Ich möchte abschließend zu diesen Fragen hier nur soviel sagen, daß wir gegenwärtig dabei sind,

- die Erfahrungen der ausgewählten 16 Kombinate für die Gewährleistung eines steigenden Nationaleinkommens und verteilbaren Endprodukts sorgfältig zu analysieren und
- daraus Schlußfolgerungen für die Vorbereitung des Volkswirtschaftsplanes 1990 und des Fünfjahrplanes 1991 bis 1995 zu ziehen.

Daraus werden sich entsprechende Konsequenzen für die weitere Qualifizierung der Arbeit mit den Wertkategorien und damit auch für die weitere Ausprägung der aktiven Rolle des Geldes, der Finanzen und Preise ergeben.

Anmerkungen

1 Vgl. K. Marx, Das Kapital, Erster Band, in: MEW, Bd. 23, S. 110.

2 Vgl. E. Honecker, Mit dem Volk und für das Volk realisieren wir die Generallinie unserer Partei zum Wohle der Menschen, Aus dem Referat des Generalsekretärs des ZK der SED und Vorsitzenden des Staatsrates der DDR auf der Beratung des Sekretariats des Zentralkomitees der SED mit den 1. Sekretären der Kreisleitungen am 12. Februar 1988, Dietz Verlag, Berlin 1988, S. 27.

3 Vgl. 7. Tagung des ZK der SED, Mit dem Blick auf den XII. Parteitag die Aufgaben der Gegenwart lösen, Aus dem Bericht des Politbüros an das Zentralkomitee der SED, Berichterstatter: Genosse Erich Honecker, Dietz Verlag, Berlin 1988, S. 24.

4 Vgl. ebenda, S. 49.

Willi Ehlert

Zum Kreditgeldcharakter unseres Geldes

Eine wichtige Erkenntnis und Voraussetzung für die Erklärung des Geldes in der sozialistischen Produktionsweise als Kreditgeld, ist die vorurteilsfreie Anerkennung der Warenproduktion und des Geldes als organischer Bestandteil dieser Produktionsweise.

Demgemäß sind die Warenproduktion und das Geld nicht etwas sich selbst Genügendes, von den historischen Bedingungen Unabhängiges, sondern sie sind mit den Erfordernissen und dem Wirken der Gesetzmäßigkeiten der sozialistischen Produktionsweise objektiv verbunden. Gehen wir hiervon aus, muß anerkannt werden, daß die Warenproduktion und das Geld sich verändert haben. Diese Veränderungen berühren viele Erscheinungen und Kategorien, so auch den Tatbestand, daß Gold als Geldware heute im Reproduktionsprozeß keine Rolle mehr spielt. Die Begründungen für den Prozeß der Demonetisierung des Goldes werden in anderen Arbeiten gegeben.

Vom Gold (als Geldware) gehen keinerlei Wirkungen oder gar Bedingungen für das System unserer sozialistischen Planwirtschaft aus. Die für die sozialistischen Produktionsverhältnisse charakteristische Geldform ist das Kreditgeld. Es wird durch die an planmäßige Produktion und Zirkulation gebundene Kreditgewährung in Umlauf gebracht, ist damit materiell durch Warenbestände und andere materielle Fonds gesichert, wird mit der Realisierung der Warenfonds aus dem Verkehr gezogen und kehrt wieder zum Emissionszentrum zurück. Nicht das Gold, sondern das Kreditgeld, auf der Grundlage der ökonomischen Gesetze der sozialistischen Produktionsweise, setzt die Bedingungen, ja Verhaltenszwänge für die sozialistische Leitung und Planung des Reproduktionsprozesses, so z. B. die unumkehrbare Hinwendung und stete Qualifizierung der zentralen Leitung und Planung. Ohne sie ist es nicht möglich, die Proportionen zwischen den sich herausbildenden Waren- und Geldfonds und den sich vielfältig gegenseitig bedingenden Strukturen dieser Fonds so zu bestimmen und zu reproduzieren, daß die kontinuierliche Realisierung beider Pole stets gesichert ist.

Diese Art der bewußten Anwendung wirtschaftswissenschaftlicher Erkenntnisse durch den sozialistischen Staat, auch für die stabile Reproduktion des sozialistischen Kreditgeldes, ist eine fundamentale Voraussetzung oder Bedingung für die Verwirklichung der Wirtschaftsstrategie der SED. Natürlich ergeben sich auch historische Vorteile für die zentrale Leitung und Planung der Geldfondsreproduktion gegenüber der kapitalistischen „Regulierung" des Geldes (Kapitals).

Die Kreditgeldzirkulation setzt nicht nur Anforderungen an die zentrale Planung und Bilanzierung, sondern auch an die Gestaltung der wirtschaftlichen Rechnungsführung. Hohe Effektivität in allen Phasen der Reproduktion mit hohem Gewinn für die Gesellschaft müssen das ökonomische Ziel der Betriebe und Kombinate sein. Das sind auch die Grundlagen für das ökonomisch begründete Wachstum der Kreditgeldfonds, der Kreditgeldzirkulation und ihr dynamisches Verhalten im Reproduktionsprozeß. Solange Kreditgeld emittiert wird, wird es die Geldfunktionen ausüben. Jedoch steht die Frage der Qualität dieses Geldes und damit des aktiven oder weniger aktiven Wirkens der Funktionen des Geldes im Reproduktionsprozeß. Diese Frage wird im „Umfeld" des Kreditgeldes, im Reproduktionsprozeß entschieden, aber keinesfalls durch angebliche ökonomisch-gesetzmäßige Beziehungen dieses Kreditgeldes zum Gold.

Das Geldvolumen in der sozialistischen Volkswirtschaft drückt die Gesamtheit aller zirkulierenden Banknoten, Münzen und aller Buchgeldbestände einschließlich der unterwegs befindlichen Verrechnungen auf der Basis der festgelegten staatlichen Währungseinheit aus. Demnach ist meiner Meinung nach Buchgeld nicht nur ein Anspruch auf Geld, sondern in dieser Form direkt Kreditgeld, Bestandteil eines einheitlichen Geldumlaufs.

Das Geld als sozialistisches Produktionsverhältnis vermittelt den Zusammenhang zwischen Produktionsverhältnissen und Produktivkräften, zwischen Wertsubstanz und Wertgröße. Der Prozeß der Wertbildung und -realisierung wird erst mit dem Austausch der Ware gegen Geld abgeschlossen. Das im Wertgesetz enthaltene Äquivalenzverhältnis bezieht sich auf die Relation von Ware und Geld und erst davon abgeleitet auf die Beziehungen der „gewöhnlichen" Waren untereinander. Dabei vollzieht das Geld als allgemeines Äquivalent die endgültige Anerkennung der planmäßig in den Kombinaten und Betrieben geleisteten Arbeit als gesellschaftlich notwendige Arbeit. Es handelt sich hierbei um einen objektiven Prozeß. Wertrelationen sind nicht willkürlich bestimmbar. Daraus ergibt sich, daß das Geld im Sozialismus allgemein anerkannte gesellschaftliche Arbeit (im Unterschied zu der in den gewöhnlichen Waren enthaltenen Arbeit) verkörpert. Dieser Prozeß vollzieht sich innerhalb der sozialistischen Produktion. Durch das Geld kann nicht mehr Wert zirkuliert und verteilt werden als produziert wurde. Der objektive Charakter des Geldes bedingt unter sozialistischen Verhältnissen seine planmäßige Ausnutzung. Dabei zeigt sich:

- Das Geld als allgemeines Äquivalent stellt Anspruch auf materielle Produkte und Leistungen dar;
- das Geld tritt im Sozialismus als Repräsentant von Wert auf;
- zwischen der Wertgröße, die die Geldeinheit repräsentiert, und dem Preisniveau, zwischen der Preissumme der Waren und der Höhe des Geldvolumens bestehen direkte Wechselbeziehungen. Es kommt

darauf an, das Geldvolumen, insbesondere durch Leistungsanstieg und Effektivitätszuwachs sowie durch die planmäßige Entwicklung der Geldeinkommen, so zu gestalten, daß es den Anforderungen der ökonomischen Gesetze des Sozialismus und darin eingeschlossen dem Wertgesetz und dem Geldumlaufgesetz gerecht wird.

Beim Kreditgeldcharakter des Geldes ist die Stabilität des Geldumlaufs durch die Einhaltung einer Reihe grundlegender Proportionalitätsbeziehungen zu sichern. Dazu gehören vor allem das Verhältnis

- von Produktion und Konsumtion,
- des Wachstums der Arbeitsproduktivität und des Wachstums der Geldeinkommen,
- von Selbstkosten zu Reineinkommen sowie
- von Akkumulation und Konsumtion.

Das Kreditgeld sozialistischer Volkswirtschaften wird in Übereinstimmung mit der Entwicklung der Warenproduktion und -zirkulation ausschließlich durch das staatliche Bankwesen in Umlauf gebracht. Umgekehrt stellt die ökonomisch begründete Geldmenge ihrerseits die Grenze der zulässigen Kreditausweitung dar. Damit ist verbunden:

- Die Emission von Geld und die zusätzliche Bildung (Erhöhung) von Geldfonds erfolgt ausschließlich über den Bankkredit;
- die in Umlauf befindlichen Geldfonds werden über Haushalts-, Versicherungs- und Finanzbeziehungen zwischen den Betrieben und der Gesellschaft mehrfach umverteilt;
- beim Austausch von Ware und Geld in der Phase der materiellen Endverwendung der Waren werden die Geldfonds endgültig aufgelöst (aus dem Umlauf gezogen) und die ursprünglich gewährten Kredite getilgt;
- das Kreditgeld beschreibt also einen Kreislauf, der durch die Tatsache gekennzeichnet ist, daß das Kreditgeld zu seinem Emissionspunkt (Bank) zurückkehrt. Von herausragender gesellschaftlicher Bedeutung ist dabei, daß diese Rückkehr über die strikte Bindung des Kredits an eine bedarfsgerechte und effektive Produktion planmäßig organisiert werden muß. Es besteht folglich kein Automatismus zwischen der Emission von Geldfonds und deren Auflösung;
- der Kreditgeldmechanismus schließt im realen Verlauf des Reproduktionsprozesses immer die Ausgeglichenheit von Krediten und Geldfonds im volkswirtschaftlichen Maßstab ein. Das ist emissionstechnisch bedingt und noch kein Ausdruck dafür, daß die Bilanzierung der volkswirtschaftlichen Kreditmenge mit der umlaufenden Geldmenge den ökonomischen Erfordernissen entspricht, wie sie im Marxschen Geldumlaufgesetz formuliert sind.

Es wird die Frage gestellt, ob Kredit Geld in Umlauf setzt (Emission) bzw. Geldfonds Kreditquellen sind? Neben dem bisher dazu Gesagten möchte ich noch einige Gedanken dazu äußern, weshalb die These von der Umverteilung zeitweilig freier Geldmittel durch den Kredit falsch ist:

- Diese Annahme kann nicht den Inhalt und nicht die Herkunft des umzuverteilenden Geldes erklären;
- sie kann nicht die Übereinstimmung von Krediten und umlaufender Geldmenge in der Volkswirtschaft und das Wachstum beider Größen erklären;
- zeitweilig freie Geldmittel werden nicht umverteilt, sie bleiben in der Buchgeldform zur vollen und ständigen Verfügung ihrer Eigentümer;
- Voraussetzung der Gewährung von Krediten in der Volkswirtschaft ist nicht die Existenz sogenannter freier Geldmittel (die selbst das Ergebnis ausgereichter Kredite darstellen), sondern vorhandene materielle Realisierungsbedingungen.

In Ausnutzung der ökonomischen Gesetze unserer Produktionsweise wird in der DDR die Entwicklung der Kredite und der Geldfonds sowohl im Maßstab der gesamten Volkswirtschaft als auch für die einzelnen Zweige, Kombinate und Betriebe planmäßig bestimmt. Planung und Bilanzierung der Kredite und der Geldfonds erfolgen als untrennbarer Bestandteil sozialistischer Planwirtschaft. Sie dienen der Durchsetzung der Einheit von Wirtschafts- und Sozialpolitik. Die Planung und Bilanzierung der Kredite und der Geldfonds erfolgt unter Beachtung des Prinzips der Einheit von materieller und finanzieller Planung. Das bedeutet, konsequent davon auszugehen, daß finanzielle Mittel nur in dem Umfang bereitgestellt werden, wie es die verfügbaren materiellen Ressourcen erfordern. Wird dieses Prinzip verletzt, werden diese Zusammenhänge in der Planung und während des praktischen Wirtschaftens außer acht gelassen, so hat das nachteilige Folgen für Wachstum und Stabilität. Die Einheit von materieller und finanzieller Planung schließt die Planung und Bereitstellung von Geld mit hohen Anforderungen für ein effektives Wirtschaften entsprechend den Maßstäben der ökonomischen Strategie ein.

Mit der Bindung des Geldumlaufs an die Produktion und Zirkulation werden Niveauansprüche an die Qualität der Waren, an die Effektivität ihrer Produktion, den Absatz, einschließlich des Exports, erhoben. Nur bedarfs- und qualitätsgerechte Erzeugnisse erfüllen diesen Anspruch und führen zu den beabsichtigten Wirkungen im Geldumlauf. Es besteht ein untrennbarer Zusammenhang zwischen dem Nutzeffekt der gesellschaftlichen Arbeit, dem bedarfsgerechten Warenvolumen, der diesen Prozeß als notwendige Bedingung begleitenden und aktiv beeinflussenden Kreditgewährung und der umlaufenden Geldmenge. Alle diese in dialektischer Wechselwirkung befindlichen ökonomischen Abläufe können nur mit hohem Nutzen für die Gesellschaft organisiert und gestaltet werden durch eine qualifizierte zentrale Leitung und Planung. Mit ihr muß natürlich eine wirksame, auf den wissenschaftlich-technischen Fortschritt und seine Ökonomisierung, auf intensive Reproduktion mit hoher Effektivität gerichtete wirtschaftliche Rechnungsführung in den Kombinaten und Betrieben einhergehen.

Es ist wichtig zu erkennen, daß unsere sozialistische Währung begehrt und attraktiv gestaltet werden muß, soll sie aktive Rückwirkungen durch die Millionen in der Volkswirtschaft arbeitenden Menschen initiieren. Sie kann aber in dieser Qualität nur ein hochempfindlicher Brennspiegel, Kulminationspunkt gewissermaßen, der leistungsfähigen sozialistischen Volkswirtschaft sein. Sozialistisches Kreditgeld ist niemals Selbstzweck (auch nicht im akkumulierten Zustand), sondern Mittel zum Zweck, entsprechend dem eigentlichen Wesen des Geldes.

Klaus Kolloch

Ist das Gold nach wie vor die Geldware?

Eine der heute wiederum zur Diskussion stehenden geldtheoretischen Fragen von hohem Stellenwert ist die Frage nach der Geldware Gold.

Meine Auffassung, daß unter den heutigen Bedingungen der Ware-Geld-Wirtschaft das Gold nicht mehr als Geldware wirken kann, nicht mehr im Kapitalismus und schon gar nicht im Sozialismus, hat mehrmals Anlaß zur Kritik gegeben.

Zum historischen Prozeß

Die Anerkennung des Goldes als Geldware im historischen Prozeß des Geldes ist und bleibt unbestritten. Sowohl unter den gegenwärtigen kapitalistischen als auch unter unseren sozialistischen Produktionsverhältnissen ist das Gold logisch und historisch die Voraussetzung des gegenwärtigen Geldes. Es wird in keiner Weise angezweifelt, was Marx an Grundsätzlichem zum Geld und zum Geldwert entwickelt hat. Bezweifelt wird aber, daß alle diese grundsätzlichen werttheoretischen Überlegungen absolut und unter Berücksichtigung der seither stattgefundenen umwälzenden gesellschaftlichen Entwicklungen – bis hin zur sozialistischen Produktionsweise – an das Gold gebunden sind. Dies aber ist der Standpunkt der Goldbefürworter. Aber ebenso wie das Gold erst zu einem späten, sehr späten Zeitpunkt in der Geschichte der Ware-Geld-Beziehungen seine Rolle als allgemeine Geldware übernommen hat, ist es nach einem historisch relativ kurzen Zeitraum in dieser Funktion auch wieder abgelöst worden.

Heute vollzieht sich die gesamte Geldzirkulation in allen Ländern unter absolutem Ausschluß des Goldes. Der Demonetisierungsprozeß ist in der Literatur beschrieben. Er ist auch Gegenstand des für diese Konferenz vorgelegten Diskussionsbeitrages von Polze und John. Er ist von den Fakten her unbestreitbar. Sein Nachweis kann nur anhand der Entwicklung des kapitalistischen Währungssystems geführt werden, weil es im Sozialismus noch nie eine ernsthafte reale Beteiligung des Goldes am Geldumlauf gab.

Die Herausdrängung des Goldes aus der Geldzirkulation ist ein objektiv bedingter Entwicklungsprozeß. Seine Ursachen liegen in der Entwicklung der Produktivkräfte und der Produktionsverhältnisse im Zusammenhang mit dem Übergang des Kapitalismus der freien Konkurrenz zum Monopolkapitalismus. Alle juristischen Akte der Veränderungen in den Währungsgesetzgebungen sind nur eine Folge der ökonomischen Prozesse. Die juristischen Gesetze mußten den veränderten ökonomischen Gesetzmäßigkeiten angepaßt werden. Keine auf subjektiven Interessen aufgebaute Währungspolitik könnte das Gold verdrängen, wenn ein solcher Prozeß nicht eine objektive gesetzmäßige Basis hätte.

Nun ist das Gold nicht völlig aus dem Währungsgeschehen des Kapitalismus verschwunden. Es existiert vor allem eine Menge an Währungsgold in den Währungsreserven der Zentralbanken. Dieses Währungsgold erfüllt eine wichtige Funktion, besser gesagt Restfunktion. Es ist ein unbestritten wichtiges Sicherungs- bzw. Reservemittel.

Doch hier tritt schon das Problem der Bewertung auf. Da es keinen offiziellen Währungsgoldpreis mehr gibt, werden diese Goldbestände zu den jeweiligen Marktpreisen des Goldes bewertet, die teilweise auch der Spekulation unterliegen. Nach Angaben von „International Financial Statistics" beträgt der Anteil der Goldreserven an den gesamten Währungsreserven der Mitgliedsländer des IWF 6,5 %, bewertet zum letzten Währungsgoldpreis von 1975 (1 Unze Feingold gleich 42,22 Dollar). Bewertet man sie zu den jeweils gültigen Marktpreisen, kann man auf einen Anteil von 72,4 %, wie von Schließer genannt, kommen.

Gold wird sogar noch in einem sehr bescheidenen Umfang für Emissionszwecke benutzt. Gemeint ist die Hinterlegung von Währungsgold im Europäischen Währungssystem für den Erwerb der künstlichen internationalen Geldeinheit ECU. Doch das – und auch nicht spekulative Geschäfte unter Zuhilfenahme des Goldes – rechtfertigt keinesfalls eine Begründung für das weitere Wirken des Goldes als Geldware in der gegenwärtigen Praxis kapitalistischer oder sozialistischer Währungssysteme.

Zur Argumentation der Goldbefürwortung

Die Goldbefürworter lehnen es ab, theoretische Konsequenzen aus der historischen Entwicklung des Geldwesens zu ziehen bzw. sie bejahen den historischen Prozeß nur bis zu dem Zeitpunkt, wo das Gold zur Geldware wurde. Von da an reduzieren sie das Problem auf Form und Inhalt: Jetzt hätten sich nur noch die Formen geändert, nicht aber der Inhalt. Marx hat entwickelt, so u. a. ihre Argumentation, warum etwas zum allgemeinen Äquivalent geworden ist und aufgrund welcher Eigenschaften es die Rolle des allgemeinen Äquivalents spielt. Dies beweist jedoch nicht, daß es außer der Geldware Gold kein anderes Wertmaß für den Gegenstand der menschlichen Arbeit gibt. Die Entwicklung des

Geldwesens zeigt doch, daß diese Bedingungen für das Gold nicht mehr zutreffend sind.

Die Goldgeldtheorie ist in sich sehr schlüssig und logisch. Sie ist so logisch und schlüssig, daß man an die Stelle des Goldes auch jede andere Ware setzen kann. Das muß ja auch so sein, da die Grundthese lautet: Geld ist eine Ware. Aber was nutzt das für die Erklärung der heutigen Praxis? Eine Orientierung auf das Gold ist theoretisch genau so richtig und praktisch falsch, wie eine Orientierung auch auf jede andere einzelne Ware theoretisch richtig, aber praktisch ohne Substanz wäre.

Die Goldtheorie wurde von Marx anhand der Analyse der einfachen Warenproduktion ausgearbeitet. An ihr in absoluter Form festzuhalten, bedeutet das unmögliche Unterfangen, die Verhältnisses der einfachen Warenproduktion auf den äußerst komplizierten und von den Produktionsverhältnissen her völlig veränderten Mechanismus des sozialistischen Geldwesens schematisch zu übertragen. Alle dem Gold vorangegangenen Geldwaren fielen in dem Moment in die einfache Warenproduktion zurück, wurden wieder eine Ware wie alle anderen auch, verloren also ihren Geldcharakter, als sie von einer anderen Ware abgelöst wurden und damit aus der Praxis des Geldwesens verschwanden. Warum soll das gerade für eine Ware, das Gold, nicht gelten?

Praktische Konsequenzen der Goldgeldtheorie

Nach meiner Auffassung ist die bereits mehrfach gestellte Frage, welche Orientierung die Goldgeldtheorie unseren Wirtschafts- und Währungsorganen geben soll, berechtigt. Gold als alleiniges Wertmaß auch im Sozialismus bedeutet doch, daß z.B. die Höhe der Warenpreise nicht nur von den Warenwerten, sondern gleichfalls auch vom Goldwert, also von den Aufwendungen zur Produktion des Geldstoffes Gold abhängen müssen. Da ein direkter Nachweis dessen nicht mehr möglich ist, wird er aus ideellen Prozessen heraus erklärt. Die großen Leistungen der marxistischen Wert- und Geldtheorie werden damit am Ende auf das kleine Wort „ideell“ reduziert.

Gold als Geldware auch im Sozialismus würde in der praktischen Konsequenz bedeuten, daß auch die Geldemission des sozialistischen Staates letztlich auf das Gold zurückgeführt werden müßte. Das ist ein Standpunkt, dessen praktische Befolgung die Staatsbank vor eine schier unlösbare Aufgabe stellen würde.

Wenn die Goldbefürworter diese Konsequenzen ablehnen sollten, ergäbe sich um so mehr die Frage nach dem praktischen Sinn ihrer Theorie.

Das entscheidende Problem: Einheit von Theorie und Praxis

Es ist unschwer zu erkennen, daß sich die Hauptstoßrichtung meines Beitrages um das Grundprinzip der Einheit von Theorie und Praxis dreht, die letztlich und in der Tendenz übereinstimmen müssen, auch wenn es immer wieder Widersprüche zwischen diesen beiden Polen geben wird. Das letzte Kriterium der Wahrheit ist die Praxis!

Die Aufgabe der Wirtschaftswissenschaften, die Aufgabe der marxistisch-leninistischen Geldtheorie kann nicht darin bestehen, die vielfältigen geistigen Potenzen darauf zu verwenden, eine historisch richtige, aber heute nicht mehr überzeugende Theorie unter Aufbietung aller Kräfte und durch ständiges, oft zugegebenermaßen brillantes Interpretieren dennoch für real auszugeben. Die Aufgabe kann nur darin bestehen, die historisch richtigen und unantastbaren Wurzeln der Geldtheorie so wie alle anderen Fragen der marxistischen Ökonomie auch, im Sinne von Marx schöpferisch weiterzuentwickeln und mit den neuen praktischen Prozessen – wenigstens in der Tendenz – in Übereinstimmung zu bringen. Es kann nicht angehen und auch nicht aufgehen, wenn die Theorie von der Geldware Gold gewaltsam den praktischen Prozessen der sozialistischen Geldzirkulation aufgepfropft wird, bzw. wenn man ohne überzeugende Beweiskraft des Geldsystems des Sozialismus unter die viel zu enge Glocke der Goldgeldtheorie zwängen will.

Schließer und Stiemerling haben zurecht davon gesprochen, daß man sich theoretisch fundiert einem richtigen Praxisverständnis stellen muß. Dies sollte auch zum Kriterium dieser theoretischen Grundfrage gemacht werden. Warum also müssen die Geldzeichen unter Bedingungen, wo das Gold praktisch nicht mehr auftritt, wo sich die Preisentwicklung überhaupt nicht mehr am Goldwert nachweisen läßt, wo die Geldemission sich nicht am Gold, sondern an den Erfordernissen der gesamten Warenproduktion und -zirkulation ausrichtet, wo das Gold im Kapitalismus zu einer hochspekulativen Ware geworden ist, wo das Gold im Sozialismus weder im inneren Geldumlauf noch in den zwischenstaatlichen Währungsbeziehungen irgend eine Rolle spielt, warum sollen und müssen die Geldzeichen und schließlich die ganze Ökonomie dann ausschließlich nur auf das Gold bezogen werden?

Auf die Konsequenzen des Zusammenhanges zwischen der Beibehaltung der Goldgeldtheorie und der Ablehnung der Kreditgeldtheorie sei nur am Rande verwiesen.

Zu einigen politökonomischen Ansatzpunkten der Problemstellung

Der theoretische Streit um das Gold ist seit Jahren in voller Breite unter den marxistischen Geldtheoretikern entbrannt. Wahr ist, daß es bisher noch keine durchschlagenden und überzeugenden Antworten auf die offenen theoretischen Fragen bei einer Ablehnung der Goldgeldtheorie gegeben hat. Aber es gibt eine Reihe progressiver Denkansätze, deren Bedeutung heute noch vor allem darin liegt, aus der Enge der bisherigen Betrachtungsweise herauszufinden.

Ich halte es für richtig und notwendig, wenn die dabei auftretenden Fehler oder theoretischen Lücken aufgedeckt und kritisiert werden, aber ich halte es für falsch, wenn dabei das Ziel verfolgt wird, weiterführende Denkansätze abzublocken, anstatt sie aufzugreifen und auf ihre weitere Entwicklungsfähigkeit hin zu prüfen.

Das gesamte Werk von Marx ist von seinem Wesen her auf die Weiterentwicklung und schöpferisch theoretische Anwendung seiner Gesellschaftslehre und dementsprechend auch einzelner Kategorien und Gesetzmäßigkeiten in den einzelnen Abschnitten der gesellschaftlichen Entwicklung ausgerichtet. Nirgendwo läßt sich eine Stelle oder Aussagen finden, aus der sich ein Ewigkeitswert der Rolle des Goldes als Geldware ableiten ließe.

Geld spielt vom Wesen her eine andere Rolle im Monopolkapitalismus als im Kapitalismus der freien Konkurrenz oder als in der einfachen Warenproduktion. Das Wertmaß in der einfachen Warenproduktion muß deshalb anders betrachtet werden als im Industriekapitalismus, wieder anders im Monopolkapitalismus und noch ganz anders im Sozialismus. Die Gleichung X Ware A = Y Geldware Gold stellt den einfachen Warenaustausch dar, nicht aber den Wertausdruck unter den Bedingungen der kapitalistischen Produktion. Schon im Kapitalismus stellt sich der Wert einer einzelnen Ware nicht mehr direkt im Austausch gegen Gold dar, weil die Ware nicht mehr Produkt der einfachen Arbeit, sondern Produkt des Kapitals, d. h. der Verwandlung zum Warenkapital ist. Um wieviel anders müssen dann erst die Probleme in der sozialistischen Ware-Geld-Wirtschaft betrachtet werden.

Wenn Marx den dialektischen Wandlungsprozeß vom Warenwert zum Produktionspreis entwickelt, wenn der Produktionspreis schließlich vom Monopolpreis abgelöst wird, dann muß das doch auch Auswirkungen auf die Entwicklung des Geldwertes und die Rolle des Goldes haben. Warum wird das eine bejaht und das andere verneint?

Das Äquivalenzverhältnis zwischen Geld und Arbeit wird im Kapitalismus völlig zerstört. Außerdem ist das Gold im Kapitalismus, da es ja auch kapitalistisch produziert wird, nicht mehr Wertware für den direkten Gegenstand der Arbeit.

Das Warenkapital kann seinen Kapitalwert als Kostpreis und Durchschnittsprofit, d. h. als eigenes Verwertungsverhältnis ohne Hilfe der Geldware Gold ausdrükken. Wenn die Ware durch eine wiederholte Verwertungsbewegung ein Form des Kapitals geworden ist, braucht sie für ihren Wertausdruck die Geldware Gold nicht mehr. Aber im Sozialismus, bei einem geplanten Reproduktionsprozeß, soll das der Fall sein?

Schlußbemerkungen

Die gesamte Diskussion zu diesen theoretischen Fragen wird in dem Bemühen geführt, die marxistische Theorie schöpferisch der veränderten Praxis anzugleichen. Auch hier gilt eine Grundthese unserer Gesellschaftsentwicklung: Kontinuität und Erneuerung!

Ulrich Busch

Zum Kreditgeldverständnis in der Gegenwart

Einer der Dreh- und Angelpunkte, um die sich gegenwärtig die geldtheoretische Diskussion dreht, ist die Interpretation der Analyse des kapitalistischen Kreditgeldes durch Karl Marx und ihre Anwendung auf das sozialistische Geld. Meines Erachtens findet in dieser Diskussion der historische Aspekt bisher zuwenig Berücksichtigung. Es wird zuwenig beachtet, daß das Kreditgeld des 19. Jahrhunderts, das Marx vor Augen hatte, nicht gleichzusetzen ist mit dem Kreditgeld der Gegenwart, weder mit dem modernen kapitalistischen Kreditgeld noch mit dem sozialistischen Kreditgeld.

In den mehr als hundert Jahren, die, seitdem Marx seine Überlegungen zum Kreditgeld notierte und Engels diese kommentierte, vergangen sind, haben sich in den ökonomischen und politischen Verhältnissen gravierende Veränderungen vollzogen, die auch das Geld betreffen. Von ihnen kann man unmöglich abstrahieren, wenn man gültige Aussagen über das Geld in der Gegenwart treffen will. Diese gesellschaftlichen Veränderungen berühren nicht nur die Erscheinungsformen des Geldes, sondern ebenso seinen Inhalt, seinen Charakter und in bestimmtem Maße auch sein Wesen. Um diesen Prozeß in seiner ganzen Tragweite zu erfassen, ist es erforderlich, das Geld als eine historische Kategorie zu begreifen, als eine Kategorie, die sich mit den Produktivkräften und Produktionsverhältnissen entwickelt. Diesem objektiven Entwicklungsprozeß muß die Geldtheorie Rechnung tragen. Und dies kann sie nur, wenn sie sich selbst weiterentwickelt und nicht zum lebensfremden Dogma erstarrt. Wie die materialistische Dialektik überhaupt, so muß auch die Geldtheorie „ihrem Wesen nach kritisch und revolutionär" sein, das heißt, „jede gewordne Form im Flusse der Bewegung"[1] betrachten. Jede andere Art und Weise des Herangehens würde sich letztlich als ahistorisch und undialektisch erweisen und in einen unlösbaren Widerspruch mit den praktischen Prozessen geraten.

Daß Karl Marx eine Geldtheorie entwickelt hat, die für die kapitalistische Produktionsweise Kreditgeld als dieser Produktionsweise adäquates Geld setzt, ist unstrittig. Ebenso unstrittig ist, daß Marx dieses Kreditgeld gegenüber dem Metall- und Papiergeld als höheren, entwickelteren Geldtyp faßt. Seine Erklärung des kapitalistischen Kreditgeldes beruht im wesentlichen auf der Interpretation von zwei sich im 18. und besonders im 19. Jahrhundert real vollziehenden Vorgängen, nämlich der Vergesellschaftung des Geldkapitals und der Ökonomisierung der Geldzirkulation. Der Wechsel, die Banknote, die Zentralbanknote und das Buchgeld sind die sachlichen Formen dieses historischen Prozesses. Es sind dies zugleich die Erscheinungsformen des Kreditgeldes etwa bis zur zweiten Hälfte des vorigen Jahrhunderts.

Die Herausbildung des kapitalistischen Kreditgeldes vollzog sich auf der Grundlage der Goldgeldzirkulation, wobei das Gold als Zirkulationsmittel teilweise durch Papiergeld (Geldzeichen) vertreten wurde. Es steht außer Zweifel, daß Marx das Gold als Basis des Kreditgeldes ansah und daß folglich ein dem praktischen Zusammenhang von Kreditgeld und Gold im 19. Jahrhundert entsprechender theoretischer, kategorialer Zusammenhang Grundlage der von Marx entwickelten Kreditgeldtheorie ist. Der hier von Marx unterstellte praktische Zusammenhang ist aber historischer Natur. Er modifizierte sich im Verlaufe der gesellschaftlichen Entwicklung und fand bekanntlich im 20. Jahrhundert seine Aufhebung. An ihm theoretisch weiter festzuhalten und auch das moderne kapitalistische Geld und das sozialistische Geld seinem Wesen nach als Ware, letztlich als Gold, zu definieren[2], ist m. E. kein tragfähiger Ansatz für eine Erklärung der Geldprozesse in der Gegenwart und wenig fruchtbar für die planmäßige Ausnutzung des Geldes im Sozialismus.

Führen wir uns vor Augen, wie sich die Genesis des Kreditgeldes vollzog. Das kapitalistische Kreditgeld ist ein Produkt der kapitalistischen Produktionsweise. Der Widerspruch zwischen dem gesellschaftlichen Charakter der Produktion und dem Kapitaleigentum erforderte eine gesellschaftliche Form zur Herstellung des Reproduktionszusammenhanges, die diesen Widerspruch relativ löst. Diese Form ist zunächst der kommerzielle Kredit. Er stellt die einfachste Form des Kredits dar, eines Kredits, der vollständig an gegenseitige Warenlieferungen gebunden ist. Der kommerzielle Kredit erhält seine Bewegungsform im Wechsel, welcher als Handelsgeld die erste Form des Kreditgeldes ist. Praktisch bedeutet das Auftreten des Wechsels, daß in der Zirkulation Gold eingespart wird, und zwar nicht dadurch, daß es durch Surrogate (Stellvertreter) vertreten wird (wie bei Papiergeld der Fall), sondern dadurch, daß der Kredit das Gold in der Zirkulation als Geld ersetzt. An die Stelle des Goldes treten Wechsel, welche für den Kreditnehmer, für den Bezogenen oder Trassaten, Schuldverschreibungen darstellen, terminisierte Zahlungsversprechen, Verbindlichkeiten, für den Kreditgeber aber Forderungscharakter tragen, Kreditgeld sind. Der Wechsel verkörpert die verselbständigte Form eines privaten Kreditverhältnisses.

Mit der fortschreitenden Entwicklung der kapitalistischen Produktionsweise wird der kommerzielle Kredit vergesellschaftet. Dies geschieht mittels Bankoperationen. Die Bank diskontiert die Wechsel und emittiert dafür Banknoten. Dies erfolgt zunächst lokal und privat, später national und staatlich. Es entsteht die Zentralbanknote als höhere, da vergesellschaftete Bewegungsform des kommerziellen Kredits der Kapitalistenklasse, des Nationalkredits. Die Banknote macht das Gold in der Zirkulation, d.h. als Zirkulations- und Zahlungsmittel sowie als Zirkulations- und Zahlungsmittelreserve überflüssig. Es wird bei den Banken deponiert. Da das gesamte deponierte Gold niemals gleichzeitig abgefordert wird und sich zunehmend Zahlungen zwischen den Kapitalisten ausgleichen, wodurch Gold und Banknoten eingespart werden, kann die Bank einen Teil des Goldes verleihen, als Kredit gegen Zinszahlung. Hieraus folgt nun, daß das Depositum eine doppelte Existenz erhält, einerseits wird es als zinstragendes Kapital ausgeliehen (Kredit) und figuriert folglich nur in den Büchern der Banken als Guthaben der Depositoren. Andererseits aber fungieren diese „Buchposten", sofern Zahlungsausgleich stattfindet, „soweit die wechselseitigen Guthaben der Depositoren durch Schecks auf ihre Depositen sich ausgleichen und gegeneinander abgeschrieben werden", als Geld.[3] Diese Verdopplung der Geldfunktion, die aus der doppelten Existenz des Goldes resultiert, welches real als Kredit und fiktiv als Guthaben existiert, sowie aus der Möglichkeit des Zahlungsausgleichs infolge der Vergesellschaftung der Zirkulation, zeigt sich darin, daß jetzt Kreditzeichen (Banknoten) Zirkulations- und Zahlungsmittelfunktion verrichten und Guthaben ebenso, sofern eine wechselseitige Verrechnung zwischen diesen stattfindet. Womit wir es hier zu tun haben, sind die zwei Arten des Kreditgeldes, des baren Kreditgeldes in Gestalt der Banknote und des unbaren oder giralen Kreditgeldes in Gestalt von Guthaben. Beide Arten beziehen sich ursprünglich auf das Gold. Die Banknote ersetzt das Gold als „zirkulierender Kredit"[4] im Zirkulationsprozeß und das Guthaben drückt seine Existenz als Depositum fiktiv aus, was seine bedingte Funktion als Zahlungsmittel einschließt.

Mit der weiteren Vergesellschaftung des Geldkapitals vollzog sich eine weitere Ökonomisierung der Zirkulation, bis schließlich in unserem Jahrhundert das Gold vollständig aus der inneren Zirkulation und weitestgehend aus der äußeren Zirkulation verschwand. Damit entfallen auch die Depositen in Gold. Was jetzt deponiert wird sind Banknoten, Wertpapiere usw. Marx machte bereits auf diese Tendenz aufmerksam.[5] Es handelt sich hierbei um Einlagen, die auf dem Kreditwege umverteilt werden.

Die Aufhebung des praktischen Zusammenhangs des umlaufenden Kreditgeldes mit dem Gold hat eine Reihe von Konsequenzen, deren weitreichendste darin besteht, daß sich eine neue Form, ein neuer Typ des Kreditgeldes herausbildet, der sich vom Kreditgeld des 19. Jahrhunderts wesentlich unterscheidet. Die Grundlage hierfür sind eine Reihe von gesellschaftlichen Entwicklungsprozessen, insbesondere:

- Die Konzentration und Zentralisation des Kapitals als Ausdruck des Vergesellschaftungsprozesses;
- die Monopolisierung, bis hin zur Herausbildung des staatsmonopolistischen Systems;
- das Anwachsen der Rolle des zinstragenden Kapitals;
- die Untergrabung des Markt-Preis-Konkurrenz-Mechanismus des Kapitalismus der freien Konkurrenz;
- die Entwicklung internationaler Handels- und Kapitalbeziehungen u. a. m.

Diese Veränderungen in den kapitalistischen Produktionsverhältnissen modifizierten wesentlich die Wirkungsbedingungen des kapitalistischen Geldsystems. Hier vollzogen sich adäquate Veränderungen, so z. B.

- die vollständige Vergesellschaftung des kommerziellen Kredits durch den Bankkredit;[6]
- die Verwandlung der Geldverhältnisse, der im Geld verkörperten Produktionsverhältnisse, in Kreditverhältnisse;
- die Schaffung des Zentralbanksystems und die Vergabe von Krediten auf der Grundlage des „Nationalkredits";
- die Verdrängung des Goldes aus der inneren und aus der äußeren Zirkulation;
- die Herausbildung eines doppelseitigen Knotensystems, bestehend aus Kredit- und Guthabenkonten;
- die ausschließlich girale Form der Kreditvergabe und Geldemission;
- die Dominanz des Giralgeldes in der Geldzirkulation usw.[7]

Nimmt man all diese Momente zusammen, so wird deutlich, daß sich im heutigen Kapitalismus, im Monopolkapitalismus, ein neuer Typ des Kreditgeldes herausgebildet hat, das staatsmonopolistisch modifizierte Kreditgeld.[8]

Was nun die sozialistische Gesellschaft anbetrifft, so knüpft sie historisch an die kapitalistische Entwicklung an. Der Vergesellschaftungsprozeß der Produktion wird auf der Grundlage des gesellschaftlichen Eigentums an Produktionsmitteln und der staatlichen Leitung und Planung der Volkswirtschaft auf eine neue, höhere Stufe gehoben. Das Geld ist in die planmäßig-proportionale Gestaltung der Volkswirtschaft integriert. Als diejenige Kategorie, die die Gesellschaftlichkeit zum Ausdruck bringt, ist es von vornherein Geld einer neuen Qualität. Als Verkörperung sozialistischer Produktionsverhältnisse ist es sozialistisches Geld. Seinem Charakter und seiner Zirkulationsform nach ist es ebenso wie das staatsmonopolistische Geld entwickeltes Kreditgeld. Charakteristisch für das entwickelte Kreditgeld der Gegenwart ist, daß seine Grundlage nicht mehr die Produktion und der Austausch von Waren als Produkte voneinander unabhängig betriebener Privatarbeiten ist, sondern der staatsmonopolistisch vergesellschaftete bzw. der planmäßig sozialistisch vergesellschaftete Reproduktionsprozeß. Unmittelbares Resultat dieser gesellschaftlichen Veränderung ist die Aufhebung der Bindung des zirkulierenden Geldes an eine Geldware, an das Gold. Mit der Veränderung der Produktionsverhältnisse sind Voraussetzungen für die Herausbildung eines neuen Geldtyps entstanden, des modernen Kreditgeldes, welches nicht auf dem Gold oder einer anderen Geldware beruht, sondern auf dem vergesellschafteten Reproduktionsprozeß, der im staatsmonopolistischen Kapitalismus und im Sozialismus unterschiedlich gestaltet wird und in unterschiedlichem Maße gesellschaftlich beherrscht wird.

Allein schon die sichtbaren Veränderungen im Geldsystem, wie die Ersetzung des Goldes durch Kreditzeichen in der Zirkulation, die girale Kreditvergabe und Geldemission, das doppelseitige Kontensystem, die Dominanz des Giralgeldes, die girale Verrechnung als Hauptform der Geldzirkulation usw. machen deutlich, daß das moderne Kreditgeld sich vom Typ her grundlegend von jeder Form des Warengeldes, und so auch vom Goldgeld, unterscheidet und von der Entwicklungsstufe her sich von den frühen Formen des Kreditgeldes, wie Marx sie kannte, abhebt. Es ist, wie das Geld im 19. Jahrhundert, Kreditgeld und zugleich doch ein ganz anderes Kreditgeld.

Mit der theoretischen Erfassung des modernen Kreditgeldes ist die Überwindung des Paradigmas verbunden, daß das Geld seinem Wesen nach eine Ware ist, eine besondere Ware, Gold. Dieses Paradigma unterstellt einfache Tauschverhältnisse privater Warenbesitzer als Grundlage gesellschaftlicher Beziehungen und charakteristische Form der Herstellung gesellschaftlicher Gesamtzusammenhänge. Nur da, schrieb Marx, wo das Geld „als ein besonderer Ausdruck des gesellschaftlichen Charakters der Arbeit und ihrer Produkte" auftritt und diese Gesellschaftlichkeit im „Gegensatz zu der Basis der Privatproduktion" steht, muß sich das Geld „in letzter Instanz als ein Ding, als besondre Ware neben anderen Waren" darstellen.[9] Mit der Veränderung im Produktionsprozeß, die der staatsmonopolistische Kapitalismus mit sich bringt, modifiziert sich dieser Zusammenhang bereits erheblich. Mit der Aufhebung der privaten Warenproduktion und der Herausbildung der planmäßigen sozialistischen Warenproduktion, womit o. g. Widerspruch historisch gelöst ist, hebt sich der Zusammenhang zwischen dem Geld und einer besonderen Geldware gänzlich auf.

Hält man trotz allem an dem Paradigma der absoluten Existenz einer Geldware fest und leugnet den historischen Charakter der Warenform des Geldes, so gelangt man bei der Analyse des gegenwärtigen Geldes bestenfalls bis zur Anerkennung der Existenz von Kreditgeld, aber als „Geld minderwertiger Qualität".[10] Die Fassung des Geldes insgesamt als Kreditgeld und die Herausarbeitung seiner Spezifik gegenüber dem Kreditgeld des 19. Jahrhunderts ist hiervon ausgehend unmöglich.

Zum gegenwärtigen Zeitpunkt ist die Ausarbeitung der Theorie des modernen Kreditgeldes noch nicht abgeschlossen. Eine Reihe von Merkmalen des Kreditgeldes sowie einige Gesetze seiner Zirkulation sind hinreichend bestimmt. Was jedoch noch nicht befriedigen kann, ist die Analyse der Funktionen des modernen Kreditgeldes sowie die Herausarbeitung der Unterscheidungsmerkmale des modernen Kreditgeldes vom klassischen Kreditgeld des 19. Jahrhunderts. Ein springender Punkt hierbei, so scheint mir, ist die Umkehrung des Verhältnisses von Geld und Kredit. War bisher das Geld, namentlich das Gold, die Grundlage des Kredits, waren Depositen bzw. Einlagen Kreditquellen und der Kredit folglich eine aus dem Gold und der Ökonomisierung seiner Zirkulation abgeleitete Kategorie, so stellt sich dies heute, in bezug auf das moderne Kreditgeld, genau umgekehrt dar. Geld ist jetzt nichts als zirkulierender Kredit (Kreditzeichen), seine Emission ist Ergebnis der Kreditausreichung und die Akkumulation von Geld ist nicht primär Voraussetzung, sondern Resultat der Kreditvergabe. Nicht der Kredit ist es jetzt, der auf dem Geld beruht, welches in dieser Bestimmung letztlich immer Warengeld, also Gold, war, sondern umgekehrt, alles Geld beruht auf dem Kredit, ist Kreditgeld.

Mit dem Gold existierte einst ein Mechanismus, der es erlaubte, die gesamte Geldtheorie, einschließlich der Theorie des Kreditgeldes des Kapitalismus der freien Konkurrenz, widerspruchsfrei im Kontext mit den Arbeitswerttheorie zu erklären. Allein heute fehlen für diesen Mechanismus die ökonomischen Voraussetzungen und damit fehlt für die theoretische Erklärung die praktische Basis, der Beweis. Eine Erklärung des Funktionsmechanismus des Geldes in der Gegenwart kann nur von den gegenüber dem 19. Jahrhundert wesentlich veränderten gesellschaftlichen Bedingungen der Warenproduktion und des Reproduktionsprozesses insgesamt ausgehen. Hier muß die weitere Forschung zum Geld ansetzen.

Anmerkungen

1 K. Marx, Das Kapital, Erster Band, in: MEW, Bd. 23, S. 28.

2 Vgl. U. Zufelde, Der marxistische Geldbegriff und die Formen des Geldes, in: Wirtschaftswissenschaft, Heft 1/1989, S. 68ff.

3 K. Marx, Das Kapital, Dritter Band, in: MEW, Bd. 25, S. 488.

4 Ebenda, S. 621.

5 Ebenda, S. 487.

6 Vgl. FH. Wagner/ R. Mondelaers, Grundfragen der Kredit- und Geldzirkulation. Zur Diskussion um den Charakter des heutigen Geldes. Lehrbrief für das Hochschulfernstudium. Sozialistische Finanzwirtschaft. 25. Lehrbrief, Dresden 1987, S. 12ff.

7 1913 betrug der Giralgeldanteil in Deutschland 88 % des Gesamtgeldvolumens. (Vgl. H. Fengler, Wandlungen im deutschen Geldverkehr durch den bargeldlosen Zahlungsverkehr unter besonderer Berücksichtigung der Postdienste, in: Berliner Numismatische Forschungen, Bd. 1, Berlin 1987, S. 103.)

8 Vgl. Autorenkollektiv, Krisenprozesse in den internationalen Finanz-, Kredit- und Währungsbeziehungen des Kapitalismus, IPW-Forschungshefte 2/1988, S. 7ff.

9 K. Marx, Das Kapital, Dritter Band, a. a. O., S. 621.

10 H. Kraske/K. Müller, Neue Erscheinungsformen des bargeldlosen Zahlungsverkehrs und marxistische Geldtheorie, in: Wirtschaftswissenschaft, Heft 9/1988, S. 1351.

Hans-Joachim Höhme

Zur Geldfunktion des Goldes

Den Gegenstand meiner wissenschaftlichen Arbeit bildet nicht die Rolle des Geldes im Sozialismus, sondern die Entwicklung der kapitalistischen Weltwirtschaft. Da die hier behandelte Frage, ob das Gold noch als Geldware fungiert, jedoch nicht nur in der Politischen Ökonomie des Sozialismus, sondern auch unter den marxistischen Wirtschaftswissenschaftlern, die sich überwiegend mit dem Kapitalismus befassen, seit längerem strittig ist, möchte ich ebenfalls meine Meinung äußern.

Nach meiner Auffassung gehört diese Frage zu den gegenwärtig nicht bzw. noch nicht eindeutig zu beantwortenden der Politischen Ökonomie. Die Diskussion in diesem Rahmen halte ich insofern für berechtigt, weil sie m. E. dazu beitragen wird, den Meinungsstreit zu versachlichen und vielleicht einige Schritte in Richtung auf eine Annäherung der theoretischen Hypothesen an die heutige Praxis zu machen.

Die hier, vor allem von Schließer, vorgetragene Auffassung, daß das Gold nach wie vor Geldware ist, stellt zweifellos einen in sich schlüssigen theoretischen Erklärungsansatz dar, dessen innere Logik nicht zuletzt deshalb überzeugt, weil sie unmittelbar von der von Marx entwickelten Geldtheorie ausgeht. Deshalb hat mich die Argumentation dieser Richtung des Meinungsstreits um das Wesen des Geldes auch lange Zeit durchaus überzeugt, zumindest solange ich die Diskussion dazu nur als ein theoretisches Problem auf hoher Abstraktionsebene verfolgt habe. Seitdem ich allerdings genötigt war, mich gelegentlich mit der Einschätzung monetärer Prozesse in der realen Wirtschaftsentwicklung des heutigen Kapitalismus zu befassen, die Theorie also auf die Praxis anzuwenden, sind mir zunehmend Zweifel an der Richtigkeit der Auffassung, daß Gold noch allgemeines Äquivalent ist, und an den zur Bekräftigung dieser Auffassung vertretenen Argumenten gekommen.

Vor allem aus zwei Gründen kann mich diese theoretische Hypothese nicht mehr überzeugen:

Das ist erstens ihr von Kolloch bereits genannter, ungenügender Bezug zur gegenwärtigen Praxis, ihre mangelnde Anwendbarkeit auf die reale Entwicklung der monetären Prozesse im heutigen Kapitalismus und – wie ich meine – erst recht im Sozialismus. Keine der mir bekannten Begründungen für eine nach wie vor existierende Rolle des Goldes als Geld – so schlüssig sie in sich auch sein mögen – hat auch nur im Ansatz die Antwort auf eine Frage geben können. Ich meine die Frage, auf welche Weise, über welche Wechselbeziehungen das Gold, obwohl es in keiner der von Marx entwickelten Geldfunktionen (mit Ausnahme der schon mehrfach erwähnten Restfunktion als internationales Reservemittel) mehr präsent ist, obwohl durch sein Verschwinden aus der Zirkulation der organische Zusammenhang zwischen seiner Zirkulationsmittel- und seiner Wertmaßfunktion längst zerrissen ist, dennoch weiterhin in der Lage sein soll, als allgemeines Äquivalent und als Maß der Werte zu fungieren. Auch auf die Frage, wie das vielgenannte Repräsentationsverhältnis zwischen Gold und tatsächlich zirkulierendem Geld denn nun zustande kommt und wie es sich in der Praxis durchsetzt, habe ich bisher in diesen Argumentationen keine Antwort finden können. Oder um noch konkreter zu fragen: Über welche Mechanismen und Beziehungen messen heutzutage alle in der Welt produzierten Waren unter den Bedingungen enorm gewachsener, immer komplizierterer internationaler Abhängigkeiten, der zunehmend internationalen Ausprägungen des Finanzkapitals und der staatsmonopolistischen Regulierungsmechanismen und nicht zuletzt einer weitgehend monopolistischen Preisbildung ihre Werte am Wert einer einzigen Ware, dem Gold. Hinzu kommt, daß der überwiegende Teil der Weltproduktion dieser Ware in zwei Ländern mit derart unterschiedlichen Produktionsverhältnissen und Beziehungen zur Weltwirtschaft wie der Sowjetunion und Südafrika gefördert wird.

In diesem Zusammenhang noch eine Bemerkung zu der als Argument angeführten Restfunktion des Goldes als internationales Reservemittel, die ja unbestritten ist. Die in diesem Zusammenhang im Referat von Schließer genannten Fakten möchte ich relativieren. Ein Teil der Währungsreserven der kapitalistischen Länder existiert zwar nach wie vor in Gold, aber international bewegt und für Währungstransaktionen der Notenbanken eingesetzt wurde dieser Teil der Währungsreserven seit langem nicht mehr. Auch das angeführte Beispiel, daß Taiwan im vergangenen Jahr durch Goldkäufe im Umfang von 1,1 Milliarden Dollar den Goldanteil an seinen Währungsreserven aufgestockt hat, ist nach meiner Ansicht als Indiz für eine Renaissance des Währungsgoldes kaum geeignet. Diese Transaktion muß doch wohl vor dem Hintergrund der verschärften internationalen Handelsauseinandersetzungen gesehen werden. Seinerzeit hatten die USA angesichts des enorm angewachsenen Handelsbilanzüberschusses Taiwans wie auch anderer ostasiatischer Länder und ihres eigenen hohen Außenhandelsdefizits einen besonders starken handelspolitischen Druck auf diese Länder ausgeübt. Die Goldkäufe Taiwans sind deshalb wohl vor allem als Versuch zu werten, seinen hohen Handels- und Leistungsbilanzüberschuß statistisch etwas herunterzumanipulieren; sie dürften weniger währungspolitisch motiviert gewesen sein.

Die Goldtheoretiker wenden gegenüber solchen Fragestellungen häufig ein, diese blieben an den Oberflächenerscheinungen hängen. Ich bin dagegen der Meinung, die Frage nach den Mechanismen über die politökonomischen Zusammenhänge oder Kategorien, wie in diesem Fall die Geldware, in den realen Wirtschaftsprozessen wirksam werden, berührt nicht nur Oberflächenerscheinungen, sondern innere Zusammenhänge der Waren- und Geldwirtschaft. Sie zielt auf die Wirkungsweise des Wirtschaftsmechanismus, auf das Verhältnis von Theorie und Praxis in der Anwendung der marxistischen Geldtheorie ab.

Einen zweiten Grund für die fehlende Überzeugungskraft der Goldgeld-Hypothese sehe ich in ihrer zu statischen historischen Betrachtungsweise. Bekanntlich haben sich in dem einundeinviertel Jahrhundert, das seit dem Entstehen der Marxschen Geldtheorie vergangen ist, tiefgreifende Veränderungen in der Weltwirtschaft vollzogen. Die von der Entwicklung der Produktivkräfte ausgehenden Vergesellschaftungszwänge haben wesentliche Veränderungen in den kapitalistischen Produktionsverhältnissen erzwungen. Der spontane Markt-, Preis-, Konkurrenzmechanismus wurde durch die Herausbildung des Monopols und des staatsmonopolistischen Kapitalismus untergraben und modifiziert. Es ist weitgehend unbestritten, daß das Kapital sich angesichts dieser Entwicklung im zinstragenden Kapital zu gesellschaftlichen, immer mehr vom ursprünglichen Kapital entfremdeten Formen entfaltete. Auch die verschiedenen Geldfunktionen haben sich in ihrer Bedeutung und ihrem Verhältnis zueinander gegenüber den Zeiten von Marx beträchtlich verändert. Dabei wurde vor allem die Zahlungsmittelfunktion zur zentralen Funktion, während andere Geldfunktionen wie die des Zirkulationsmittels und die des Schatzes eine wesentliche Einschränkung bzw. einen Bedeutungswandel erfuhren. Und als wesentlicher Einschnitt entstanden und entwickelten sich in einem Teil der Welt qualitativ neue, sozialistische Produktionsverhältnisse.

Über alle diese einschneidenden Veränderungen in den kapitalistischen Produktionsverhältnissen und selbst über die Grenzen der neuen sozialistischen Produktionsweise hinweg aber soll sich das Geld in seinem Wesen nicht verändert haben, soll das Gold auch weiterhin wie zu Marx Zeiten als Geldware fungieren?

Das Geld wäre damit zweifellos eine der stabilsten, wenn nicht die stabilste politökonomische Kategorie oder präziser ausgedrückt, das stabilste Produktionsverhältnis, das inmitten sich insgesamt anpassender und wandelnder kapitalistischer Produktionsverhältnisse und selbst unter den Bedingungen der sozialistischen Produktionsweise wie eine Säule stehen und ungeachtet aller Veränderungen in den Geldfunktionen nach wie vor durch das Gold als Geldware geprägt würde. Das Gold als allgemeines Äquivalent und Maß der Werte wäre damit eine Erscheinung, die für die historische Gesamtdauer der Existenz von Warenproduktion wirksam bliebe – unabhängig von allen anderen Veränderungen in den Produktionsverhältnissen und selbst über die unterschiedlichen Gesellschaftsordnungen hinweg. Einer solchen Herangehensweise kann ich nicht folgen, weil sie keinen ausreichenden Zugang zum Erfassen neuer Prozesse und zur Einordnung der monetären Entwicklungsprozesse in die Gesamtentwicklung der kapitalistischen und der sozialistischen Produktionsverhältnisse bietet. Wenn wir uns diesen Zugang verschaffen wollen, dann sollten wir uns nicht darauf beschränken, solche Prozesse wie das Verschwinden des Goldes aus der Zirkulation, das damit verbundene völlige Zerreißen der organischen Einheit von Zirkulationsmittel- und Wertmaßfunktion und die volle Durchsetzung eines staatsmonopolistisch modifizierten Kreditgeldes im heutigen Kapitalismus nur als Ausdruck von Veränderungen in den Formen des Geldes zu betrachten, in Formveränderungen gewissermaßen die einzige Modifizierungsmöglichkeit des Geldsystems für die Dauer warenproduzierender Produktionsweisen zu sehen. Diese Prozesse sollten vielmehr als Erscheinungen qualitativer Veränderungen in den kapitalistischen Produktionsverhältnissen bewertet werden, die auch das Wesen des Geldes als eine der von Marx entwickelten historischen Wertformen berühren. Ausgehend davon, daß das Gold unter den gegenwärtigen Bedingungen ebenso wenig wie jede andere einzelne Ware, die in die Rolle des allgemeinen Äquivalents gedrängt würde, in der Lage ist, die Rolle der Geldware, die von vornherein Ausdruck gesellschaftlich notwendiger Arbeit ist und in der alle anderen Waren ihren Wert messen, auszuüben, muß als reale Möglichkeit in Betracht gezogen werden, daß ein auf einer Geldware beruhendes Geldsystem noch nicht die Endstufe der historischen Entwicklung der Ware-Geld-Beziehungen und ihrer Vermittlung darstellt.

Der gegenwärtige Entwicklungsabschnitt des kapitalistischen Geldsystems wird deshalb nach meiner Auffassung durch Prozesse und Erscheinungen des Übergangs zu einer neuen Stufe der historischen Wertformen bestimmt, die über die Gold-Geld-Form des Wertes, über die Geldware, hinausgeht. Dabei handelt es sich sicherlich um einen noch nicht in allen seinen Konturen und Konsequenzen erkennbaren, widerspruchsvollen Übergangsprozeß, in dem das sich dabei herausbildende Geldsystem im Kapitalismus an die durch die Produktionsverhältnisse gesetzten Schranken stößt und – ähnlich dem Gesamtsystem des staatsmonopolistischen Kapitalismus – historisch gesehen einen Übergangscharakter annimmt. Diese Entwicklung kann auch als Ausdruck einer spezifischen Verschärfung des kapitalistischen Grundwiderspruchs angesehen werden. Dabei lassen die neu dimensionierten Zwänge des gesellschaftlichen Charakters der Warenproduktion und -zirkulation es einerseits nicht mehr zu, daß Gold oder eine andere einzelne Ware, die mit der Geldform des Wertes verbundenen Funktionen noch ausreichend erfüllen kann. Diese Vergesellschaftungserfordernisse verlangen vielmehr nach qualitativ neuen Formen der Wertmessung der Waren untereinander, die über staatsmonopolistisch modifiziertes Kreditgeld vermittelt werden. Auf der anderen Seite aber sind der vollen Durchsetzung einer solchen neuen Wertform durch die kapitalistischen Produktionsverhältnisse Grenzen gesetzt, weil die Waren nach wie vor privat, nach den Profitkriterien der Unternehmen produziert werden und sich damit erst auf dem Markt als Teile der gesellschaftlichen Gesamtarbeit Anerkennung verschaffen, ihren „Salto mortale" vollziehen müssen. Aus diesem widersprüchlichen Charakter des kapitalistischen Geldsystems erwachsen zum Teil auch dessen enorme Flexibilität und beträchtliche Anpassungsfähigkeit auf der einen Seite sowie die Erscheinungen gewachsener Labilität und Krisenanfälligkeit auf der anderen Seite.

Grundsätzliche Möglichkeiten für eine Lösung dieser

Widersprüche ergeben sich erst, wenn die Waren auf der Grundlage gesellschaftlichen Eigentums an den Produktionsmitteln und gesamtgesellschaftlicher Planung produziert werden, wenn damit die prinzipiellen Bedingungen für eine gesamtwirtschaftliche Planung der Geld- und Kreditbeziehungen geschaffen werden. Im Sozialismus setzt sich deshalb der historische Prozeß der Herausbildung eines qualitativ neuartigen Geldsystems, eines völlig neuen Geldes fort – ein komplizierter Prozeß, der sich nicht von selbst durchsetzt, sondern mit Konflikten und Ungleichgewichten verbunden ist. Auch diese, hier zur mit kurzen Strichen zu zeichnende Herangehensweise ist eine theoretische Hypothese, ein Denkansatz, der mir aber weiterer Überlegungen und Diskussionen wert erscheint.

Bevor ich zum Abschluß komme, möchte ich noch kurz auf die von einigen Diskussionsteilnehmern vorgenommene Charakterisierung der offiziellen Goldgehalte sozialistischer Währungen eingehen. Ich werte sie ebenfalls als unbedeutend und möchte sie lediglich durch eine Frage unterstreichen: Würde es eigentlich für die ökonomischen Wirkungen unserer Währung oder auch anderer sozialistischer Währungen einen Unterschied machen, ob deren offizieller Goldgehalt auf 0,8 Gramm, auf 8 Kilogramm oder gar auf 8 Tonnen festgelegt wäre? Ich würde diese Frage mit einem eindeutigen nein beantworten. Abschließend möchte ich noch einmal zum Ausdruck bringen, daß die Hypothese von der weiterhin bestehenden Geldfunktion des Goldes als theoretische Grundlage bzw. als Ausgangspunkt für die Gestaltung der sozialistischen Geldpolitik uns nicht weiterhilft, da nach meiner Einschätzung bereits im Kapitalismus die reale ökonomische Entwicklung darüber hinweggegangen ist.

Alfred Lemmnitz

Zur aktuellen Bedeutung der Marxschen Geldtheorie

Marx unterscheidet zwischen dem Geld (dem Wesen des Geldes) und den Geldfunktionen. Ohne die Existenz des Geldes keine Geldfunktionen. Das Geld ist direktes Produkt der Warenproduktion. „In demselben Maße daher, worin sich die Verwandlung der Arbeitsprodukte in Waren, vollzieht sich die Verwandlung von Ware in Geld."[1]

Das Wesen des Geldes besteht darin, daß es allgemeines Äquivalent ist. „Die spezifische Warenart nun, mit deren Naturalform die Äquivalentform gesellschaftlich verwächst, wird zur Geldware oder funktioniert als Geld."[2]

Ware und Geld haben also die gemeinsame gesellschaftliche Grundlage. Sie sind untrennbar miteinander verbunden, aber sie sind nicht identisch. Sie stehen sogar im Widerspruch zueinander. Das Geld ist selbst eine Ware, die allgemeine Ware, die unmittelbar ausgetauscht werden kann. Das Geld ist aber auch als zinstragendes Kapital eine Ware, jedoch in seiner Eigenschaft als Geld (Geldkapital). Der Unterschied besteht darin, daß es ebenso wie Ware und Wert ein gesellschaftliches Verhältnis ist, und zwar in der Warenzirkulation das gesellschaftliche Verhältnis der Warenproduzenten; als Geldkapital das Verhältnis von Kapitalisten. In beiden Fällen erscheint es als Verhältnis von Dingen.

Das dritte Kapitel „Das Geld oder die Warenzirkulation" des ersten Bandes des „Kapital" wurde lange Zeit als Erklärung für das Geld in der einfachen Warenproduktion betrachtet. Das war ein Irrtum. Marx analysiert auch im ersten Band des „Kapital" die kapitalistische Warenproduktion. „Der Reichtum der Gesellschaften, in welchen kapitalistische Produktionsweise herrscht, erscheint als eine ‚ungeheure Warensammlung', die einzelne Ware als seine Elementarform. Unsere Untersuchung beginnt daher mit der Analyse der Ware."[3]

Es geht also um die kapitalistisch produzierte Ware, auch bei der Analyse der Wertformen und damit bei der Geldform, in der das Gold als allgemeines Äquivalent zur Geldware wird. Die Geldware Gold ist demnach unerläßlicher Bestandteil des kapitalistischen Geldsystems. Seine objektiven ökonomischen Gesetze gelten auch im entwickelten Kapitalismus, z. B. das Geldumlaufgesetz: „Es ist bereits bei der einfachen Geldzirkulation (Buch I, Kap. III, 2) nachgewiesen worden, daß die Masse des wirklich zirkulierenden Geldes, Geschwindigkeit der Zirkulation und Ökonomie der Zahlungen als gegeben vorausgesetzt, bestimmt ist durch die Preise der Waren und die Masse der Transaktionen. Dasselbe Gesetz herrscht bei der Notenzirkulation."[4]

Im ersten Band wies Marx ausdrücklich darauf hin, daß das Geldumlaufgesetz auch so ausgedrückt werden kann, „daß bei gegebner Wertsumme der Waren und gegebner Durchschnittsgeschwindigkeit ihrer Metamorphosen, die Quantität des umlaufenden Geldes oder des Geldmaterials von seinem eignen Wert abhängt"[5].

Das Geld ist also eine Ware, die Geldware, die einen durch die gesellschaftlich notwendige Arbeit bestimmten eigenen Wert hat. Diese Marxsche Erkenntnis gilt sowohl für den frühen als auch den entwickelten sowie den absterbenden staatsmonopolistischen Kapitalismus.

Aus dem bisher Gesagten ergibt sich, daß sich das Geld als Geldware direkt oder indirekt, offensichtlich oder versteckt in seinen Funktionen verwirklicht. Es dürfte keinen Streit darüber geben, daß das Geld seine Funktion als Maß der Werte nur ausüben kann, wenn es selbst einen Wert hat. Daran ändert auch die Äußerung von Shenajew nichts, daß es in der Welt nicht so viel Gold gäbe wie nötig sei, um die Funktion als Maß der Werte auszuüben. Diese Äußerung läßt nur erkennen, daß die Marxsche Erkenntnis vom Maß der Werte als Funktion mit vorgestelltem oder ideellem Gold unbekannt oder nicht vorhanden ist. Nicht anders ist es mit der Meinung, daß Kreditgeld, das selbst keinen Wert hat, diese Funktion ausüben würde. Ist es etwas vorgestelltes oder ideelles Geld? Doch darüber später.

Die Funktion des Geldes als Zirkulationsmittel bedeutet, daß es nicht Selbstzweck, sondern Mittel zum Zweck ist, Mittel zur Zirkulation der Waren. In dieser Funktion tritt es nur in der kurzen Zeit des Warenaustausches auf. Es befindet sich im Umlauf, im Unterschied zur Ware, die einen Kreislauf durchläuft.

Die vollwertige Goldmünze funktioniert als allgemeines Äquivalent Geldware. Die durch den Umlauf verschlissene oder durch Geldfälschung entwertete Münze nimmt den Charakter von symbolischem Gold an. „In den metallischen Geldmarken ist der rein symbolische Charakter noch einigermaßen versteckt. Im Papiergeld tritt er augenscheinlich hervor. Man sieht: Es kommt auf den ersten Schritt an."[6] Und weiter schrieb Marx dazu: „Ein spezifisches Gesetz der Papierzirkulation kann nur aus ihrem Repräsentationsverhältnis zum Gold entspringen."[7] Daher handelt es sich um Staatspapiergeld mit Zwangskurs. „Das Papiergeld ist Goldzeichen oder Geldzeichen ... Nur sofern das Papiergeld Goldquanta repräsentiert, die, wie alle andren Warenquanta, auch Wertquanta, ist es Wertzeichen."[8]

Das Repräsentationsverhältnis des Papiergeldes zum Gold heißt, daß es zum Gold konvertibel ist. Papiergeld oder Banknoten, die keine Goldquanta repräsentieren, sind keine Wertzeichen. „Inkonvertible Banknoten können nur da allgemeines Zirkulationsmittel werden, wo sie tatsächlich durch Staatskredit gestützt werden, ... Sie fallen damit unter die Gesetze des inkonvertiblen Staatspapiergelds, ..."[9]

Das Geld als Zirkulationsmittel ist also gegen Gold

konvertibles, repräsentatives Geld. Seine ökonomische Grundlage ist die Geldware Gold.

Das Papiergeld wird auf der Basis der Geldware Gold emittiert, das Kreditgeld auf der Basis von Wechseln o. ä. Zahlungsversprechen. Sein Wert beruht jedoch ebenfalls auf der Geldware Gold und war ursprünglich direkt oder bis zum Jahre 1971 vermittelt gegen Gold konvertibel. „Das Kreditgeld entspringt unmittelbar aus der Funktion des Geldes als Zahlungsmittel, ... Als solches erhält es eigne Existenzformen, worin es die Sphäre der großen Handelstransaktionen behaust, während die Gold- und Silbermünze in die Sphäre des Kleinhandels zurückgedrängt wird."[10]

Letztere Funktion wird im entwickelten Kapitalismus von Banknoten übernommen.

Das Kreditgeld in seinen verschiedenen Formen als Wechsel, Staatsbanknoten oder Buchgeld ist schon seit den 30er Jahren des vorigen Jahrhunderts die Hauptform des Geldes im Kapitalismus. Es ist demnach nicht erst ein Produkt des staatsmonopolistischen Kapitalismus.[11] Eine Veränderung des ökonomischen Inhalts des Kreditgeldes begann mit dem Übergang zum monopolistischen und staatsmonopolistischen Kapitalismus und v. a. mit dem Zusammenbruch des Währungsabkommens von Bretton Woods mit Jahr 1971.

Das Kreditgeld muß im Zusammenhang mit dem Kredit, der kapitalistischen Form des zinstragenden Kapitals, betrachtet werden. Im Unterschied zum vorkapitalistischen zinstragenden Kapital, das Eigentum der Geldkapitalisten ist, wird der Kredit als kapitalistische Form des zinstragenden Kapitals, von den Banken mit fremdem Kapital, dem Kapital der Deponanten gewährt. Mit der Entwicklung des industriellen Kapitalismus entsteht das Banksystem, mit seiner Doppelfunktion als Kassierer der Industrie und Handelskapitalisten und als Kreditgeber. Die ökonomische Basis dieser beiden Funktionen der Banken sind die Einlagen (Depositen) der Industrie und Handelskapitalisten, der mittleren Unternehmer, Handwerker und Lohnempfänger.

Die Einlagen (Depositen) dienen einerseits der Zahlungs- und Kassierergeschäfte der Banken für ihre Kunden sowie der Aufbewahrung deren zeitweilig freien Geldes und Geldkapitals. Da alle Kapitalisten u. a. Geschäftsleute Bankkonten haben, kann die Verrechnung auf den Banken und zwischen den Banken bargeldlos erfolgen. Dadurch steht den Bankiers nicht nur das zeitweilig freie Geld und Geldkapital für eigene Kreditgeschäfte zur Verfügung, sondern alles deponierte Geld und Geldkapital. Die Quelle des kapitalistischen zinstragenden Kapitals, des Kredits, sind nicht nur der akkumulierte Mehrwert (Profit), das durch die ungleichen Produktions- und Zirkulationsperioden des Kreislaufs des Kapitals zeitweilig freie Geld, die noch nicht verbrauchte Reserve der Kapitalisten usw., sondern auch das durch die bargeldlosen Verrechnungen freigesetzte Geld. Die Bankeinlagen werden durch die Funktion der Banken in deren Kapital verwandelt. Insofern sind die Banken die Schöpfer der Kreditmittel. Ihr Eigenkapital beträgt nur 4 bis 5 % der Gesamteinlagen. Diese haben einen gewaltigen Umfang. Sie betrugen 1984 bei der Deutschen Bank AG, der Dresdner Bank AG und der Commerzbank AG zusammen 180,8 Mrd. DM.

Die entscheidende Quelle des Kredits (Kreditfonds) sind im Kapitalismus demnach die Bankeinlagen. Die Banken stellen, wie Marx schlußfolgert, „den industriellen und kommerziellen Kapitalisten alles disponible und selbst potentielle, nicht bereits aktiv engagierte Kapital der Gesellschaft zur Verfügung, so daß weder der Verleiher noch der Anwender dieses Kapitals dessen Eigentümer oder Produzenten sind"[12]. An anderer Stelle schreibt er: „Die letzte Illusion des kapitalistischen Systems, als ob Kapital der Sprößling eigner Arbeit und Ersparung wäre, geht damit in die Brüche. Nicht nur besteht der Profit in Aneignung fremder Arbeit, sondern das Kapital, womit diese fremde Arbeit in Bewegung gesetzt und ausgebeutet wird, besteht aus fremdem Eigentum, das der Geldkapitalist dem industriellen Kapitalisten zur Verfügung stellt, und wofür er diesen seinerseits exploitierte."[13]

Das Wichtigste für unsere Untersuchung des Charakters und der Rolle des Kreditgeldes im Reproduktionsprozeß des gesellschaftlichen Gesamtkapitals ist, daß es sich bei den Bankeinlagen (Depositen) auch in der Buchgeldform (Giralgeld) um repräsentatives Geld, Wertzeichen, handelt, dessen Wert auf dem Wert des Goldes beruht. Die Geld- oder Sichteinlagen gehören demzufolge zum Geldumlauf und ihre Menge wird, zusammen mit dem Repräsentationsgesetz, vom Geldumlaufgesetz bestimmt. Obwohl sich in der Praxis des kapitalistischen Geld- und Kreditsystems das Kreditgeld immer mehr von der realen Gestalt der Geldware Gold entfernt, bleibt es unzertrennlich mit ihm verbunden.

Kompliziert wird das Kreditgeldsystem durch verschiedene schon von Marx analysierte Faktoren.

Erstens schwinden die Depositen in dem Maße, indem sie als Kredit verliehen werden. Sie sind dann bis auf einen Rest zur Sicherung der Zahlungsfähigkeit der Banken (Liquiditätsreserve) nur Buchungsposten. Als solche üben sie dennoch bargeldlose Zahlungsfunktion aus. Sie müßten demnach zur Umlaufmenge des Geldes gerechnet werden.

Zweitens bestehen die Depositen nicht nur aus Geldeinlagen, sondern massenhaft aus aufgekauften (diskontierten) und beliehenen (lombardierten) Wechseln. Diese sind die unterste Stufe des Kreditgeldes, Handelsgeld, und sind die Basis für Buchkredite und damit Kreditgeld. Dadurch wird die Geldumlaufmenge vermehrt.

Drittens können die Wechsel als Zahlungsforderung durch gegenseitigen Ausgleich gelöscht werden. Sie fungieren dann als Geld, ohne daß wirklich Geld benötigt wird. Dadurch wird die zur Warenzirkulation notwendige Geldmenge vermindert. „Bis zu ihrem Verfall- und Zahlungstage zirkulieren solche Wechsel selbst wieder als Zahlungsmittel; ... Soweit sie schließlich durch Ausgleichung von Forderung und Schuld sich aufheben, fungieren sie absolut als Geld, indem dann keine schließliche Verwandlung in Geld stattfindet."[14]

Zur Emission des Kreditgeldes ist unter Finanzökonomen und -praktikern der DDR die Meinung verbreitet ist, daß die Kreditgeldemission über die Gewährung von Kredit der Betriebe erfolgt und, daß das dadurch in Umlauf gesetzte Geld durch die Rückzahlung des Kredits wieder aus dem Umlauf gezogen wird. Nach dieser Auffassung bilden die Depositen der Banken zwar einen Kreditfonds, aber aus diesem Fonds wird in Form von Kredit das Kreditgeld emittiert bzw. bei der Rückzahlung wieder gelöscht. Hierbei handelt es sich um eine Verwechslung zwischen dem Kreislauf des Kapitals im Kapitalismus bzw. im Sozialismus der Fonds für den Reproduktions- und Zirkulationsprozeß der Betriebe und der Geldemission. Das als Depositen bei den Banken befindliche Geld ist schon emittiertes Geld.

Im Kapitalismus handelt es sich darum, daß Betriebe und Konzerne eigenes bei den Banken befindliches Geldkapital zum Kauf von Produktionsmitteln und Arbeitskräften vorschießen und nach der Produktion und dem Verkauf der Waren (Warenkapital) das verwertete Geldkapital wieder bei den Banken deponieren. Ähnlich ist es mit den volkseigenen Betrieben und Kombinaten auf der Grundlage der wirtschaftichen Rechnungsführung. Das hat mit Kreditgeldemission nichts zu tun, obwohl ein Teil der Kapital- bzw. Fondsvorschüsse in Form von Krediten erfolgt. (DDR: Staatsbank Einheit von Geschäfts- und Emissionsbank)

Im Kapitalismus erfolgt die Kreditgeldemission allein über die Staatsbank. Ursprünglich durch die Rediskontierung von Wechseln, später auch von bestimmten festverzinslichen Wertpapieren und schließlich im bzw. nach dem ersten Weltkrieg durch Herausgabe und Rediskontierung von Staatsschuldenpapieren. Das geschah in einem Umfang, der zur Inflation und in einigen kriegführenden Ländern zum Staatsbankrott führte, da der Staatskredit und die Staatsschuld nicht durch die Staatseinnahmen gedeckt werden konnte.

Im Sozialismus erfolgt die Geldemission ausschließlich über die Staatsbank.

Die entscheidende Veränderung des kapitalistischen Geldsystems trat 1944 mit dem Abkommen von Bretton Woods ein. Zur Sicherung seiner ökonomischen Vorherrschaft im kapitalistischen Lager und zur Zurückdrängung des in den volksdemokratischen Ländern sich entwickelnden Sozialismus, verhängte das USA-Finanzkapital ein Geldmonopol. Es fixierte den Goldpreis mit dem Wechselkurs des US-Dollars (1 Unze Gold gleich 35 US-Dollar) und entsprechend ihrer Goldrepräsentation den Wechselkurs der Währungen der kapitalistischen Länder untereinander. Es war der Versuch, die objektiv wirkenden ökonomischen Gesetze der Politik des USA-Finanzkapitals zu unterordnen. Das mußte mißlingen, brachte aber dem USA-Finanzkapital große materielle und finanzielle Gewinne, aber auch Verluste ein. Es benutzte die willkürliche (subjektive) Gleichsetzung des Wertes des Goldes mit dem Wert des US-Dollars dazu, schrankenlos konvertible Dollarnoten zu emittieren, d.h. entgegen den Erfordernissen des objektiven Geldumlaufgesetzes. Mit diesen Dollarnoten oder Buchgeld finanzierte es einen Teil der Aufrüstung, besonders der militärischen Stützpunkte, der Investitionen im Ausland u.a. Die Konvertibilität der Dollarnoten erfolgte jedoch nur über die Zentralbanken. Es war also keine freie Konvertibilität des US-Dollars gegen Gold.

Als 1970 Frankreich unter der Führung de Gaulles in größerem Umfang die Einlösung des Dollars gegen Gold forderte und andere kapitalistische Länder ihm folgten, sank der Währungsgoldbestand der USA, der 1949 73% der kapitalistischen Währungsgoldbestände betrug auf 28%. Um alle damals von ausländischen Zentralbanken gehaltenen Papierdollars aufzuwiegen, hätten die USA 40000t Gold benötigt, aber die Währungsbehörden verfügten nur über 9070t. Das zwang Präsident Nixon am 15. August 1971 den Umtausch von Papierdollar gegen Gold aufzuheben.[15] Damit hörte die Konvertibilität des Papiergeldes und der Banknoten allgemein auf, sie verwandelten sich in inkonvertibles Papiergeld mit Zwangskurs.

Das USA-Finanzkapital bestand aus verständlichen Gründen darauf, daß das Gold aufhöre als Geld zu fungieren. So entstand als Ergebnis der amerikanischen Währungspolitik die Theorie von der „Demonetisierung des Goldes". Die schon seit der Zeit der Marxschen Forschung und Publikation bestehende Tatsache der Verdrängung des Goldes aus der Geldzirkulation durch den Kredit und das Kreditgeld wurde als spezifische Erscheinung der Geldzirkulation im staatsmonopolistischen Kapitalismus angesehen. Dem Kreditgeld, das nach Aufhebung seiner Konvertibilität gegen Gold keinen eigenen Wert repräsentiert, wurde die Fähigkeit zugesprochen, als Maß der Werte funktionieren zu können. Das widerspricht m.E. der Marxschen Wert- und Geldtheorie.

Die Spezifika des Geldes im staatsmonopolistischen Kapitalismus bestehen darin, daß es erstens inkonvertibles Staatspapiergeld mit Zwangskurs ist, das in der Form von Kreditgeld emittiert wird; zweitens, daß die Emission dieses Geldes nicht nur mit Hilfe der Rediskontierung von Wechseln, sondern auch bestimmten Wertpapieren, Wechseln in ausländischer Währung (Devisen) von kurz- und langfristigen Staatsschuldenpapieren erfolgt.

Was das letztere betrifft, so bin ich geneigt, da es sich um fiktives Kapital handelt, von fiktivem Geld zu sprechen.

Drittens besteht seine Verbindung zur Goldware nach wie vor. Nach dem Zusammenbruch des Abkommens von Bretton Woods stieg der Goldpreis, d.h. der Wert des Goldes, ausgedrückt im Wechselkurs eines kapitalistischen Landes, vor allem im Wechselkurs des US-Dollars, enorm. Die Ursachen waren mannigfaltig, vor allem war der US-Dollar selbst entwertet und der fixierte Goldpreis (1 Unze gleich 35 US-Dollar) entsprach nicht den wirklichen Produktionskosten. Dazu trat die Gold- und Dollarspekulation u.a.

Der Goldpreis betrifft zunächst das Gold als Rohstoff und Ware, aber zugleich fungiert das Gold als Währungsreserve. Die Zentralbanken haben sich keineswegs vom Gold gelöst. Seine Ersetzung durch die Sonderziehungsrechte des IWF als „Papiergold" ist gescheitert und mußte scheitern. Die Zentralbanken haben das vom IWF verkaufte Gold, das ursprünglich als Grundlage der Emission des SZR diente, zum größten Teil aufgekauft. 1982 befanden sich in den Tresoren der Zentralbanken 29449t Gold und es wird weiter Gold aufgekauft. Dazu kommen 30000t in Privatbesitz, die ebenfalls als Reserve dienen.

Die hohen Goldpreise sind nur ein anderer Ausdruck für die Entwertung der Währungen der kapitalistischen Länder. Darin besteht eine der „Besonderheiten" des Goldes und der Währungen der kapitalistischen Länder im staatsmonopolistischen Kapitalismus, dem Niedergangsstadium des kapitalistischen Systems im allgemeinen und des internationalen Geld- und Währungssystems des Kapitalismus im besonderen.

Die enorme Steigerung des Goldpreises hindert nicht, das Gold auch im heutigen Entwicklungsstadium des Kapitalismus als Maß der Werte und Maßstab der Preise agieren zu lassen.

Das heute in seinen verschiedenen Formen im Kapitalismus umlaufende Geld übt nach wie vor die Repräsentation für die Geldware Gold aus, wenn auch jede einzelne Note nur einen winzigen Gewichtsteil Gold vertritt. „Es ist zunächst klar, daß ein Wertwechsel des Goldes seine Funktion als Maßstab der Preise in keiner Weise beeinträchtigt. Wie auch der Goldwert wechsle, verschiedne Goldquanta bleiben stets in selbem Wertverhältnis zueinander... Der Wertwechsel verhindert auch nicht seine Funktion als Wertmaß. Er trifft alle Waren gleichzeitig, läßt also caeteris paribus ihre wechselseitigen relativen Werte unverändert, obgleich sie sich nun alle in höheren oder niedrigeren Goldpreisen als zuvor ausdrücken."[16]

Auch zu Marx Zeiten gab es keinen fixierten Goldpreis. Er schwankte oft erheblich. Trotzdem fungiert das Gold als Maß der Werte und Maßstab der Preise. Das war möglich auf Grund der in der Praxis wirksamen wissenschaftlichen Abstraktion.

Das sozialistische Geld- und Währungssystem schloß sich unmittelbar an das kapitalistische an. Der entscheidende Anschlußpunkt ist die Tatsache, daß es eine sozialistische Warenproduktion gibt, allerdings mit anderen gesellschaftlichen Grundlagen. Statt gesellschaftlicher Arbeitsteilung und Privateigentum an den Produktionsmitteln ist gesellschaftliches Eigentum an den Produktionsmitteln vorherrschend. Daher gibt es eine Einschränkung des Bereichs der Warenproduktion: Die Arbeitskraft und der Grund und Boden sind keine Waren mehr.

Das Geld- und Währungssystem beruhte in der Sowjetunion nach der Stabilisierung der zerstörten Wirtschaft und dem Aufbau der Grundlagen des Sozialismus unmittelbar auf der Geldware Gold, vermittelt durch das Repräsentationsverhältnis. Das umlaufende Geld war im Prinzip konvertibles Staatspapiergeld mit Zwangskurs bei Valutamonopol des sozialistischen Staates.

Die Theorie der sozialistischen Warenproduktion und des Geldumlaufs bildete sich mit der Entwicklung der sozialistischen Wirtschaft in den 30er bis 50er Jahren heraus.

Der Zusammenbruch des kapitalistischen Bretton-Wood-Systems hatte auch Einfluß auf die sozialistische Geldtheorie und -praxis. Die im Prinzip vorhandene Konvertibilität des sowjetischen Rubels in Gold wurde aufgehoben. Das sowjetische Geld verwandelte sich dadurch in inkonvertibles Staatspapiergeld mit Zwangskurs. Seine Emission erfolgte durch Staatskredite und Staatsinvestionen.

Die Theorie von der „Demonetisierung des Goldes" fand auch in der Sowjetunion Eingang und desorientierte m.E. sowohl die Geldtheorie als auch die Geld- und Währungspraxis, obwohl die Sowjetunion einer der größten Goldproduzenten und Währungsgoldbesitzer ist. Ebenfalls fand eine Desorientierung der Theorie und Praxis durch die Verwechslung von Kreislauf der Fonds als angebliche Quelle der Geldemission mit der tatsächlichen Geldemissionen durch die Staatsbank statt. Die falsche Orientierung der Geld-Währungs- und Kreditpolitik erschwerten zusammen mit einer inkonsequenten Preis- und Lohnpolitik auch in der DDR eine planmäßige Regulierung des Geldumlaufs und löste die Gefahr einer Inflation aus. In der DDR äußerte sich das nicht durch Geldentwertung, sondern in einer starken Disproportion zwischen Warenproduktion bzw. -zirkulation und Geldumlauf bzw. Geldemission.

Anmerkungen

1 K. Marx, Das Kapital, Erster Band, in: MEW, Bd. 23, S. 102.
2 Ebenda, S. 83.
3 Ebenda, S. 49.
4 K. Marx, Das Kapital, Dritter Band, in: MEW, Bd. 25, S. 538.
5 K. Marx, Das Kapital, Erster Band, a. a. O., S. 136f.
6 Ebenda, S. 140f.
7 Ebenda, S. 141.
8 Ebenda, S. 142.
9 K. Marx, Das Kapital, Dritter Band, a. a. O., S. 539f.
10 K. Marx, Das Kapital, Erster Band, a. a. O., S. 153f.
11 Vgl. K. Marx, Das Kapital, Dritter Band, a. a. O., S. 562ff.
12 Ebenda, S. 620.
13 Ebenda, S. 524.
14 Ebenda, S. 413.
15 Vgl. E. Friedmann, Zur Rolle des Goldes und anderer Währungswesen im gegenwärtigen Kapitalismus, in: Wirtschaftswissenschaft, Heft 8/1986, S. 1171–1189 und A. Lemmnitz, Das Gold im kapitalistischen Währungssystem, in: horizont, Heft 5/1988, S. 23.
16 K. Marx, Das Kapital, Erster Band, a. a. O., S. 113f.

Ursula Zufelde

Zu einigen aktuellen Fragen stabiler Währungsentwicklung

Aktualität, politische und theoretische Bedeutsamkeit des Problems der Währungsstabilität in den sozialistischen Ländern sind heute mehr denn je in vielerlei Hinsicht offensichtlich. Einige wesentliche Momente dazu möchte ich nennen:

Erstens: Soziale Sicherheit als unverzichtbarer Wert des Sozialismus ist unter den Bedingungen der sozialistischen Warenproduktion untrennbar mit stabiler Entwicklung der Währung verbunden.[1]

Bereits im Zusammenhang mit der Formulierung allgemeiner Aufgabenstellungen für die Währungsentwicklung treten aber eine Reihe theoretisch nicht ausreichend gelöster Fragen auf, z. B.

- Was sind die Kriterien stabiler Währungsentwicklung?
- Ist Stabilität der Währung im Sinne der Verhinderung von Geldentwertung tatsächlich möglich und notwendig?
- Ist stabile Währungsentwicklung im Sozialismus vereinbar bzw. sogar notwendig mit sinkender Wertrepräsentation der Geldzeichen verbunden?

Zweitens: Die wirksamere Entfaltung der Triebkräfte des Sozialismus erfordert eine solche Gestaltung der Verteilungsbeziehungen, die den weiteren Produktivitätsfortschritt stimuliert und damit die Basis für soziale Sicherheit und wachsenden Lebensstandard liefern. Insbesondere die wirksamere Durchsetzung der Verteilung nach der Arbeitsleistung und der Eigenerwirtschaftung der Mittel sowie die materielle Stimulierung hoher Arbeitsleistungen sind in ihren Beziehungen zur Währungsentwicklung nicht widerspruchsfrei. Offen ist hier vor allem die Frage, ob nicht gerade die Verteilung nach der Arbeitsleistung eine Ursache für die Verminderung der Wertrepräsentation der Geldzeichen im Sozialismus sein kann und vielleicht sogar sein muß.

Drittens: Wertkategorien, genauer gesagt Geldkategorien, ökonomische Kennziffern im Geldausdruck, spielen in der Planung und wirtschaftlichen Rechnungsführung eine wesentliche Rolle. So sind Nettoproduktion und Nationaleinkommen im betrieblichen bzw. volkswirtschaftlichen Rahmen nur als Summe von Preisen, d. h. als vom Wert der Waren und vom Wert des Geldes beeinflußte Größen zu planen und abzurechnen.[2]

Ausdruck volkswirtschaftlichen Wachstums sind die Wertkennziffern vor allem im zeitlichen Vergleich. Aus diesem Grunde ist die Gewährleistung eines stabilen Wertes der Mark der DDR eine wichtige Voraussetzung für die Aussagekraft dieser Kennziffern, für die Beibehaltung realer Wertmaßstäbe und für die Möglichkeit realer Vergleiche von Wertkennziffern über längere Zeiträume hinweg.

Ausgehend von der Aktualität des Problems möchte ich einige Bemerkungen zu den Kriterien einer stabilen Währung und zum Zusammenhang von Preisbildung und Währungsstabilität machen.

1. Zu den Kriterien der Währungsstabilität

Eine entscheidende Frage ist die Bestimmung des Inhalts der Währungsstabilität selbst. Ich habe den Eindruck, daß zu diesem Problem in der ökonomischen Literatur unseres Landes eine Tendenz festzustellen ist, die der Lösung der komplizierten theoretischen und praktischen Probleme nicht dienlich ist. Die Tatsache, daß über den Wert des Geldes (den es hat bzw. repräsentiert) unterschiedliche Auffassungen bestehen und daß der Wert des Geldes – wie jeder Wert – nicht direkt quantifizierbar ist, hat dazu geführt, daß im Zusammenhang mit Währungsstabilität nicht mehr über den Wert des Geldes gesprochen oder geschrieben wird. Sicherung von Währungsstabilität ohne Kenntnis dessen, was der Wert des Geldes ist und wovon seine Entwicklung abhängt, ist aber höchstens partiell möglich.

Bei der Erklärung des Geldwertes befinden wir uns an einem Punkt, wo theoretische Fragen des Wesens des Geldes und praktische Realisierung seiner aktiven Rolle in der sozialistischen Planwirtschaft untrennbar verbunden sind.

Die Frage nach dem Wert, den die Geldzeichen repräsentieren, wurde zur theoretischen Frage und gewann in der Diskussion in dem Maße an Bedeutung, wie die Geldzeichen zum vorherrschenden und im nationalen Rahmen zum ausschließlichen Zirkulations- und Zahlungsmittel wurden und ihre Einlösbarkeit gegen Gold zu einem festen Preis eingeschränkt bzw. eingestellt wurde.[3] Hilferding suchte als einer der ersten nach einer Erklärung dafür. Sie mündete in der Behauptung, daß „ein an sich wertloses Ding wie Papier dafür, daß es eine rein gesellschaftliche Funktion, die Zirkulation, erfüllt, einen Wert erhält, der bestimmt ist ... durch den (Wert) der Warenmasse, die ihren Wert auf die Papierzettel reflektiert“[4].

Es wird das Problem deutlich, das auch heute bei allen nicht von der Geldware Gold ausgehenden Erklärungen der zirkulierenden Geldzeichen anzutreffen ist: Wie kommt es zu einer Preissumme und wie kann man den Preis als ökonomische Kategorie erklären, wenn der Wert des Geldes erst aus einer bereits vorhandenen Preissumme abgeleitet wird?[5]

Geld als äußeres Wertmaß schließt aus, daß der Wert der Waren direkt gemessen, in Arbeitszeit direkt ausgedrückt wird.[6] Das heißt, der Wertausdruck erfolgt ideell, vermittelt über die Geldware, genauer mittels der Gewichtseinteilung des Goldes. Dieser Gewichtsausdruck erhält im historischen Verlauf einen Geldnamen, und dieser national bestimmte Geldname unterliegt einer ständigen Veränderung. Diese Veränderung – exakt zu bezeichnen als Veränderung der Wertrepräsentation der Währungseinheit – wird von Faktoren hervorgerufen, die überwiegend *nicht* mit dem Gold und seinen Produktionskosten im Zusammenhang stehen. Die Erklärung des Geldwertes auf der Basis der Geldware Gold heißt keinesfalls, Gold zum Dreh- und Angelpunkt des sozialistischen Geldsystems zu machen, sondern sie ermöglicht, aktuelle ökonomische Prozesse, die zu einer Veränderung der Wertrepräsentation des Geldes führen, theoretisch widerspruchsfrei mit Hilfe der Gesetze und Kategorien der Warenproduktion zu erklären.

Dabei werden vor allem zwei Faktoren sichtbar, die diese Wertrepräsentation beeinflussen, erstens die Menge des zirkulierenden Geldes, also das Verhältnis der Geldmenge zur Preissumme der zu zirkulierenden Waren und zweitens die Entwicklung des Verhältnisses von Wert- und Preissumme der Warenmasse, also des Geldausdrucks der Werte. Wenn dieselbe Preissumme ein verändertes Wertvolumen ausdrückt, oder eine veränderte Preissumme dasselbe unveränderte Wertvolumen, so ist damit eine Veränderung der Wertrepräsentation des Geldes unabhängig von Mengenrelationen in der Zirkulation verbunden.

Diese Erklärung des Geldwertes hat zur Konsequenz, daß Währungsstabilität breiter betrachtet werden muß als es üblicherweise in der Diskussion getan wird. Als unzureichend erweisen sich insbesondere zwei Kriterien, die heute in den Lehrbüchern und möglicherweise auch in der Praxis als entscheidende Stabilitätskriterien behandelt werden. An Stelle des Geldwertes finden wir unter den Kriterien die Kaufkraft des Geldes.[7] Das ist eine zweifellos bedeutende Kategorie, aber als reziproker Ausdruck der Entwicklung des Preisniveaus kein Ersatz für die mit dem Geldwert zu treffenden Aussage.

Die qualitative Bestimmung und quantitative Entwicklung beider Größen ist nicht identisch und kann sich praktisch in unterschiedliche Richtung vollziehen. Wenn z. B. die Aufwendungen für Kohleförderung um ein Mehrfaches steigen und die Preise dieser Wertentwicklung angeglichen werden, dann sinkt die Kaufkraft der Mark in bezug auf diese Waren, möglicherweise auch im volkswirtschaftlichen Durchschnitt, ohne jedoch eine „Entwertung“ des Geldes nach sich zu ziehen. Umgekehrt beweisen gerade die außenwirtschaftlichen Beziehungen der DDR, daß stabile Kaufkraft im Innern mit „Entwertung“ und sinkender Kaufkraft auf den Außenmärkten verbunden sein kann – dann z. B., wenn die durch Produktivitätssteigerung erzielte Wertsenkung national nicht in Preissenkungen zum Ausdruck kommt. Dann führt der internationale Preisvergleich zur Verschlechterung des Austauschverhältnisses der Mark der DDR gegenüber anderen Währungen, in deren Geltungsbereich keine bzw. eine geringere Entwertung vor sich ging.

Das zur Sicherung der Währungsstabilität geforderte „Proportionalitätsgefüge“, eingeschlossen die Forderung nach Entsprechung von volkswirtschaftlichem Geldvolumen und Warenfonds, ist unbedingt einzuhalten, aber die Einhaltung von Proportionen ist nicht ausreichend für stabile Währungsentwicklung. Auch bei vollständiger Wahrung der Proportionalität ist eine Geldentwertung möglich – z. B. durch eine Preisbildung, bei der ein gleicher Wert in ständig wachsendem Geldausdruck erscheint.

Es ist offensichtlich, daß die Forderung, den Geldwert in die Kriterien der Währungsstabilität einzubeziehen, verbunden ist mit dem praktischen Problem, die sozialistische Preisbildung als wesentlichen Faktor der Gewährleistung der Währungsstabilität zu verstehen und zu gestalten.

Auch dazu einige Bemerkungen.

2. Zum Zusammenhang von Preisbildung und Währungsstabilität

Ausgehend von der Auffassung, daß die Geldware bei der Wertmessung unverzichtbar ist[8], läßt sich mit Hilfe des von Marx formulierten Geldumlauf- und Repräsentationsgesetzes widerspruchsfrei begründen, daß die Wertrepräsentation der Geldeinheit wesentlich vom Verhältnis der Preis- zur Wertsumme bestimmt wird. Entwickeln sich Preis- und Wertsumme in unterschiedliche Richtungen bzw. in unterschiedlichem Tempo in die gleiche Richtung, verändert sich die Wertrepräsentation der Geldeinheit. Umgekehrt ist die Wertrepräsentation der Geldeinheit neben dem Wert der Waren ein eigenständiger Faktor der Erklärung der Preise bzw. der Preisniveauentwicklung. Die Anerkennung dieser Tatsache hat Konsequenzen sowohl für die Aufdeckung von Ursachen der vergangenen als auch für Konzeptionen hinsichtlich der künftigen Preisniveauentwicklung.

Der Ausdruck des Wertes mittels des Geldes im Prozeß der Preisbildung vollzieht sich, bevor die Waren in die Zirkulation eintreten. Er ist Voraussetzung, damit auf der Grundlage der planmäßigen Nationaleinkommensentwicklung (im Preisausdruck) die notwendige Einheit materieller und finanzieller Prozesse geplant und realisiert werden kann. Ich betonte die Rolle der sozialistischen Preisbildung für eine stabile Währung nicht deshalb, weil ich sie für den ausschließlichen Faktor halte, sondern weil bisher dem Problem der Preisbildung in diesem Zusammenhang zu wenig Aufmerksamkeit geschenkt wurde.[9] In den vergangenen Jahren wurden in der DDR verschiedene Maßnahmen durchgeführt, die der Annäherung der Preise an Niveau und Relationen des Aufwandes dienten und von wesentlicher Bedeutung für die Schaffung realer Wertmaßstäbe waren.

Theoretisch und praktisch falsch (ein Ausdruck der Ignorierung des Geldfaktors) ist es m. E. jedoch, diese Annäherung der Preise an den gesellschaftlich notwendigen Arbeitsaufwand mit einer Annäherung der Preise an den Wert gleichzusetzen.

Der gesellschaftlich notwendige Arbeitsaufwand ist eine Größe, die als Summe von Preisen schon über das

Geld vermittelter Wertausdruck ist. Das heißt, der gesellschaftlich notwendige Arbeitsaufwand (ebenso wie der Preis an sich) wird durch den Wert der Waren und den Wert des Geldes, insbesondere praktisch also durch die Wertrepräsentation der Geldeinheit, beeinflußt. Der gesellschaftlich notwendige Arbeitsaufwand kann steigen, wenn der Wert wächst, er kann aber auch steigen, wenn bei unverändertem Wert eine Geldeinheit weniger Wert als früher repräsentiert.

Annäherung der Preise an den gesellschaftlich notwendigen Arbeitsaufwand kann Annäherung an den Wert bedeuten oder Angleichung der mit den früheren Preisen fixierten Wertentwicklung an veränderte Wertrepräsentation. Wenn z. B. die Preisbildung für neue Erzeugnisse zum Zwecke der Stimulierung der Produktion über dem Wertniveau erfolgt, so führt das über einen längeren Zeitraum zu Veränderungen in der Wertrepräsentation und dazu, daß früher unter Anwendung des Geldes als Maßstab der Preise festgelegte Preise als nicht dem aktuellen Aufwand entsprechend erscheinen und ihm tatsächlich nicht entsprechen – aber eben aus Gründen, die mit der Entwicklung der Wertrepräsentation der Geldeinheit und nicht unbedingt mit der Wertentwicklung zusammen hängen.[10]

Als Ausdruck des inneren Zusammenhanges von Wert, Geld und Preis ergeben sich die folgenden, untrennbar miteinander verbundenen Fragen:

– Welche gesetzmäßige Tendenz hat die Entwicklung des Wertes der Waren und wie widerspiegelt sich diese Tendenz in der Preisniveauentwicklung? (Wert- und Preisproblem)

– Welches ist die für den Sozialismus typische Entwicklung der Wertrepräsentation der Geldeinheit? (Geldproblem)

– Ist es ihre beständige Verminderung infolge eines sich ständig ausdehnenden Umverteilungsmechanismus oder ist es die Gewährleistung ihrer Stabilität?

Ein Problem der Praxis in der DDR, aber auch in anderen sozialistischen Ländern, ergibt sich aus dem konkreten Zustand der Marktverhältnisse, aus dem Vorhandensein eines Nachfragemarktes.[11] Die Nichtübereinstimmung materieller und finanzieller Ressourcen, genauer der Mangel an materiellen Ressourcen, erlaubt es, Preise für neue Erzeugnisse zu bilden, die sowohl den Wert – als auch den Gebrauchswertzuwachs weit überschreiten. Das führt in der Kette der volkswirtschaftlichen Verflechtungen zu Kosten – wie Industriepreiserhöhungen für viele Erzeugnisse, letztlich auch für neue Konsumgüter, die nicht zum Grundbedarf gehören, und es führt zu Erscheinungen der Geldentwertung.

Die Entwicklung des Preisniveaus und der Kaufkraft der Währung in den letzten Jahren lassen die Deutung zu, daß weniger die Widerspiegelung des Wertes als die Durchsetzung der Anforderungen der Leistungsbewertung das Niveau der Preise bestimmte. Das heißt, die Aufgabenstellung, möglichst alle Ergebnisse der ökonomischen Tätigkeit der Betriebe als Leistungswachstum auch quantitativ mittels Wertkategorien auszuweisen, bestimmte die Methoden der Preisbildung (das Ausmaß der Extragewinne kann Beleg dafür sein). Wert und Preis entfernten sich voneinander, das Ausmaß der Umverteilung wuchs beständig.

Diese Erscheinung als Folge einer Verteilung, mit der möglichst zielgerichtet Distributionseffekte erreicht werden sollten und damit auf die Senkung der Preise verzichtet wurde, hat darüber hinaus auch die Folge, daß volkswirtschaftlich und betrieblich die Aufwandssenkung unterbewertet wird. Es existiert kein ausreichender ökonomischer Zwang zur Senkung des Wertes bzw. der Kosten, weil eine höhere Leistung als Steigerung von Nettoproduktion bzw. Nationaleinkommen unter Ausnutzung der Veränderlichkeit der Wertrepräsentation auch auf anderen Wegen erreicht werden kann.

Auch hier zeigt sich, daß allein eine Orientierung auf Wahrung und Verbesserung von Proportionen – hier das Verhältnis von Ergebnis zu Aufwand – nicht ausreichend ist, um die angestrebten ökonomischen Ziele zu erreichen und die Stabilität der Währung zu sichern. Die klare Orientierung auf Senkung des Wertes durch ein verändertes konzeptionelles Herangehen an die Preisbildung für neue Erzeugnisse sehe ich als wichtigen praktischen Ansatz, der die Lösung der aufgezeigten Probleme dient und dadurch wesentliche ökonomische Voraussetzungen für die Realisierung der Eigenerwirtschaftung schafft.

Auch unter Theoretikern und Praktikern in den sozialistischen Ländern gibt es mehr oder minder offen ausgesprochene Auffassungen, die besagen, daß es ohne eine „leichte" Geldentwertung nicht gelingen kann, einen wirksamen Mechanismus finanzieller Stimulierung in Gang zu halten. Zu rechtfertigen sei ein solcher Mechanismus vor allem damit, daß die Realeinkommen infolge der sozialistischen Lohn- und Sozialpolitik dennoch beständig steigen können, also keine negativen sozialen Folgen wie bei inflationären Prozessen im Kapitalismus zu verzeichnen wären.[12] Vor einer solchen Position ist zu warnen!

Verteilung mittels Geldentwertung, so positiv kurzfristige Erfolge damit auch scheinen mögen, hat vor allem langfristig für die sozialistische Volkswirtschaft und damit auch für jeden einzelnen Werktätigen negative Konsequenzen.[13] Dazu gehören beispielsweise:

- Die Aufrechterhaltung stabiler Realeinkommen ist nur über ständige Erhöhung der Nominaleinkommen möglich. Die Geldeinkommen vorangegangener Zeiträume realisieren zu einem späteren Zeitpunkt weniger als den von ihnen ursprünglich repräsentierten Wert;
- die Vergleichbarkeit der Geldausdrücke (der Wertkennziffern) über Zeiträume hinweg ist nicht bzw. nicht voll gewährleistet;
- Verminderung der Wertrepräsentation der Geldzeichen äußert sich im Verlaufe der Zeit als Verteuerung (relativ oder absolut). Es erhöhen sich z. B. die Kosten für Investitionen vergleichbarer Art, und es erhöhen sich zumindest die Preise der neuen Erzeugnisse. Die Folge davon ist, daß neue Erzeugnisse für den Anwender als ökonomisch unvorteilhaft erscheinen, wenn für ihn keine entsprechende Verbesserung der Effektivität spürbar wird.

Durch die Verringerung der Wertrepräsentation über einen längeren Zeitraum hinweg wird verhindert bzw. erschwert, daß die ökonomischen Ergebnisse des wissenschaftlich-technischen Fortschritts im Preis der Produkte sichtbar werden und entsprechende Wirkungen hervorrufen.

Die aktive Rolle des Geldes wäre so ins Gegenteil verkehrt.

Ausgeglichene Marktbeziehungen in Gestalt der Übereinstimmung von Angebot und Nachfrage, der Übereinstimmung von materiellen und finanziellen Ressourcen und eine Preisbildung, die weitgehende Übereinstimmung der tendenziellen Entwicklung von Preisen und Werten sichert, sind m. E. Bedingungen stabiler Währungsentwicklung und Voraussetzung für die aktive Rolle des Geldes bei der Realisierung der ökonomischen Strategie unserer Partei.

Anmerkungen

1 Vgl. H. Koziolek, O. Reinhold, Plan und Markt im System unserer sozialistischen Planwirtschaft, in: Einheit 1/1989.

2 G. Mittag charakterisierte den genannten Zusammenhang folgendermaßen: „Für die exakte Messung produzierter Gebrauchswerte bedarf es unter den Bedingungen der Warenproduktion im Sozialismus des Wertmaßstabes. ... Die Orientierung darauf, mehr Gebrauchswerte in höherer Qualität zur produzieren, bedeutet deshalb gleichzeitig, die Frage nach der präzisen Messung des erreichten Ergebnisses zu stellen." („Mit höchsten Leistungen den XI. Parteitag vorbereiten", in: Einheit 6/1985, S. 495).

3 Bereits 1910 versuchte Hilferding, den Wert einer Papierwährung mit staatlichem Zwangskurs mit Hilfe des „gesellschaftlich notwendigen Zirkulationswertes" zu bestimmen. Seinen Behauptungen folgend repräsentieren die Papierzeichen die Wertsumme der Waren (und nicht die des zur Zirkulation dieser Waren notwendigen Goldes). Vgl. R. Hilferding, Das Finanzkapital, Berlin 1947, S. 20ff.

4 Ebenda, S. 22/23.

5 Vgl. dazu die Argumentation von P. Danek, Zur Rolle des historischen Materialismus in der marxistischen Geldtheorie im gegenwärtigen Meinungsstreit, in: Wissenschaftliche Zeitschrift der Martin-Luther-Universität Halle-Wittenberg, 2/1981.

6 „Die Frage, warum Geld nicht unmittelbar die Arbeitszeit selbst repräsentiert, so daß z. B. eine Papiernote × Arbeitsstunden vorstellt, kommt ganz einfach auf die Frage heraus, warum auf Grundlage der Warenproduktion die Arbeitsprodukte sich als Waren darstellen müssen, denn die Darstellung der Ware schließt ihre Verdopplung in Ware und Geldware ein." K. Marx, Das Kapital, Erster Band, in: MEW, Bd. 23, S. 109.

7 Vgl. u. a., Geld und Kredit in der DDR, Verlag Die Wirtschaft, Berlin 1985, S. 54. Die theoretische Unzulänglichkeit der Identifizierung von Kaufkraft und Geldwert ist in der Vergangenheit bereits vielfach diskutiert und nachgewiesen wurden.

8 Eine ausführliche Begründung dieser Auffassung ist an dieser Stelle nicht möglich. Vgl. dazu U. Zufelde, Politökonomische Probleme der Realisierung der Geldfunktionen, Dissertation (B), Hochschule für Ökonomie „B. Leuschner", Berlin 1988.

9 Jakowez stellte dazu bereits vor Jahren fest: „... man muß berücksichtigen, daß in der Dynamik der Preise nicht nur die Tendenzen der Bewegung des Wertes, sondern auch die Veränderung jenes Maßstabes zum Ausdruck kommen, mit dessen Hilfe die Größe des Wertes gemessen wird, – der Geldeinheit... Gleichzeitig muß man bemerken, daß der Rolle des Geldfaktors bei der Bewegung der Planpreise ein unverdient geringer Platz in der ökonomischen Literatur zuteil wird, obwohl die durchgeführten Analysen den wesentlichen Einfluß dieses Faktors auf die Tendenz der Preisdynamik zeigt."
J. Jakowez, Probleme der planmäßigen Preisbildung und das schöpferische Erbe S. G. Strumilins, in: Aktuelle Probleme der ökonomischen Wissenschaften in den Arbeiten S. G. Strumilins, Moskau 1977, S. 110/112 (russ.).

10 Vgl. z. B. die Einschätzung von Gorodecki zur Umbewertung der Fonds in der UdSSR: „Die Umbewertung der Fonds stellt nicht so sehr eine Ermittlung ihres tatsächlichen Reproduktionswertes dar, sondern sie berücksichtigt vielmehr die Veränderung des Geldmaßstabes der Bewertung im Zusammenhang mit den Veränderungen des Preisniveaus."
A. Gorodecki, Wirtschaftliche Rechnungsführung und Industriepreise, in: Voprosy ekonomiki Moskau (1985) 6, Übersetzung FIAP, S. 5.

11 Vgl. H. Koziolek, O. Reinhold, a. a. O.

12 Vgl. W. Fajfer, Der Platz des Geldes in den Inflationsprozessen, in: Finanse, Warschau (1987) 1, Übersetzung Hochschule für Ökonomie Berlin.

13 Wenn auch in übertragenem Sinne, so trifft doch für Geldentwertung unter aktuellen Bedingungen zu, was Marx für Münzverschlechterung formulierte: „Zunächst hat es sich gar oft gezeigt, daß, wenn der Fürst darangeht, die Münzen zu fälschen, er es ist, der dabei verliert. Was er bei der ersten Emission einmal verdient, verliert er so oft, wie die gefälschten Münzen ihm in Form von Steuern usw. wieder zufließen." K. Marx, das Elend der Philosophie, in: MEW, Bd. 4, S. 110.

Klaus Müller

Zum Inhalt der Kategorien Kreditgeld und Papiergeld in der marxistischen Theorie

Ob das heutige Geld Papier- oder Kreditgeld ist, wird von manchem als eine entscheidende, von anderen als eine nur wenig fruchtbare Frage bezeichnet. Die Antworten darauf sind unterschiedlich. Mit Recht wird von Schließer und Stiemerling betont, daß die von Karl Marx gewonnenen allgemeingültigen Erkenntnisse über Wesen, Funktion und Gesetze des Geldes neben den Erfahrungen und Erkenntnissen, die darüber hinaus gewonnen wurden, das theoretische Fundament und das methodologische Instrumentarium für die Erforschung der aktuellen geldtheoretischen Probleme sind. Es fällt auf, daß Ökonomen, die alles Geld der Gegenwart – egal ob im Sozialismus oder Kapitalismus – grundsätzlich als Kreditgeld bezeichnen, dabei nicht mehr der Bestimmung von Marx folgen. Sie definieren das Kreditgeld anders.[1] Doch welchen Grund soll es für die Neudefinition geben? Hätten dann nicht andere Geldformen auch, ja das Geld schlechthin Anspruch auf eine Neuformulierung? Ist das nicht der erste Schritt, sich von einer geschlossenen, in sich widerspruchsfreien Geldtheorie loszusagen?

Heute wird von vielen Kreditgeld als das Geld angesehen, das

- als Kredit in den Umlauf kommt,
- Ansprüche auf Waren und Leistungen zum Ausdruck bringt und
- zum Ausgangspunkt zurückkehrt.

Selbst wenn sich diese drei Merkmale auch für das Kreditgeld nachweisen lassen, ist damit diese Kategorie keineswegs schon hinreichend bestimmt. Auch Metall- und Papiergeld, als Kredit ausgereicht, strömen zum Emissionsort zurück. „Das zweite von Steuart entdeckte Gesetz ist der Reflux (Rückfluß) der auf Kredit gegründeten Zirkulation zu ihrem Ausgangspunkt", sagt Marx[2], eine Bemerkung, die nicht bedeutet, daß der Rückfluß hinreichendes Merkmal zur Bestimmung des Kreditgeldes ist. Übertragung und Rückfluß sind nämlich Merkmale sowohl des Kredits als auch des Kreditgeldes. Beides ist aber Unterschiedliches. Die Gemeinsamkeit des Rückflusses ist deshalb ungeeignet, Besonderheit und Unterschied zwischen Kredit und Kreditgeld zu zeigen. Kredit ist Geld, das im Vertrauen auf Rückzahlung und in der Regel um der Verwertung willen anderen befristet überlassen wird. Kreditgeld dagegen ist verbriefte bzw. beglaubigte Forderung auf Rückerstattung des geliehenen Geldes oder auf die Überlassung von Kredit. Anspruch auf Waren und Leistungen ist obendrein alles Geld ohnehin, auch wenn es nicht als Kredit auftritt. Wonach unterscheidet Marx das Kredit- vom Papiergeld?

Karl Marx über Kredit- und Papiergeld

Formen des Geldes waren für Marx Metall-, Papier- und Kreditgeld.[3] Letzteres entspringt der Funktion als Zahlungsmittel[4], was nicht heißt – eine häufige Fehldeutung –, daß es selbst Zahlungsmittel wäre.

Es ist vielmehr ein Schuldzertifikat.[5] Als solches verkörpert es eine Forderung (Anspruch) auf der einen, Verbindlichkeit (Schuld) auf der anderen Seite. Kreditgeld symbolisiert Gläubiger-Schuldner-Verhältnisse. Mit der Entstehung der kapitalistischen Produktionsweise erhalten diese eine ganz neue Dimension und Qualität, so daß Marx das Kreditgeld einer „höheren Stufe des Produktionsprozesses" zuordnet.[6] Damit ist aber wiederum nicht gesagt, daß es selbst höherwertiges, entwickelteres Geld darstellt. Es bleibt ein Versprechen auf Zahlung von Geld, das in die Zahlungsmittelfunktion gerückt ist. Die Zahlungsversprechen in Form der Wechsel nennt Marx Handelsgeld. Dieses sei dann „die Basis des eigentlichen Kreditgelds, der Banknote"[7]. Neben dem Wechsel und der Banknote, die „nichts anderes als ein Wechsel auf den Bankier, zahlbar jederzeit an den Inhaber"[8], ist, betrachtet Marx auch das Buchgeld als eine Art des Kreditgelds. Unter Berufung auf Gilbart sagt er, daß vermittels der Übertragung von Guthaben, ausgelöst durch Scheckaustausch, der Gebrauch des Metallgelds verdrängt werden könnte.[9]

Die Bemerkung, daß Kreditgeld im Zuge des Vergesellschaftungsprozesses die Geldware Gold bereits im Kapitalismus verdränge, bedarf zumindest der Präzisierung, zumal nach Marx „das Geld – in Form der edlen Metalle – die Unterlage bleibt, wovon das Kreditwesen der Natur der Sache nach n i e loskommen kann"[10]. Kreditgeld verdrängt Gold tatsächlich aus der Zirkulation in die Zahlungsmittelfunktion. Weiter aber reicht die Verdrängungskraft des Kreditgeldes nicht. Wenn Zahlungsversprechen nicht in Zahlung eingelöst werden müssen, weil sich Forderungen gegenseitig aufheben, dann besetzt Kreditgeld nicht die Zahlungsmittelfunktion, sondern macht sie überflüssig. Aus der Zahlungsmittelfunktion kann das Gold nur durch eine Geldform abgelöst werden, die mit Annahmezwang ausgestattet ist, die selbst nicht wie das Kreditgeld nur Forderung und Schuld darstellt und damit Gläubiger-Schuldner-Verhältnisse symbolisiert, sondern solche aufzulösen vermag.

Unmißverständlich ist auch, daß für Marx nur die konvertiblen Banknoten Anweisung auf Metall[11] und damit Kreditgeld darstellten. Inkonvertible Banknoten fallen dagegen „unter die Gesetze des inkonvertiblen Staatspapiergeldes"[12].

Papiergeld ist nach Marx symbolisches Geld, wird von ihm auch Zeichengeld oder Geldzeichen genannt.[13] Es entspringt durchaus nicht nur außerökonomischen Gründen (so Stiemerling), sondern der Zirkulationsmittelfunktion. Es muß angenommen werden (daher

Staatspapiergeld mit Zwangskurs oder Annahmezwang), daß es die Eigenschaft ist (nicht die stoffliche Substanz), durch die es sich vom Kreditgeld unterscheidet. Papiergeld ist keine Anweisung auf Metall und wird folglich nicht durch eine Bank offiziell in solches eingetauscht.[14] Es kann damit – was tatsächlich auch geschieht – die Geldware Gold von der Ausübung der Zahlungsmittelfunktion entbinden. Welche Bedeutung hat die Marxsche Unterscheidung von Papier- und Kreditgeld für die Geldformenanalyse heute?

Geldformen im staatsmonopolistischen Kapitalismus

Wird alles staatsmonopolistisches Geld oder auch alles Geld im Sozialismus einheitlich Kreditgeld genannt, dann werden die offenkundigen Unterschiede in den Qualitäten der auch heute existierenden Geldformen verwischt. Ein einheitlicher Geldumlauf besteht zwar in dem Sinne, daß Bargeld (Zentralbanknoten, Münzen) und Buchgeld (Symbole für in Kreditinstituten hinterlegte Zentralbanknoten und Münzen) zusammenwirken und fließend ineinander übergehen, nicht aber in dem Sinne, daß diese Geldformen Unterschiedsloses darstellen.

Banknoten und Münzen, die von kapitalistischen Zentralbanken emittiert werden, sind gesetzliche Zahlungsmittel. Gläubiger sind verpflichtet, Banknoten, die Schuldner ihnen zur Einlösung ihrer Verpflichtungen übergeben, anzunehmen. Erlischt die Einlösungspflicht der Zentralbank, hören ihre Noten auf, Kreditgeld, d. h. Forderung gegen die notenemittierende Bank zu sein. Zwar stehen auch heute Banknoten auf der Passivseite der Zentralbankbilanz und versprechen manchmal durch Aufdruck noch immer die Einlösbarkeit in Gold, bilden damit scheinbar weiterhin eine Verpflichtung der Notenbank, „... jedoch schulden die Zentralbanken tatsächlich nichts. Wer einer Zentralbank eine von ihr emittierte Note vorlegt, erhält die Note gewechselt[15]."

Zentralbanknoten verloren im staatsmonopolistischen Kapitalismus ihren Forderungscharakter, wandelten sich aus Kreditgeld in Staatspapiergeld mit Annahmezwang. Dies wird als Auflösung jedweder Schuld betrachtet. Zentralbanknoten können deshalb neben der Zirkulationsmittelfunktion, die sie vorwiegend noch bei der Bezahlung von Waren und Leistungen der individuellen Konsumtion ausüben, auch die Zahlungsmittel- und Schatzfunktion bekleiden. Weshalb ausgerechnet der staatsmonopolistische Kapitalismus entbehren soll, was Marx Staatspapiergeld nannte, bleibt selbst aus allgemeinster methodologischer Sicht nur schwer verständlich. Mit der Verwandlung der konvertiblen Banknote, die Kreditgeldcharakter trug, in die inkonvertible Banknote, die diesen verliert und Papiergeldcharakter annimmt, kommt es auch zu Veränderungen des verbleibenden Kreditgeldes. Dessen Arten sind von nun an nicht mehr unmittelbare Forderung auf Geldware. Sie stellen jetzt vielmehr Anspruch auf Zentralbankbargeld dar, das selbst jeglichen Anspruch löscht und gerade deshalb nicht zu den Kreditgeldarten gehört.

Kreditgeldarten sind heute alle Forderungen auf Zentralbankbargeld, wobei sie auch untereinander getauscht werden können. So lassen sich beispielsweise Wechsel in Buchgeld transferieren.

Buchgeld (auch Giralgeld genannt) ist – gleichgültig, in welcher Form es auftritt, sei es als konventionelle Kontoeintragung, als Lochkombination auf einem Lochstreifen, als bit auf einem Magnetband oder als Information, enthalten in mikroelektronischen Schaltkreisen – die wichtigste Art des Kreditgelds. Mit Buchgeld wird die Einlage von Zentralbankbargeld (Banknoten, Münzen) registriert und ausgewiesen. Einlagen stellen, wie immer sie auch befristet sein mögen – die bürgerliche Ökonomie unterscheidet davon ausgehend Sicht-, Termin- und Spareinlagen –, Eigentum derjenigen dar, die sie den Banken und Sparkassen bringen, nicht der Kreditinstitute, die sie entgegennehmen. Der Beleg, die Registratur, die diesen Vorgang festhält, gilt als Forderung der Eigentümer, als Schuldverpflichtung derjenigen, die Geld anderer annehmen.

Zu laufenden Zahlungen dienen nur Sichteinlagen. Termineinlagen müssen erst auf Sichtguthabenkonten umgeschrieben werden, um verfügbar zu sein.[16] Für einen reibungslosen Zahlungsverkehr kann das durchaus nachteilig sein. Deshalb ist in den letzten Jahren eine weitere Kreditgeldart entstanden, die Termineinlagen verbrieft. Wie einst konvertible Banknoten eine Goldeinlage beglaubigten und Anspruch auf sie darstellten, bestätigen heute die sogenannten Certificates of Deposits (CDs) die Einlage von Zentralbankbargeld auf Terminkonten.

Dies zeigt, daß es offensichtlich nicht reicht, eine Forderung schlechthin schon als Kreditgeld zu bezeichnen. Diese Forderung muß zusätzliche Eigenschaften besitzen. Sie muß, wie die CDs, handelbar, zirkulationsfähig sein. Die Einlage, die natürlich eine Einlage von Zentralbanknoten und Münzen ist (woraus sonst soll sie bestehen?), wird heute nicht mehr durch konvertible Banknoten, sondern durch Buchgeld und neuen banknotenähnlichen Gebilden wie den CDs verbrieft. In unserem Verständnis ist die Einlage selbst – auch wenn sie bei Sichtguthaben noch so kurzfristig sein mag – der Kredit, das Dokument mit der Zahl – nicht das Guthaben, das mit der Zahl ausgedrückt wird – dagegen das Kreditgeld.

Zentralbanknoten in barer Form werden immer weniger zu Zahlungen benötigt. Heißt das aber, das nicht mehr mit ihnen, sondern mit Buchgeld gezahlt wird? Ich glaube, das ist ein Trugschluß. Bezahlt wird letztlich immer mit den als gesetzliches Zahlungsmittel anerkannten Zentralbanknoten und Münzen, auch wenn die Buch- bzw. Giralgeldbewegung bereits ausreicht, damit die Waren zirkulieren. Da aber das Buchgeld heute Anspruch auf Zentralbankbargeld darstellt, widerspiegelt die Buchgeldbewegung die Bewegung des Zentralbankbargeldes. Letztere Bewegung wird nicht mehr sichtbar, räumlich und körperlich muß sie sich nicht einmal vollziehen. Zentralbanknoten und Münzen befinden sich nicht bar in den Händen ihrer Eigentümer, sondern liegen als Einlagen gebunden in den Tresoren der Banken fest. Dennoch wandern Teile davon unentwegt zwischen den verschiedenen Eigentümern, die durch Kontokorrentrechnungen ihre Zahlungsverpflichtungen über Scheck und Überweisung abwickeln.

Auch wenn Banken Buchgeldkredite gewähren und damit Forderungen auf Zentralbankgeld in Form von Kontogutschriften einräumen, ist Geld (Papiergeld) dabei nicht geschöpft worden, sondern vorausgesetzt. Bei Buchgeldkrediten ist wie früher, als die Bank beispielsweise in Gold einlösbare Banknoten als Kredit vergab, der Kreditnehmer zugleich auch Gläubiger gegenüber der Bank, solange er von der Einlösbarkeit nicht Gebrauch macht. Heute kann er aber von der Bank die Aushändigung des Kredits in Form von Zentralbanknoten und Münzen fordern. Bezahlt der Kreditnehmer aber durch Überweisung von Konto auf Konto, dann tritt er damit seine Forderung gegen die Bank an den Zahlungsempfänger ab, der dann Gläubiger dieser Bank wird. Der Kreditnehmer selbst bleibt natürlich Schuldner gegenüber der Bank. Dieses bei einem Kreditgeld-Bankkredit entstehende doppelte Gläubiger-Schuldner-Verhältnis enthält zwei nicht gleichwertige Beziehungen. Die Auflösung der einen (bei der der Kreditnehmer Gläubiger, die Bank Schuldner ist) läßt die andere (bei der die Bank Gläubiger und der Kreditnehmer Schuldner ist) unberührt. Anders wenn das als Kredit überlassene Kreditgeld zurückerstattet wird. In diesem Fall verschwindet mit dem einen auch das andere Gläubiger-Schuldner-Verhältnis. Ganz gleich aber, ob Buchgeld nun eine Einlage oder einen gewährten Bankkredit anzeigt, es ist stets an Zentralbankgeld in Form von Noten und Münzen gebunden. Buchgeld muß durch Zentralbanknoten und Münzen gedeckt sein, allerdings keineswegs vollständig, solange bei normal verlaufender Wirtschaftstätigkeit keine vollständige Einlösung des in Form des Buchgelds registrierten Anspruchs auf Banknoten und Münzen zu erwarten ist.

Auf die Frage, welchen praktischen Wert die politökonomische Unterscheidung von Zentralbankbargeld als staatliches Geld mit Annahmezwang einerseits und Buchgeld als Kreditgeld andererseits hat, möchte ich mit dem Hinweis auf ein außergewöhnliches Ereignis antworten. Während der Panama-Krise im März 1988 sperrte die USA-Regierung zunächst panamaische Staats- und später auch andere Guthaben und Kanalgebühren. Sie löste damit eine Zahlungskrise aus, da der US-Dollar in Panama offizielles Zahlungsmittel ist. Banken mußten schließen. Sie besaßen nicht mehr genügend Bargeld. Die Folge war, daß man nun auch immer weniger mit Wechsel, Scheck, Kreditkarte und Kontoüberweisung bezahlen konnte. Die blockierte Möglichkeit, Kreditgeld in Zentralbanknoten umzutauschen, ließ das Kreditgeldsystem funktionsuntüchtig werden. Solange die Sicherheit vorhanden ist, es jederzeit zu erhalten, ist Bargeld scheinbar entbehrlich. Werden sich die Wirtschaftsteilnehmer allerdings des Bargeldmangels bewußt, schnellt mit dem Bedarf nach höherer Sicherheit auch der Bargeldbedarf nach oben. Dann wird Kreditgeld ausgeschlagen. Dieses Beispiel belegt, daß das Kreditgeld in bezug auf seine gesellschaftliche Wertigkeit dem Zentralbankbargeld untergeordnet ist.

Panamas Behörden ließen an die Staatsangestellten an Stelle der Gehälter Gutscheine aushändigen, die auf extra eingerichteten Bauernmärkten eingelöst werden konnten. Ladeninhabern wurde der Entzug ihrer Lizenz angedroht, falls sie nicht die Versorgung der Bevölkerung garantierten. Diese Gutscheine sind eine Art des in der Geschichte oft anzutreffenden Notgeldes. Dessen Emission wird zur Aufrechterhaltung der Warenzirkulation immer dann notwendig, wenn das zu Zahlungsmittelzwecken geeignete Geld fehlt. Nur auf den ersten Blick scheint unverständlich, weshalb derartige Gutscheine, Notgeld also, geeignet sein sollen, Waren zu bezahlen, während Kreditkarten, Schecks und Buchgeld, mit denen dies scheinbar bisher geschah, plötzlich untauglich geworden sind.

Die Antwort ist ebenso einfach wie überzeugend: Kreditgeld ist Forderungsgeld. Es verliert die Fähigkeit zur Ausübung der Zirkulationsmittelfunktion des Geldes, sobald die Sicherheit nicht mehr gegeben ist, das Geforderte auch zu erhalten. Notgeld ist dagegen Ersatzpapiergeld, oft mit zeitlich und räumlich begrenztem Geltungsbereich, Geld also, das kein anderes Geld mehr einfordert. Dieses praktische Beispiel aus jüngster Zeit sollte vielleicht mehr als alle theoretischen Erwägungen, die manchem möglicherweise sogar scholastisch erscheinen mögen, obgleich sie das nicht sind, anregen, darüber nachzudenken, ob es wirklich akzeptabel ist, das Buchgeld mit den Noten und Münzen der Zentralbanken gleichzusetzen, was geschieht, wenn man alles Geld als Kreditgeld bezeichnet.

Kreditgeld kann übrigens auch deshalb nicht allgemeines Äquivalent sein, weil es nur Geld ist, das anderes fordert.

Die politökonomische Hauptfrage lautet daher eigentlich nicht, ob das Kreditgeld allgemeines Äquivalent, sondern – aus der Sicht des hier dargelegten Kreditgeldverständnisses – ob staatliches Geld in Form von inkonvertiblen Banknoten und Münzen das sein kann.[17] Auch dagegen sind in der Literatur Bedenken geäußert worden. Sie zu wiederholen, ist hier nicht der Platz. Bezweifelt wird jedoch auch, ob die theoretisch noch immer schlüssige Erklärung der Wertmaßfunktion, ihre Ausübung nämlich durch die Geldware Gold, praktischen Gegebenheiten von heute standzuhalten vermag. Dies und die Rolle des Goldes im Weltwährungssystem insgesamt können an dieser Stelle nicht behandelt werden. Sie bedürfen wohl auch weiterer Forschung. Klar ist jedenfalls, daß das Gold heute weder Zirkulations- noch Zahlungsmittel mehr ist, und daß es auch die Akkumulationsfunktion nicht in dem Sinne, wie Marx sie verstand, ausübt. Warum aber halten Zentralbanken dann dennoch über viele Jahrzehnte hinweg in nahezu unveränderlichen physischen Mengen Gold und sind nicht geneigt, sich von ihnen zu trennen? Zentralbanken, die in ihrer Anlage- und Reservepolitik auch auf das Gold setzen, tun dies aus Sicherheitsgründen. Zugleich sind sie flexibler. Durch Verleihen von Gold können sich z. B. in Zahlungsnöte geratene Staaten Devisen verschaffen, ohne das Eigentumsrecht an Gold zu verlieren.

Ferner: Ist der Goldpreis nur spekulativ, irreal, ohne jegliche Aussagekraft? Zunächst kann er, gleichgültig wie hoch er sein mag und ob er gerade fällt oder steigt, natürlich nicht zeigen, daß Gold Geldware ist. Wohl aber ist seine Existenz Beweis dafür, daß nationale Währungen faktisch in Gold konvertierbar sind. Natürlich spielt beim Goldpreis auch die Spekulation eine Rolle. Nur bei welchem Rohstoff eigentlich nicht? Ich kenne niemand, der an der Gültigkeit des Wertgesetzes zu zweifeln begonnen hätte, nur weil er weiß, daß für die Rohstoffpreisbildung spekulative Momente nicht bedeutungslos sind. Und: Die langfristige Korrektur eines völlig unreal gewordenen Goldpreises von 35 US-Dollar je Feinunze auf eine Höhe von 350 bis 450 Dollar-Grenzen, die der Preis für Gold in den letzten Jahren selten und dann nur für kurze Zeit übertrat – ist keineswegs ausschließlich, ja nicht einmal in erster Linie, Ergebnis der Spekulation. Sie widerspiegelt vielmehr annähernd das reale Repräsentationsverhältnis zwischen Geldzeichen und Gold. Das sind Tatsachen, die theoretische Sätze nicht beweisen, die aber für den bedacht handelnden Geldpraktiker Anlaß sein sollten, zu überdenken, ob eine vorschnelle Geringschätzung des Goldes nicht Chancen im Weltwährungsgeschehen verspielen kann.

Anmerkungen

1 J. Lange, Politökonomische Konsequenzen aus der Analyse des Geldsystems im Imperialismus, Dissertation B, Martin-Luther-Universität, Halle 1988, S. 172.
2 K. Marx, Zur Kritik der politischen Ökonomie, Dietz Verlag, Berlin 1958, S. 180.
3 Vgl. K. Marx, Grundrisse der Kritik der politischen Ökonomie, Dietz Verlag, Berlin 1974, S. 42.
4 Vgl. K. Marx, Das Kapital, Erster Band, in: MEW, Bd. 23, S. 141.
5 Vgl. ebenda, S. 153 f.
6 Vgl. K. Marx, Zur Kritik der politischen Ökonomie, a. a. O., S. 62, 121 f.
7 K. Marx, Das Kapital, Dritter Band, in: MEW, Bd. 25, S. 413.
8 Ebenda, S. 417.
9 Vgl. ebenda, S. 419.
10 Ebenda, S. 620.
11 Vgl. K. Marx, Grundrisse..., a. a. O., S. 41, 55.
12 K. Marx, Das Kapital, Dritter Band, a. a. O., S. 539 f.
13 Vgl. K. Marx, Das Kapital, Erster Band, a. a. O., S. 141–143.
14 Vgl. K. Marx, Grundrisse..., a. a. O., S. 51.
15 C. Köhler, Geldwirtschaft, Duncker & Humblot, Berlin (West) 1977, S. 7.
16 Vgl. ebenda, S. 22.
17 Vgl. U. Zufelde, Der marxistische Geldbegriff und die Formen des Geldes, in: Wirtschaftswissenschaft, Heft 1/1989, S. 74.

Hans-Joachim Lotze/Dieter Fuchs

Zu inhaltlichen Zusammenhängen von Geld, Preis und Finanzen im volkswirtschaftlichen Reproduktionsprozeß

1. Geld im Sozialismus – beispielsweise existierend als Mark der DDR – ist sozialistisches Kreditglied.

Als *sozialistisches Kreditglied* ist es dreifach bestimmt.

Erstens ist es Geld. Für Geld war und ist es aber nicht wesentlich, ob es in der Gestalt von Metall, Papier oder elektronischer Speicherplatzbesetzung existiert. Wesentlich ist, daß es im gesellschaftlichen Konsens gesellschaftliche Anerkennung erfährt und die Funktionen des Geldes wahrnehmen kann. Die Wahrnehmung der Geldfunktionen ist von den verschiedenen Währungen überaus häufig nicht ohne Einschränkungen übernommen worden (was sich aus dem Charakter der Produktionsverhältnisse, der Entfaltung der Warenproduktion und der Ware-Geld-Beziehungen, die Entfaltung der Märkte usw. erklären läßt). Die volle Wahrnehmung aller Geldfunktionen durch eine konkrete Währung war und ist also eher die Ausnahme als die Regel.

Zweitens handelt es sich um Kreditgeld; als Kreditgeld ist es aber kein Stellvertreter der „Geldware Geld", sondern vielmehr eine neue autonome Existenzform des Geldes, die sich unter den Bedingungen der sozialistischen Produktionsverhältnisse und im staatsmonopolistischen Kapitalismus herausgebildet hat. Mit ihm selbst vollzog sich ein Prozeß weiterer Entstofflichung, der sehr rasch verlaufen ist und mit dem Einsatz der modernen Daten- und Kommunikationstechnik (Geld- und Kreditkarten, Geldautomaten, computergestützte Bank-, Kredit- und Geldoperationen usw.) eindeutig ganz eng verbunden ist.

Drittens ist es *sozialistisches* Kreditgeld und unterscheidet sich damit wesentlich vom staatsmonopolistischen Kreditgeld. Die Bindung an die sozialistischen Produktionsverhältnisse schließt ein, daß das sozialistische Kreditgeld sehr stark davon abhängig ist, wie unter sozialistischen Produktionsverhältnissen die Warenproduktion realisiert wird, die Ware-Geld-Beziehungen gestaltet und wie mithin der Wirtschaftsmechanismus in seinen Teilen und in seiner Gesamtheit ausgeformt werden.

Die Rolle des Geldes ist abhängig von der Ausnutzung der Kategorien der Warenproduktion, der Gestaltung der wirtschaftlichen Rechnungsführung, der Bedeutung der Geldwirtschaft usw. im Wirtschaftsmechanismus. Diese Interdependenzen zeigen sich im internationalen Vergleich aber auch für jede nationale Währung im Zeitvergleich. Wird das Primat der Produktion umgesetzt in ein System, in dem man das Primat der materiellen Planung und Bilanzierung und schließlich ein krasses Primat der materiellen Verteilung durchsetzt, wird die aktive Rolle des Geldes mehr oder weniger rudimentär sein und werden die Geldfunktionen weitgehend ausgehölt. Im Gegenzug sind alle Maßnahmen zur Vervollkommnung des Wirtschaftsmechanismus (siehe beispielsweise Liberman – Diskussion oder NÖS in der DDR) und alle Wirtschaftsreformen in der sozialistischen Planwirtschaft mit Überlegungen und Aktivitäten zur Reaktivierung des Geldes, der Stärkung seiner Rolle im Wirtschaftsmechanismus, dem Ausbau der Ware-Geld-Beziehungen verbunden (dazu gehören Stichworte wie Eigenerwirtschaftung und Eigenfinanzierung, Gründung von selbständigen Geschäftsbanken, Emission von Wertpapieren, Konvertierbarkeit usw. usf.).

Ein besonders enger und spezifischer Zusammenhang besteht unter sozialistischen Produktionsverhältnissen mit dem Preissystem; besonders die Entwicklung des Geldwertes und der Kaufkraft der einzelnen Geld- bzw. Währungseinheit sind nur bezugnehmend auf die Preise und ihre Entwicklung zu erklären. Über das Preissystem aber besteht denn auch ein Zusammenhang zum Finanzsystem.

2. Die Aussage, daß der Preis Geldausdruck des Wertes sei, gilt nicht für den einzelnen Preis, der von einer Vielzahl von Faktoren bestimmt bzw. beeinflußt ist. Dabei soll davon abgesehen werden, daß die Differenz zwischen dem Preis und dem Wert einer Ware schlechthin nicht angegeben werden kann, da der Wert wie auch der gesellschaftlich notwendige Aufwand sich dem Zugriff entziehen. Trotzdem sind Annäherungen möglich, mittels derer die Richtung der Abweichung und die tendenzielle Entwicklung verifiziert werden können.

Anders sieht das für die volkswirtschaftliche Gesamtheit aus: Für diese Gesamtheit, die als „Warengesamtheit" – einer Zeitperiode natürlich – bezeichnet und hier nicht näher definiert werden soll, gilt die Aussage, daß die Summe ihrer Preise gleich die Summe ihrer Werte ist. Die Preissumme der Warengesamtheit einer Periode entspricht der Wertsumme derselben Warengesamtheit in der gleichen Periode, wobei man getrost von den Abgrenzungsproblemen zu Beginn und am Ende der Periode absehen kann. Das heißt aber nicht mehr, als daß sich der gesamte, gesellschaftlich notwendige Aufwand, der sich in dieser Warengesamtheit „verkörpert" hat, in dieser Preissumme darstellt und damit auch von einer entsprechenden Geldmenge repräsentiert wird, deren Größe von vielen anderen Faktoren – wie z. B. dem Geldumlauf – abhängig ist. Wichtig ist für diese Zusammenhänge der Geldwert der einzelnen Geld- oder Währungseinheit, der eine nur volkswirtschaftlich sinnvoll interpretierbare Kategorie darstellt, weil er für alle Geldeinheiten nur dann gleich ist. Damit unterscheidet er sich signifikant von der Kaufkraft der Geld- oder Währungseinheit, die sich verändern kann, wenn die Währungseinheit im Verlaufe ihrer Zirkulationsakte die Sphäre wechselt und wenn in diesen Sphären andere Preise Gültigkeit haben.

Der Geldwert ist das volkswirtschaftliche Repräsentationsverhältnis, das von der Gesamtbewegung der Preise berührt wird. Wenn sich die gleiche Warengesamtheit und damit der gleiche, gesellschaftlich notwendige Gesamtaufwand in unterschiedlichen Preissummen darstellt, dann wird jeweils von einem anderen Repräsentationsverhältnis ausgegangen; es wird jeweils ein anderer Geldwert benutzt.

Es gibt also zwei wesentliche Einflüsse auf die Preissumme, mit der eine Warengesamtheit im Geldausdruck dargestellt wird, das Repräsentationsverhältnis und der von vielen Faktoren abhängige, gesellschaftlich notwendige Aufwand. Daneben gibt es Einflüsse anderer Art, wie planmethodische Regelungen, Berücksichtigung der Stimulierungsfunktion des Preises u. ä. Offensichtlich gibt es eine Tendenz, das Repräsentationsverhältnis zu verändern, um die quantitative Entwicklung der Warengesamtheit darstellen zu können. Die statistische Darstellung von Wachstum läßt sich leichter bewerkstelligen, wenn im Maße des Produktionsfortschrittes und der tatsächlichen Aufwandssenkung, die sich ergibt, weil der gleiche oder auch größere Aufwand sich auf eine größere Warengesamtheit verteilt, der Geldwert – also der in der Währungseinheit repräsentierte aliquote Anteil des Gesamtfonds – permanent zurückgenommen wird. Auch aus der Sicht der Zubilligung eines Bonus zur Effektivitätsentwicklung an Kombinate und Betriebe bzw. aus der Sicht der Umverteilung von Mitteln über den Staatshaushalt bieten sich so andere Möglichkeiten als bei einer Politik, die das Repräsentationsverhältnis, also den Geldwert je Währungseinheit konstant zu halten sucht. Auch auf die außenwirtschaftliche Flanke ist dabei zu sehen. Die defacto-Abwertung widerspiegelt daneben auch den Rückstand in der Produktivität sowie den Umstand, wie der nationale Aufwand international Anerkennung findet, was von vielen Faktoren und Momenten bestimmt ist.

3. In der ökonomischen Literatur hat man sich daran gewöhnt, von „stabilen Preisen" zu sprechen, wenn man gleichbleibende, unveränderte bzw. festgehaltene Preise[1] meint; richtig wäre es dagegen von „konstanten Preisen" zu sprechen. Will man „stabil" nicht im trivialen Sinne mit „starr" übersetzen, sondern dem Begriff einen Sinn geben, kann der nur in Anlehnung an den systemtheoretischen Begriff der „Stabilität" gefunden werden. Damit klärt sich sogleich, daß nur von einem „stabilen Preissystem", nicht aber von einem „stabilen Preis" gesprochen werden kann. Die Stabilität des Preissystems aber verlangt mit zwingender Notwendigkeit gerade nach der Eigenschaft der Flexibilität bei den Preisen. Man stelle sich vor, alle gegenwärtig in Anwendung befindlichen Preise seien vor dreißig Jahren gebildet worden. Dann gäbe es de facto keine Chance für die wirtschaftliche Rechnungsführung, für Eigenerwirtschaftung, für Stimulierung usw. In der Tat gäbe es kein für die Praxis relevantes Preissystem; die Preise würden eher desorientierend wirken. Die Produkte würden zwar mit Zahlenangaben belegt sein, die aber keine Preisfunktionen tatsächlich ausüben könnten und würden. Die Wirtschaft könnte trotzdem funktionieren, wenn sie über ein entsprechend ausgestaltetes System der materiellen Planung, Bilanzierung und Verteilung gesteuert würde. Die monetäre Bilanzierung und Verteilung müßte nur strikt dem materiellen Bereich folgen und dafür Sorge tragen, daß entsprechend den materiellen Entscheidungen entsprechende Geldbeträge verteilt werden. In diesem Falle ginge die aktive Rolle des Geldes gegen Null. Mit dem so bewirkten Verlust der Informationsfunktion, der bedingt, daß Preise beispielsweise nicht für die Begründung von Entscheidungen, die Erarbeitung von Strategien oder für die Anregung richtigen ökonomischen Verhaltens genutzt werden können, geht einher, daß die Preise auch keinerlei Aussage über den Aufwand mehr ermöglichen, sie werden praktisch zu einer Quasi-Mengenausgabe.

„Konstante Preise" kann man grundsätzlich nur zeitweilig, für ausgewählte Verbrauchergruppen o. ä. anwenden, wenn man die mit ihnen verbundenen Nachteile minimieren und die partiellen Vorteile unverfälscht für sich nutzen will.

Demgemäß gibt es vorrangig für die zeitweilige Anwendung „konstanter Preise" aus sozialen Überlegungen gute Gründe. Aber selbst in diesem Bereich ist der konstante Preis mit der gebotenen Vorsicht zu genießen, weil er das Verbrauchsverhalten deformieren kann, die Zielgruppen verfehlen kann oder dazu führt, daß die Subvention „exportiert" wird. Ein anderer Anwendungsfall ist die Subventionierung von Bereichen und Zweigen mittels konstanter – und im Regelfall gestützter – Preise. Auch das führt über längere Zeit dazu, daß Transparenz verloren geht (besonders, wenn eine Subventionskette besteht) und schließlich eine volkswirtschaftliche Effektivitätsrechnung letztlich unmöglich wird. Die Begründung der Agrarpreisreform bezog sich auf die Notwendigkeit der Überwindung dieses Zustandes und zugleich darauf, daß Preise zu schaffen sind, die in der Landwirtschaft ein hohes Leistungswachstum stimulieren, weil sie zu höherer Produktivität und Effektivität anregen.

4. Ein *„stabiles Preissystem"* setzt praktisch voraus, daß es bestimmend von flexiblen Preisen getragen wird. Die hauptsächliche Begründung für diese Behauptung leitet sich aus der Dynamik des Reproduktionsprozesses in der Gegenwart ab (unter den Bedingungen einer statischen Wirtschaft mit überwiegend einfacher Reproduktion und moderater extensiv erweiterter Reproduktion kann auf Basis konstanter Preise die Stabilität des Preissystems als gewährleistet betrachtet werden).

Wichtig ist, daß die notwendige Flexibilität der Preise nicht nur aus der Dynamik der Produktivkräfte und ihrer Anwendung im Produktionsprozeß und mithin aus der dynamischen Veränderung des gesellschaftlich notwendigen Aufwandes in der Produktion bei Intensivierung abgeleitet werden darf. Vielmehr sind flexible Preise erforderlich, damit die – beispielsweise im Interesse der Strukturpolitik – erforderlichen Umverteilungen über den Preis gesichert sind. Flexible Preise sind aber vor allem auch von großer Bedeutung für die Ausgestaltung der Kooperation von Handel und Industrie, im Interesse der Effektivität der Zirkulation und schließlich auch der Konsumtion.

Flexible Preise bieten sich aus dieser Sicht beispielhaft für Saisonartikel, modische und hochmodische Erzeugnisse, für die Einführung von Neuheiten auf dem Markt usw. usf. an.

Welche Anforderungen sind an ein stabiles Preissystem zu richten, wenn zunächst klar ist, daß es die Stabilität der Volkswirtschaft und die stabile, vernünftige volkswirtschaftliche Entwicklung mit absichern muß?

a) Die wichtigste Anforderung ergibt sich aus dem Zusammenhang zwischen Preissystem und Geldsystem und lautet mithin, daß ein stabiles Preissystem die Stabilität des Währungssystems mit zu gewährleisten hat. Anzunehmen ist, daß sich die empirischen Erfahrungen dahin verallgemeinern lassen, daß die Preispolitik den Vorrang hat (insbesonders unter den Bedingungen der sozialistischen Planwirtschaft) und die preispolitischen Aktivitäten auf das Geldsystem stark einwirken (andere Einflüsse auf das Geldsystem und speziell den Geldwert der Währungseinheit gehen von der Art und Weise des Umgangs mit dem Leistungsprinzip, den Staatsfinanzen usw. aus).

b) Unmittelbar aus dieser Überlegung ergibt sich, daß sodann – vor allem bei einem arbeitswert-theoretischen-Ansatz[2] – die Stabilität des Preissystems bedingt, daß es auf den gesellschaftlich notwendigen Aufwand orientiert ist (ohne daß deshalb auch nur ein einziger Preis den Aufwand eindeutig reflektiert).

Dabei ist der gesellschaftlich notwendige Aufwand in seiner Gesamtheit, wie er sich stofflich in der „Warengesamtheit" und monetär in der adäquaten „Preissumme" darstellt, für einzelne Erzeugnisgruppen/Erzeugnisse keinesfalls als der gesellschaftlich notwendige Durchschnittsaufwand ihrer Produktion zu interpretieren. Das dürfte zwar in der Regel der Fall sein, aber daneben sind Preise auch am Reproduktionsaufwand oder am Grenzaufwand zu orientieren.

c) Die aufwandsorientierten Preise dürfen nicht so gehandhabt werden, daß Innovations- und Risikobereitschaft vernachlässigt werden. Aus diesem Zusammenhang begründen sich notwendigerweise Preise, mit denen unter Bedingungen der Planwirtschaft die Stimulierungsfunktion des Preises ausgenutzt wird, indem man im stimulierenden Vorgriff auf den Markt einen Bonus zubilligt, der volkswirtschaftlich richtiges Verhalten materiell anerkennt. Dieser Methode kann man vom Prinzip her zustimmen, wenn auch nicht zu übersehen ist, daß die bisherigen Regelungen bei weitem nicht optimal waren (die Probleme lagen z.B. bei der Orientierung an formalen Kriterien, bei einem hohen bürokratischen Aufwand, bei Negativeffekten hinsichtlich der Produktqualität und Exportrentabilität).

d) Aus der Sicht der Stabilität des Preissystems ist auch zu fordern, daß die Preise bestehende Disproportionen berücksichtigen und zur Herbeiführung von volkswirtschaftlichen Gleichgewichten beitragen. Damit ist die Gefahr des leistungsunabhängigen Vorteils verbunden, den diejenigen für sich realisieren können, die über knappe Güter verfügen.

Wichtiger ist aber, daß auch von der Seite der Nachfrage (im Verhältnis zum Angebot) Preiseinflüsse geltend gemacht werden müssen, die bis in die Produktion zurückwirken und eine bessere Ressourcen-Allokation oder -Nutzung stimulieren.

e) Ein stabiles Preissystem muß auch im Hinblick auf die Weltmarktpreise bestimmten Anforderungen genügen.

Hier wäre darauf hinzuweisen, daß diese sehr unterschiedlich sein müssen, wenn es sich um eine Binnenwährung, eine Währung mit partieller Konvertierbarkeit (für ein Währungsgebiet, gegenüber einer Leitwährung, einschließlich oder ausschließlich der Devisenansprüche der Touristen o. ä.) oder eine vollkonvertierbare Währung handelt.

Wenn der Währungskurs seinerseits auch nur ein Preis, nämlich der für andere Währungen ist, dann wäre die einfachste Situation gegeben, wenn – cum greno salia – der nationale Preis (Aufwand) zu beziehen wäre. Das müßte wiederum im Makro-Bereich gültig sein, während bei allen einzelnen Operationen (Importe/Exporte) die Preise ständig variieren werden, weil viele Faktoren, die vom Aufwand völlig oder teilweise, direkt oder indirekt abhängig oder unabhängig sind, gerade zwischen Binnen- und Außenmarkt oder auf dem Außenmarkt wirksam sind. Gerade hier kommt es auf Transparenz, auf die Informationsfunktion des Preises an, wenn man richtige Export- und Importentscheidungen treffen will.

5. Die Währungsstabilität ist wesentlich mit der Stabilität des Preissystems mit einem stabilen Preisniveau in Verbindung gebracht oder gar gleichgesetzt, wobei das „stabile Preisniveau" seinerseits unterschiedlich definiert werden kann. Das Kriterium der Stabilität kann für das Preisniveau und damit für die Stabilität des Preissystems entweder am *Geldwert der Währungseinheit* oder an der *Kaufkraft der Währungseinheit* festgemacht werden.

Wenn man für eine sehr strikte Auslegung des Begriffes Preisniveau ist, muß man das Preisniveau mit dem Geldwert, also dem Repräsentationsverhältnis verbinden. Wird ein neues Preisniveau eingeführt bzw. angestrebt, dann ist damit eine Veränderung des Geldwertes der Währungseinheit zwangsläufig verbunden.

Nun wäre es unrealistisch zu fordern, daß der Geldwert der Währungseinheit unbedingt konstant zu halten sei. Vielmehr sollte die Preispolitik zwischen konstanter Kaufkraft und konstantem Geldwert der Währungseinheit einen Handlungsspielraum haben, den sie innerhalb der Planungsperioden ausschöpfen kann.

Damit wäre gewährleistet

- die Stimulierung von Kostensenkung,
- die Stimulierung von Innovation,
- die Honorierung von Exporterfolgen,
- die Berücksichtigung der Angebots-Nachfrage-Relation im Preis,
- die Honorierung von Aktivitäten, mit denen auf Veränderungen der Nachfrage reagiert wird, usw. usf.

Anmerkungen

1 Das gilt auch für die bürgerliche Literatur. Galbraith z.B. spricht von „stabilen" Preisen aber von „konstanten" Zinsen. Vgl. J.K. Galbraith, Die Entmythologisierung der Wirtschaft. Paul Zsolnay Verlag, Wien–Darmstadt 1988.

2 Festzuhalten ist an dieser Stelle, daß Marx die Werttheorie nicht als Grundlage oder Konzept der Preiskalkulation, Preisbildung usw. im Sozialismus ausgearbeitet hat. Die Marxschen Erkenntnisse sind also sehr behutsam und differenziert auf den makroökonomischen Bereich anzuwenden, wenn es um die Ausgestaltung des volkswirtschaftlichen Preissystems geht.

Rolf Illgen

Zur Problematik des Wesens, des Inhalts und der Form des Geldes im Sozialismus

Im vergangenen Zeitraum ist in der DDR viel über das Geld und die mit ihm verbundenen Kategorien diskutiert worden. Dabei war das Bemühen, die aktive Rolle dieser wichtigen Kategorien zu erhöhen, kennzeichnend. Diese Kategorien wurden auch stärker in den Prozeß der weiteren Vervollkommnung des Systems der Leitung, Planung und wirtschaftlichen Rechnungsführung eingeordnet, was zur Festigung der Einheit von materieller und finanzieller Planung und zur wirksameren Verbindung von Planung und wirtschaftlicher Rechnungsführung beigetragen hat. Wichtige geldtheoretische Fragen sind jedoch nach wie vor offen, deren Lösung mit als eine Voraussetzung für die weitere Erhöhung der Wirksamkeit des Geldsystems bei der Umsetzung der Wirtschaftsstrategie der SED anzusehen ist. Eine Annäherung in den strittigen Fragen ist nur partiell zu verzeichnen. Auch unterschiedliches methodologisches und inhaltliches Herangehen scheint hierbei eine Rolle zu spielen.

Die Bedeutung einer wissenschaftlich fundierten Geldtheorie für den Sozialismus sehe ich darin, daß das Geld die komplementäre Kategorie des Wertes der Waren ist, die einen unverzichtbaren Platz in der Realisierungsweise des Wertgesetzes einnimmt. Der Wert ist eine Kategorie hoher Abstraktionsstufe. Er ist unmittelbar „praktikabel" und wahrnehmbar. Die Messung, Darstellung und Bewegung des Wertes der Waren bedarf des Geldes. Aber nicht nur das. Der Wert verändert mit der gesellschaftlichen Entwicklung seine besondere Existenzweise. Er modifiziert sich. Die Wertmodifikation, aber auch die Tendenz des Wertverhältnisses zur Universalität und damit zur Internationalisierung vollziehen sich nur mit Hilfe des Geldes, sind ohne das Geld überhaupt nicht erklärbar. Das Geld ist direkt in die Wirkungsweise des Wertgesetzes einbezogen und über dieses mit der Gesamtheit der ökonomischen Gesetze (des Sozialismus) verbunden. Nur über das Geld stellt sich der Arbeitsaufwand als gesellschaftlich notwendiger dar. Über das Geld und die Währungen verbindet sich der nationale Reproduktionsprozeß mit den Weltmärkten. Über das Geld und die Geldkategorien, Preis und Valutakurs wird die relative Produktivität, bezogen auf das sich im internationalen Wert widerspiegelnde Produktivitätsniveau bei der Herstellung der auf dem Weltmarkt mittels des Geldes auszutauschenden Waren, sichtbar. In bezug auf die Geschäftsbeziehungen zu nichtsozialistischen Ländern ist darüber hinaus das Geld das Medium, über das die kapitalistischen Geschäftspartner versuchen, mittels der Preis- und Kurszusammenhänge Vorteile im Handel und im Zahlungsverkehr mit den sozialistischen Ländern zu realisieren. Auf die Möglichkeiten, die das Geld und das kapitalistische Währungssystem bieten, müssen sich die sozialistischen Länder einstellen, um eine hohe Außenhandelsrentabilität zu erreichen.

Für die Ausarbeitung einer Geldtheorie des Sozialismus ist es meiner Meinung nach unerläßlich, die Marxsche Geldtheorie zugrunde zu legen. Zweifelsfrei bringt die sozialistische Planwirtschaft eine neue Qualität des Geldsystems und des Geldes gegenüber den vorsozialistischen Produktionsweisen hervor.

Die Marxsche Geldtheorie ist ein methodologisch begründetes und inhaltlich widerspruchsfreies, logisch in sich geschlossenes und die historische Kontinuität wahrendes Theoriegebäude, aus dem heraus sich die Grundfragen der Existenz, der Entwicklung der Rolle und Formen des Geldes in der Warenproduktion einschließlich der Warenproduktion im Sozialismus erklären und Lösungswege für die Bestimmung des Geldes im Sozialismus ableiten lassen. Es darf nicht vergessen werden, daß die Marxsche Geldtheorie die erste wissenschaftliche Geldtheorie ist. Marx klärte die Irrtümer der klassischen Politökonomen auf, widerlegte die fehlerhaften Auffassungen der Nominalisten und überwand die Qualitätstheorie des Geldes. Das erwies sich als eine Voraussetzung zur Ausarbeitung seiner materialistischen Geldtheorie, die heute noch die entscheidende Erkenntnisquelle für das Verständnis des Wesens, des Inhaltes und der Formbestimmtheiten wie auch der Bewegungsgesetze des Geldes ist. Hume und Ricardo erkannten nicht den Wert des Geldes und faßten das Geld überhaupt nur als technisches Hilfsmittel für den Warenaustausch auf, verstanden die Geldzeichen als wertlose Repräsentanten der Waren. Damit setzten sie die Geldtheorie in Widerspruch zu ihrer Werttheorie und funktionierten das Geldumlaufgesetz in ein Preisgesetz um. Demgegenüber war für Marx die Austauschbarkeit der Waren die bestimmende Seite des Wertes, die sich folgerichtig im Geld materialisiert. Heute zu lesende und zu hörende Äußerungen, wonach die Marxsche Geldtheorie an die Prämisse gebunden sei, daß alles Geld als Goldgeld zu betrachten sei, halte ich für unzutreffend und nicht für die Lösung unserer heutigen Fragen geeignet. Auch die Feststellung seitens mancher Befürworter des „Sozialistischen Kreditgeldes", daß es sich bei dieser Geldform um ein völlig neues Geld handle, schöpft meines Erachtens die Quellen der Marxschen Theorie nicht aus. Sie berücksichtigt nicht, daß Marx das Geld immer in seiner dialektisch-logischen und historischen Bezogenheit behandelt hat. Ich bin der Auffassung, daß das Geld im Sozialismus Kreditgeld ist und daß es nur Kreditgeld sein kann, wenn es seine Aufgaben in der sozialistischen Planwirtschaft erfüllen soll. Aber das bedeutet keine Negation der allgemeinen Bestimmungen des Geldes als einer Kategorie der Warenproduktion, negiert nicht seine Zusammenhänge zu den vorsozialistischen Produktionsweisen. Die Anerkennung der Warenproduktion als Bestandteil der sozialistischen Produktionsverhältnisse schließt auch die Akzeptanz der Kategorien der Warenproduktion ein. Das Geld ist eine Kategorie der Warenproduktion und muß als solche behandelt werden. Damit ist das Geld unverzichtbar in den wesentlichen inneren Zusammenhang der gesellschaftlichen Beziehungen der Warenproduktion, wie er von Marx erfaßt wurde, also in den Austauschzusammenhang von Wert der Waren–Tauschwert–Geld mit Geldwert–Preis–Geldumlauf eingeordnet. Mir scheint, daß gerade dieser Zusammenhang gegenwärtig in unserer Wirtschaft sorgfältiger Zuwendung bedarf.

Marx bestimmte das Geld mit Schärfe und unter Zurückweisung von Vermischungen zwischen Geld und Kapital (Kapitalfunktion des Geldes) seitens kleinbürgerlicher und Vulgärökonomen als eine Kategorie der Warenproduktion. Seine wissenschaftliche materialistisch-dialektische Methode ermöglichte es ihm, das Geld von allen es überdeckenden Formbezogenheiten freizulegen und es als Kategorie „rein" aufzufassen. Diese Erkenntnis ist auch für die Bestimmung des Geldes im Sozialismus bedeutungsvoll. Marx stellte dazu später fest: „Die Hauptschwierigkeit in der Analyse des Geldes ist überwunden, sobald sein Vorsprung aus der Ware selbst begriffen ist. Unter dieser Voraussetzung handelt es sich nur noch darum, seine eigentümlichen Formbestimmtheiten rein aufzufassen, was einigermaßen erschwert wird, weil alle bürgerlichen Verhältnisse vergoldet oder versilbert als Geldverhältnisse erscheinen, und die Geldform daher einen unendlich mannigfaltigen Inhalt zu besitzen scheint, der ihr selbst fremd ist.[1] Auf dieser Abstraktionsstufe finden wir die Ebene, auf der die Marxsche Geldtheorie Grundlage für eine Theorie des Geldes im Sozialismus ist. Was die Frage des Geldes so schwierig werden läßt, ist die komplizierte dialektische Beziehung zwischen Wesen und Erscheinung, Inhalt und Form des Geldes. Ich bin nicht der Meinung, daß das Geld im Sozialismus etwas völlig Neues ist. Es ist Aufgabe der Geldtheorie, in das Wesen und in die Gesetzmäßigkeiten des Geldes als Objekt einzudringen, es ideell zu reproduzieren und sein „inneres Modell" offenzulegen.

In der Kategorie Geld spiegelt sich das Objekt in seiner historischen Entwicklung und in seinen wesentlichen Zusammenhängen und Eigenschaften wider. In seinem Wesen ist Geld ein gesellschaftliches Verhältnis, ein allgemeines Produktionsverhältnis. Über das Geld vollziehen sich die Gesetze des Austausches zur Reproduktion der Ware und der einzelnen Reproduktionsbedingungen. Es realisiert das Wertverhältnis als Verhältnis der Produzenten zur gesellschaftlichen Gesamtarbeit, wodurch es bereits von dieser Seite her an der Herstellung der Proportionalität mitwirkt: Es ist Mittel und Voraussetzung der Akkumulation und der Erhöhung der Maßstäbe der gesellschaftlichen Reproduktion; es ist ein Mittel zur Herstellung des gesellschaftlichen Zusammenhangs generell. Marx bezeichnet das Geld als „... ein Triebrad zur Entwicklung aller Produktivkräfte, materieller und geistiger... Als materieller Repräsentant des allgemeinen Reichtums, als der individualisierte Tauschwert, muß das Geld unmittelbar Gegenstand, Zweck und Produkt der allgemeinen Arbeit, der Arbeit aller Einzelnen sein. Die Arbeit muß unmittelbar den Tauschwert, d.h. das Geld prodzieren... Das Geld als Zweck wird hier Mittel der allgemeinen Arbeitsamkeit... So werden die wirklichen Quellen des Reichtums eröffnet."[2]

Das Geld kann als Geldverhältnis bezeichnet werden, das dem Wesen nach in das Wertverhältnis eingeschlossen ist, jedoch zugleich eine selbständige Existenzform entwickelt. Es hat die gleiche Grundqualitität wie das Wertverhältnis und führt zur Entfaltung des Wertverhältnisses, insofern die gesellschaftliche Arbeit durch den Wert, wie sich Marx ausdrückte, nur unvollständig bestimmt ist und der Weiterbestimmung durch das Geld bedarf – Weiterentwicklung und Vertiefung des gesellschaftlichen Prozesses, damit Sichtbarmachen dessen an der Oberfläche. Ein wesentliches Moment des Geldverhältnisses besteht darin, daß das Geld zugleich Resultat und Voraussetzung der Zirkulation ist und ihr dabei in Selbständigkeit, als Medium, gegenübersteht. Das Geld ist nicht nur eine den Warenaustausch vermittelnde Form, sondern eine aus der Zirkulation herausgewachsene Form des Tauschwerts, die zum allgemeinen Äquivalent und schließlich zur Geldform wurde. Deshalb läßt sich auch sagen: Der Inhalt des Geldes besteht darin, als allgemeines Äquivalent relativ verselbständigter Tauschwert zu sein, und das ist bestimmt aus der Geldform des Wertes. Hieraus folgen auch die Eigenschaften des Geldes, aus denen sich seine Funktionen ableiten. „Der Tauschwert des Produkts erzeugt aber das Geld neben dem Produkt... Die Eigenschaften des Geldes ... folgen alle einfach aus seiner Bestimmung des von den Waren selbst getrennten und vergegenständlichten Tauschwerts."[3] Diese tiefe, innere Logik des Zusammenhangs des Wertes der Waren und seiner Erscheinung im Geld ist das Ergebnis der konsequenten Anwendung der Arbeitswerttheorie auch auf das Geld, Reflex der Entfaltung der Widersprüche der Ware, des Wertes und des Tauschwertes. Zugleich ergeben sich hieraus prinzipielle Konsequenzen (Anforderungen) an die Handhabung von Ware und Geld in der Wirtschaftspraxis.

Die dialektische Behandlung von Wesen, Inhalt und Form wendete Marx auch auf das Geld bezogen selbst konsequent an. An verschiedenen Stellen seines Werkes wird das deutlich. Bereits zu Beginn seiner Beschäftigung mit dem Geld, in seiner Schrift „Das Elend der Philosophie", wo er erstmalig das Geld in seinem Wesen als Produktionsverhältnis bestimmte, brachte er zum Ausdruck: „Hat man einmal die Notwendigkeit eines besonderen Tauschmittels, d.h. die Notwendigkeit des Geldes eingesehen, so handelt es sich nicht mehr um die Erklärung, warum diese besondere Funktion vor allen anderen Waren dem Gold und Silber zugefallen ist. Es ist dies eine sekundäre Frage, die nicht im Zusammenhang der Produktionsverhältnisse ihre Erklärung findet, sondern in den besonderen stofflichen Eigenschaften von Gold und Silber..."[4] Bereits in der Auseinandersetzung mit J. Mill, der mit der Formel „das Geld ist ‚Vermittler' des Austauschs" und der mit der Auffassung, daß das Geld eine Ware wie jede andere sei, den Monetarismus kritisieren wollte, begründete Marx die Notwendigkeit der Herausbildung des Geldwesens, weil die „wirkliche Existenz des Wertes als abstraktes Verhältnis" „erst das

Geld ist"[5]. Bereits hier unterscheidet er deutlich zwischen Wesen und stofflicher Gestalt des Geldes. Er spricht von „Geldseele" oder „Geldgeist" und „Geldkörper" oder von „Objekt" und „Subjekt" des Geldverhältnisses; „das metallene Dasein des Geldes ist nur der offizielle, sinnfällige Ausdruck der Geldseele".

Marx Erkenntnis über den Zusammenhang von Wesen und Erscheinung des Geldes sind das Ergebnis einer gründlichen Analyse des Currencyprinziples wie auch der Bankingtheorie, deren Vertreter die Kategorien der bürgerlichen Nationalökonomie allein als sachliche Erscheinungen und deren Funktionsbestimmung nur formal sahen. Die Edelmetalle wurden als Geld lediglich in ihren natürlichen Erscheinungen gesehen. Marx mußte diese Erscheinungen der Geldmetalle zur Bestimmung der gesellschaftlichen Eigenschaften des Geldes, als Subjekte des Geldverhältnisses weiterführen. Für uns ergibt sich hieraus die Schlußfolgerung, daß Inhalt und Träger des Geldverhältnisses differenziert zu betrachten sind. Gleichzeitig ist nicht zu übersehen, daß durch die Monetarisierung des Goldes dieses Metall der für das Geld bestimmende Träger des Geldverhältnisses wurde; die Geldseele fand im Gold ihren Leib. „Daß nun, obgleich Gold und Silber nicht von Natur Geld, Geld von Natur Gold und Silber ist, zeigt die Konkurrenz ihrer Natureigenschaften mit seinen Funktionen."[6]

Diese Übereinstimmung seiner natürlichen Eigenschaften und seiner gesellschaftlichen Rolle macht das Gold zur grundlegenden Daseinsweise des Geldes, beweist den Inhalt der Monetarisierung und ermöglicht die modellhafte, reproduzierbare Erfassung des allgemeinen Inhalts des Geldes, gleichsam als elementare Zelle der Geldbeziehungen. Von dieser Warte ist die Darstellung des Geldes und seiner Funktionen als Metallgeldsystem zu verstehen. Sie vermittelt das Verständnis der Objektivität der aus dem Wertverhältnis hervorgegangenen Kategorie Gold. „Sobald Gold und Silber (oder jede andre Ware) als Wertmaß oder Zirkulationsmittel ... sich entwickelt haben, werden sie Geld ohne Zutun und Wollen der Gesellschaft."[7]

Aber zugleich sieht Marx den Zusammenhang zwischen Grundstruktur des Geldes und seiner Evolution: „Der bürgerliche Produktionsprozeß bemächtigt sich zunächst der metallischen Zirkulation als eines fertig überlieferten Organes, das zwar allmählich umgeschaltet wird, jedoch stets seine Grundkonstruktur bewahrt."[8] Es war der funktionell-praktische Vorteil, der das Gold zum Geldmetall werden ließ; die Eignung dieser Metalle als Geld stellte sich in allen seinen Funktionen unter Beweis. Zugleich vollzog sich von Anfang an ein Prozeß der Weiterentwicklung der Formbestimmung des Geldes, der den Bedingungen und Bedürfnissen der kapitalistischen Produktionsweise angepaßt ist. Die Begründung, die mitunter in Äußerungen zur Gelddiskussion zu lesen ist, wonach das Gold nicht immer die Geldware gewesen sei und es demzufolge diese Rolle wieder abgeben müsse, ist für mein Verständnis eine formale, auf einseitiger historischer Betrachtung des Ablaufs beruhende wissenschaftlich unzulässige Vereinfachung. Vielmehr ist die historische Herausbildung der Geldware als Prozeß zu verstehen, in dem der Inhalt des Geldes sich logisch als Bedingung setzt. Wesentlich ist die dialektische Sicht des Verhältnisses von Inhalt und Form des Geldes als widerspruchsvolle Einheit. Dieser Widerspruch entfaltet sich aus dem im Tauschwert selbst liegenden Widerspruch zwischen dem Tauschwert der Waren und der Verselbständigung des Tauschwerts im Geld sowie der weiteren Evolution des letzteren zum Widerspruch zwischen ideellem Geld als Maß der Werte und (symbolischem) Münzgeld als Zirkulationsmittel einerseits sowie als Geld „als Geld" andererseits. Es kann davon ausgegangen werden, daß das gesellschaftliche Bedürfnis nach der Geldform des Wertes, das zur Herausbildung der Geldware führte, auf höherer Stufenleiter, als die Triebkraft für die tendenzielle Ersetzung dieser durch Wertzeichen anzusehen ist, wobei der Widerspruch zwischen der unbegrenzten Rolle des Geldes und der Begrenztheit der Geldware als Naturprodukt und „Monopolware" in Verbindung mit dem Bestreben nach Ökonomisierung der Zirkulation und des Geldmediums wie auch die Vergesellschaftung von Produktion und Arbeit wichtige Bedingungen dieses Prozesses bildeten. Ausgangspunkt der Entfaltung des Widerspruchs war die Doppelnatur des Geldes, eine Ware wie jede andere Ware zu sein, zugleich aber die allgemeine Ware. Das führte zur Verselbständigung des Tauschwertes und des weiteren zunächst zu „materialisierten Vorstellungen" und schließlich zu ideellen und symbolhaften Erscheinungsformen. Diese Evolution des Tauschwerts, der selbst eine abstrakte Form ist, führt zu noch abstrakteren Formen des Geldes. Das Maß des Prozesses der Demonetisierung des Goldes ist abhängig von den Interessen, den praktischen Bedürfnissen wie auch den technischen Möglichkeiten der Handhabung der Träger des Geldverhältnisses in den Produktionsweisen.

Für das Verständnis des Geldbegriffs halte ich sowohl die Rezeption des Inhalts der Monetisierung des Goldes als „elementare Zelle der Geldverhältnisse" und als basisgebende Wertsubstanz überhaupt, als eine Voraussetzung für das Verständnis der Objektivität dieser Kategorie, als auch die Erklärung der Qualität des Prozesses der Ersetzung der Geldware für wesentlich, denn diese Ersetzung ist an bestimmte Voraussetzungen gebunden, die gegeben sein müssen, damit das Wesen, der Inhalt und die Eigenschaften des Geldes nicht verloren gehen.

Bei der Behandlung der Geldzeichen hat Marx stets die Erhaltung der Kategorie in diesem Sinne im Auge gehabt und festgestellt, daß die Geldzeichen nur aus dem allgemeinen Äquivalent entstehen, keineswegs aber Symbole des Warenwertes sind, wie das in der Gelddiskussion vielfach zum Ausdruck kommt. Das Geld selbst ist Darstellung des Tauschwertes der Ware! Diese Rolle geht mit dem Auftreten von Geldsurrogaten auf diese über, denn sie dienen der Darstellung des Tauschwertes der Ware „ersatzweise" für das Gold, indem sie Zeichen des verselbständigten Tauschwertes sind. Als Symbole der Waren wären die Zeichen aus dem Wertverhältnis herauseliminiert. „In dem Prozeß W–G–W ... erhält der Tauschwert der Waren im Preis nur ideelle, im Geld nur vorgestellte, symbolische Existenz. Der Tauschwert erscheint so *nur* als gedachter oder dinglich vorgestellter, aber besitzt keine *Wirklichkeit* außer in den Waren selbst... Es *scheint* daher, als ob das Wertzeichen den Wert der Waren *unmittelbar* repräsentiere, indem es nicht als Zeichen von Gold, sondern als Zeichen des im Preis nur ausgedrückten, aber in der Ware allein vorhandenen Tauschwerts sich darstellt. Dieser Schein ist aber falsch. Das Wertzeichen ist unmittelbar nur *Preiszeichen*, also *Goldzeichen*, und nur auf einem Umweg Zeichen des Werts der Ware."[9]

Ich betrachte die Bezogenheit der Geldzeichen als doppelt notwendig: Erstens zur Geldware, woraus sich seine eigene Wertrepräsentanz ergibt, zweitens zur Ware (Tauschwert). Beide Bezogenheiten ergeben sich aus der Entfaltung des Widerspruchs im Tauschwert. Sie reflektieren sich in den Gesetzmäßigkeiten der Entwicklung des „Wertes der Geldeinheit", die diese beiden Momente einschließt, und im Geldumlaufgesetz und im Repräsentationsgesetz. Die erste Bezogenheit ist unmittelbar, real nicht mehr quantifizierbar. Die zweite Bezogenheit ist ökonomisch wirksam nur über einen Kreditgeldumlauf herstellbar.

Marx vermittelt auch wertvolle Grundlagen zur Bestimmung der Qualität der das Gold ersetzenden Geldformen. Er unterscheidet zwischen symbolischem Gold (Papiergeld) und Kreditgeld. Beide können zwar die Edelmetalle in der inneren Zirkulation ersetzen, aber er erklärte erstmalig, daß die Banknotenzirkulation nicht mit der „Zirkulation von Wertzeichen oder von Staatspapieren mit Zwangskurs" verwechselt werden darf. Er kritisierte Ricardo, der diese Unterscheidung nicht zu treffen vermochte, entwickelte bereits in den Pariser Exzerptheften zu J. Mill die Stellung des Kredits im Geldwesen und arbeitete in späteren Werken die Grundzüge des Kreditgeldes heraus. Für uns ist wichtig: Das Papiergeld erklärt sich direkt und ausschließlich aus der Vertretung der Geldware, die in der Zirkulationsmittelfunktion ihre Grundlage hat. Die Wertverbindung des Zeichens besteht, von seiner Entstehung her gesehen, nur zur Geldware, aber nicht zur Ware.

Das Kreditgeld ist eine entwickelte Geldform. Sie gründet sich darauf, daß der Inhalt des Kredits Geld ist. Die „papiernen Repräsentanten des Geldes (wie Wechsel, Mandate, Schuldscheine usw.) sind das vollkommenere Dasein des Geldes als Geld und ein notwendiges Moment im Fortschritt der Entwicklung des Geldwesens" konstatierte Marx in seinen Auszügen zu Mill. Im „Kapital" bezeichnete Marx die Kreditwirtschaft selbst als eine Form der Geldwirtschaft, die nur verschiedenen Entwicklungsstufen der kapitalistischen Produktion entsprachen.[10] Das Kreditgeld ist unter dem Blickwinkel der Entfaltung der Widersprüche des Tauschwertes die Negierung des „Geldes als Geld", die zu der Schlußfolgerung führt, daß unter den Bedingungen wirklicher gesellschaftlicher Produktion, wie sie im Sozialismus erreicht ist, sich das Gold erübrigt. Im Sozialismus herrscht ausschließlich Kreditgeldumlauf; ein anderes Geld, auf das durch Kredit angewiesen werden könnte, existiert nicht. Eine Charakterisierung des Kreditgeldes lediglich als Schuldforderung, Anweisungen auf Geld[11] entspricht nicht dem Sachverhalt. Das Kreditgeld im Sozialismus nutzt, im Vergleich zum Papiergeld, ganz andere Gesetze aus, solche, die das Kreditgeld regeln. Ein solches ist das Gesetz der Notenzirkulation, nachdem die Menge der Banknoten durch die Preise der Waren und die „Masse der Transaktionen" bestimmt ist – Geschwindigkeit der Zirkulation und Ökonomie der Zahlungen als gegeben vorausgesetzt.[12] So auch der „Reflux", das ursprünglich von Steuart entdeckte, von Tooke belegte und von Marx in seinen Londoner Exzerptheften in seinem Inhalt begründete „Gesetz des Rückflusses der auf Kredit gegründeten Zirkulation zu ihrem Ausgangspunkt".[13] Dieses Gesetz ist deshalb so bedeutend, weil es die durch die Spezifik des Kreditgeldes ausgelöste notwendige Rückkehr der Geldeinheiten zum Punkt ihrer Emission nach vollzogener Funktion in der Geldzirkulation darstellt. Das Kreditgeld vollzieht hierbei eine Kreislaufbewegung, die sich mit der Reproduktion des von den Wirtschaftseinheiten in Anspruch genommenen Kreditvorschusses im Prozeß der Erwirtschaftung der Mittel für die einfache und erweiterte Reproduktion verbindet. Ein weiteres Gesetz ist, daß der Kredit mit Notwendigkeit aus dem Reproduktionsprozeß hervorgeht, was auf dem Widerspruch zwischen Arbeitszeit und Zirkulationszeit beruht. Der Kredit, der unmittelbar Finanzierungsinstrument ist, schafft sich in Gestalt der Banknoten und der Kontoguthaben bzw. bargeldlosen Zahlungsvorgängen zirkulationsfähige Instrumente, die den „Geldcharakter des Kredits" realisieren.

Das Kreditgeld im Sozialismus ist gegenüber dem Kreditgeld im Kapitalismus eine weiterentwickelte Form des Geldes mit neuen Qualitäten. Es ist in das System sozialistischer Produktionsverhältnisse eingebettet und reflektiert den planmäßig vergesellschafteten Charakter der Warenproduktion. Seine Emission und sein Umlauf werden durch den sozialistischen Staat planmäßig gestaltet. Der Kreditgeldumlauf ist geeignet, innere Beziehungen zwischen dem Geldvolumen und dem Kredit einerseits und den materiellen Fonds als Träger des Tauschwertvolumens der Waren wie auch den Prozessen der Weiterbildung, -verteilung und -realisierung andererseits herzustellen und dadurch den Erfordernissen des Geldumlaufgesetzes und des Repräsentationsgesetzes zu entsprechen. Wesentliche Grundlage ist, daß die produktive gesellschaftliche Arbeit einerseits sich in Gebrauchswerten vergegenständlicht, die bis zur Realisierung einen Fondsvorschuß aus dem gesellschaftlichen Kreditfonds auslösen und andererseits Grundlage der Geldfondsbildung ist. Geldfonds und Kredite heben sich erst mit der gegenläufigen Realisierung von Ware und Geld wieder auf.

Das Kreditgeld im Sozialismus bedarf, um als vollwertiges Geld zu fungieren, nicht des Goldes. Der Geldwert wird nicht mehr durch die Geldware reguliert, sondern durch die Bestimmung grundlegender, sich in der monetären Reproduktion in ihrem Zusammenhang mit der materiell-wertmäßigen Reproduktion herausbildender Proportionen im Ergebnis der planmäßigen Gestaltung der Einheit von materiellen und finanziellen Prozessen. Der Wert des Kreditgeldes existiert, im Unterschied zum Metallgeld, nicht stofflich, sondern er wird durch das Kreditgeld repräsentiert. Das geschieht in dem Maße, wie Gold durch Kreditgeld ersetzt wird oder, wie die Kreditgeldmenge der notwendigen Geldmenge entspricht. Vollwertiges Geld zu sein bedeutet, daß es den Inhalt des Geldes als allgemeines Äquivalent ausfüllt und alle Geldfunktionen erfüllt. Das setzt voraus, daß sein Wert, im Unterschied zum Wert der Waren, von vornherein gesellschaftlich anerkannt ist (weshalb das

Kreditgeld auch nicht unmittelbar Warenwert repräsentiert). Das Problem besteht darin, daß der Geldwert (wie der Warenwert auch), nicht unmittelbar meßbar ist. Er wird von verschiedenen Faktoren beeinflußt, und drückt sich in verschiedenen Beziehungen aus, die mit der monetären Reproduktion in ihren Wechselverhältnissen mit der materiell-wertmäßigen Reproduktion im Zusammenhang stehen. Der Geldwert stellt gewissermaßen einen Indikator für das Maß der Ausgewogenheit der beeinflussenden Faktoren und Wechselbeziehungen dar und ist ein Schlüssel für die Erfassung notwendiger Proportionen und Bedingungen der Effektivität, Stabilität und des Wachstums der Volkswirtschaft, die seine relative Stabilität tangieren. Diese Faktoren müssen durch Akte der bewußten Realisierung der „Rolle des Trägers des Geldes" planmäßig komplex gestaltet werden, deren Kern in einer „Planung des Wertes der Geldeinheit" zu sehen wäre. Ihre Aufgabe müßte sein, die drei Hauptsäulen des Geldsystems, über die sich die Funktionen des Kreditgeldes realisieren und in denen sich die monetäre Reproduktion vollzieht, zu einer gemeinsamen, koordinierten Verantwortung zu verbinden: Die effektive Gestaltung der Geldeinkommen, der Preise und der Geldfonds in ihren Beziehungen zur Reproduktion des Nationaleinkommens. Über die Einkommen, die Geldzeichenpreise und die Geldfonds wird Nationaleinkommen verteilt bzw. umverteilt und der Verwendung zugeführt. Eine entscheidende Stabilitätsbedingung für den Kreditgeldwert ist, daß eine „Mehrfachverteilung", die ihrem Inhalt nach nur eine nominelle sein könnte, ausgeschlossen sein muß. Vielmehr haben von jeder der drei Säulen stabilitätsfördernde Impulse auszugehen. So müssen z. B. die Einkommen aus produktiver Tätigkeit konsequent an eine bestimmte Mindeststeigerung der Arbeitsproduktivität gebunden sein (Δ Einkommen $<$ Δ Arbeitsproduktivität), die Geldeinnahmen aus Umverteilungsprozessen dürfen ihre Quellen nicht überschreiten und die Preise sich nicht von der Wertbasis entfernen. Sie haben ein stabiles Preisniveau und eine stabile Kaufkraft der Währungseinheit zu gewährleisten, indem alle Prozesse der monetären Reproduktion mit hohen Effektivitätswirkungen auf die Volkswirtschaft verbunden werden. Der Geldumlauf ist sozusagen die Station im volkswirtschaftlichen Gesamtprozeß, in der sich letztlich zeigt, in welchem Maße die notwendigen Proportionen und Effektivitätsbedingungen durchgesetzt werden, wie sich z. B. die Bildung und die Verwendung der Einkommen zueinander verhalten, wie Gewinn im Prozeß der Eigenerwirtschaftung der Mittel für die intensiv erweiterte Reproduktion erwirtschaftet wird usw. Ökonomisch ungerechtfertigte Erhöhungen des Geldumlaufvolumens, die sich aus Verstößen gegen Stabilitätsbedingungen ergeben, wirken sich auf das Repräsentationsverhältnis des Kreditgeldes negativ aus und vermindern den Kreditgeldwert, denn das Repräsentationsgesetz besagt, daß immer nur soviel Geldwert repräsentiert wird, wie entsprechend dem Geldumlaufgesetz zur Zirkulation einer gegebenen „Preissumme von Waren" notwendig ist, also unabhängig vom Nominalwert der Kreditgeldzeichen.

Anmerkungen

[1] K. Marx, Zur Kritik der politischen Ökonomie, in: MEW, Bd. 13, S. 49.
[2] K. Marx, Grundrisse der Kritik der politischen Ökonomie, Dietz Verlag, Berlin 1953, S. 135.
[3] Ebenda, S. 64.
[4] K. Marx, Das Elend der Philosophie, in: MEW, Bd. 4, S. 107.
[5] K. Marx, Aus den Exzerptheften, Paris, Anfang 1844–Anfang 1845, in: MEGA, Erste Abteilung, 3. Band, S. 532.
[6] K. Marx, Das Kapital, Erster Band, in: MEW, Bd. 23, S. 104.
[7] K. Marx, Grundrisse ..., a. a. O., S. 928.
[8] K. Marx, Zur Kritik ..., a. a. O., S. 128.
[9] Ebenda, S. 94 f.
[10] Vgl. K. Marx, Das Kapital, Zweiter Band, in: MEW, Bd. 24, S. 119.
[11] Vgl. K. Müller, Zur sogenannten Demonetisierung des Goldes, in: Wirtschaftswissenschaft, Heft 3/1980, S. 317.
[12] Vgl. K. Marx: Das Kapital, Dritter Band, in: MEW, Bd. 25, S. 538.
[13] Vgl. K. Marx, Zur Kritik ..., a. a. O., S. 141.

Hans Luft

Geld und planmäßige proportionale Entwicklung im Sozialismus

Charakter und Kaufkraft des Geldes sowie Währungsstabilität berühren unmittelbar die persönlichen Interessen jedes Menschen. Sie reichen von der Verwirklichung des Leistungsprinzips, der sozialen Sicherheit und Gerechtigkeit bis zur politischen Stabilität und sind somit direkt mit dem Kurs der Hauptaufgabe in der Einheit von Wirtschafts- und Sozialpolitik verbunden. Zum Thema unserer heutigen Tagung möchte ich unter dem Gesichtspunkt der planmäßigen proportionalen Entwicklung der sozialistischen Wirtschaft einige Probleme behandeln.

Geld als allgemeines Äquivalent bedeutet, daß man für Geld auch etwas kaufen kann. Es ist ja gerade das Wesen der Geldform im Unterschied zur besonderen oder entfalteten Wertform, daß alle Waren ihren Wert in der Geldware ausdrücken, wodurch sie als allgemeines Äquivalent fungieren kann. Jedes Defizit an Waren oder Leistungen schränkt die Funktion eines allgemeinen Äquivalents ein. Deshalb besteht zwischen der planmäßigen proportionalen Entwicklung der Volkswirtschaft, im Sozialismus auf der Grundlage des gesellschaftlichen Eigentums an den Produktionsmitteln, und dem Geld als allgemeinem Äquivalent sowie seinen Funktionen als Maß der Werte und Zirkulationsmittel ein untrennbarer Zusammenhang. Ein wichtiges Kriterium der Proportionalität besteht ja gerade in der Dekkung des Bedarfs der zahlungsfähigen Nachfrage der Bevölkerung, der Wirtschaft und des Außenhandels.

Gerade angesichts der verstärkten Eigenerwirtschaftung der Mittel für die einfache und erweiterte Reproduktion ist es notwendig, daß die Betriebe für die erwirtschafteten Geldmittel auch Produktionsmittel kaufen können, was keineswegs der zentralen Bilanzierung als Hauptmethode der Planung widerspricht. Schon seit vielen Jahren erfolgt in der DDR die zentrale Bilanzierung versorgungspolitisch wichtiger Konsumgüter bei Wahrung des Prinzips der freien Auswahl durch den Konsumenten. Ich meine auch, daß die Arbeit im Sozialismus unmittelbar gesellschaftlichen Charakter trägt, weil sie auf Rechnung der Gesellschaft verausgabt wird. Jedoch existiert ein Widerspruch zwischen dem betriebsindividuellen und dem gesellschaftlich notwendigen Arbeitsaufwand, wie er jeder Warenproduktion eigen ist, wobei sich erst auf dem Markt beim Verkauf der Ware herausstellt, inwiefern der betriebliche Aufwand als gesellschaftlich notwendig anerkannt wird. Aber infolge des unmittelbar gesellschaftlichen Charakters der Arbeit stärkt der Verlust in einem Betrieb nicht wie im Kapitalismus die Positionen der anderen im Konkurrenzkampf, sondern ist von der gesamten Gesellschaft zu tragen, ebenso wie der durch Kostensenkung erwirtschaftete Gewinn als Gewinn für die Gesellschaft wirksam wird.

Angesichts der Dynamik der Entwicklung der Produktivkräfte in der neuen Etappe der wissenschaftlich-technischen Revolution, die durch die weltweit rasante Ausbreitungsgeschwindigkeit der Hochtechnologien von der Mikroelektronik bis zu den Biotechnologien gekennzeichnet ist, aber auch infolge der Veränderung äußerer Entwicklungsbedingungen des Sozialismus ist die Proportionalität nicht konstant. Für die Funktion des Geldes als allgemeines Äquivalent ist dabei *erstens* von Bedeutung, daß sowohl die Möglichkeiten zur Vergrößerung der produzierten Warenmasse als auch zur Erweiterung des Warensortiments nicht zuletzt durch die Materialisierung der Hochtechnologien in neuen Konsumgütern wachsen. Das betrifft z. B. die Audio- und Videowiedergabe- und -speichertechnik, Digitaltechnik, Heimcomputer und Peripherie, Taschenrechner und -übersetzer, Telefonbeantworter, ökologisch verträgliche und energiesparende Haushaltsgroßtechnik sowie andere Erzeugnisse. Ihr Angebot aus der Produktion der eigenen Volkswirtschaft bzw. unter Nutzung von Zulieferungen und Know-how läßt den Menschen unmittelbarer und unvermittelter die technologische Leistungskraft eines Landes spüren.

Weiterhin ermöglicht die Nutzung neuer Bauelemente im Maschinenbau und in der Konsumgüterproduktion, den enormen Fondsvorschuß für ihre Entwicklung ökonomisch besser verwerten zu können. Dabei ist der Markt für solche Konsumgüter sehr aufnahmefähig, was die Produktion großer Serien mit ihren Vorteilen für die Selbstkostensenkung gestattet, wobei sich auch Verwendung für – gemessen an den Anforderungen für Hochleistungsrechner – mittlere Qualität von Bauelementen, z. B. für elektronisches Spielzeug, findet. Die Produkte können ohne wesentliche Kompatibilitätsprobleme ständig verbessert werden.

Das betrifft nicht nur individuell nutzbare Konsumgüter, sondern auf wachsender Stufenleiter ebenso alle Bereiche der informationellen Infrastruktur (Fahrkartendialogautomaten, Geldautomaten, Datenbanken, Videoverkabelung usw.). In dieser Umbewertung des Ranges der Befriedigung konsumtiver Bedürfnisse und der Konsumgüterproduktion für das Wirtschaftswachstum auf intensiver Grundlage begegnen sich objektive Funktionen des Geldes als allgemeines Äquivalent mit technologischen Sachzwängen vermittelt über die Erfordernisse des ökonomischen Grundgesetzes des Sozialismus, das das objektive Ziel der sozialistischen Produktion und die Mittel zu seiner Verwirklichung enthält.

Ein *zweiter* Gesichtspunkt: Die wachsenden Bedürfnisse der Menschen können entsprechend dem Ziel der sozialistischen Produktion dann vollständiger befriedigt werden, wenn das erreichte Lebensniveau der Bevölkerung der sozial gesicherte Ausgangspunkt seiner weiteren Erhöhung im Maßstab der Erhöhung der wirtschaftlichen Leistungsfähigkeit und ihrer Anerkennung auf dem Weltmarkt ist. Das heißt aber, Proportionalität darf nicht auf Kosten der Konsumtion der Menschen erreicht werden. Man kann Disproportionen zwischen materiellen und finanziellen Fonds, z. B. zwischen Warenfonds und Kauffonds ökonomisch dauerhaft überhaupt nur nach dem Verursachungsprinzip beseitigen. Das erfordert natürlich große Anstrengungen zur Erhöhung der Produktion der Defizitpositionierung, zur Senkung der Selbstkosten und zur Erhöhung des Nutzeffekts der Investitionen.

Damit das Verhältnis von Angebot und kaufkräftiger Nachfrage verbessert wird, muß mehr Ware auf den Ladentisch kommen, was wiederum erfordert, mehr Ware zu produzieren, wie es auch erneut den jüngsten Orientierungen der SED entspricht.

Wer dagegen den Ausweg für die Überwindung von Disproportionen zwischen Warenfonds und Kauffonds in einer Erhöhung der Preise sieht und nicht genügend Anstrengungen hinsichtlich der Verbesserung der Investitionsstruktur und schnellen Produktionswirksamkeit der Investitionen unternimmt, trägt nicht zur Lösung der Probleme bei. Abgesehen von unzumutbaren sozialen Belastungen und Verminderung der Kaufkraft reichte ein Preisanstieg nie aus, um ein kumuliertes Defizit zu beseitigen. Warum? Bei stagnierender Produktion wird der Mangel nicht überwunden und dadurch die ausgleichende Tendenz des Preisanstiegs eliminiert, so daß es zu einem verhängnisvollen Kreislauf von Defizit, Stagnation und Teuerung kommen würde, der die Bereitschaft zu höherer Arbeitsleistung vermindert, zur Entwertung der Spareinlagen sowie den damit verbundenen negativen Folgen für die Finanzwirtschaft und Beweglichkeit des Staatshaushalts führt und schließlich wegen sozialer Ungerechtigkeiten sogar die politische Stabilität gefährdet.

Ökonomische und politische Erfordernisse treffen sich also, weshalb ich die Aussagen von Schließer über Währungs- und Geldwertstabilität unterstütze. Deshalb kann m. E. auch im Interesse der wünschenswerten und notwendigen Konvertibilität der Währungen sozialistischer Länder nicht den Preisentwicklungen einiger dieser Länder gefolgt werden. Im Interesse der sozialen Sicherheit der Bevölkerung der DDR liegt der Ausweg nur in Veränderungen der Währungskurse, was natürlich wiederum Ansprüche an ein effektives Exportwarensortiment stellt.

Erst die Erhöhung der Rentabilität der Kombinate und Betriebe durch Senkung des gesellschaftlich notwendigen Aufwandes bedeutet eine volkswirtschaftliche Effektivitätserhöhung und damit einen Zuwachs an wirtschaftlicher Leistungsfähigkeit. Die SED verbindet deshalb im Rahmen der ökonomischen Strategie die Politik auf dem Gebiet der Einzelhandelsverkaufspreise, insbesondere die Bekräftigung der stabilen Preise für die Waren des Grundbedarfs, der Mieten, Verkehrs- und anderen Tarife mit der Orientierung auf die Erschließung aller Quellen zur Senkung der Selbstkosten und für die Erhöhung des Nutzeffekts der Investitionen, der Verbesserung ihrer Struktur und der Sicherung der geplanten Termine ihrer Fertigstellung.

Bei der Diskussion um die Bestimmung der im Sozialismus umlaufenden Geldzeichen (Münzen, Geldscheine) stimme ich den Anhängern des Kreditgeldes deshalb nicht zu, weil der von ihnen bemühte Kreditcharakter staatlicher Geldemission automatisch eine Staatsschuld und somit eine inflationäre Tendenz implizieren würde. Ich möchte fragen, wer ist bei Kreditgeld im Sozialismus der Gläubiger, wer der Schuldner? Wie werden die Schulden bezahlt?

In Unterstützung der Position von Schließer und Zufelde möchte ich bemerken, daß Marx das Papiergeld – als eines Stellvertreters der allgemeinen Geldware Gold – aus der Funktion des Geldes als Zirkulationsmittel abgeleitet hat. Papiergeld ist also nicht außerökonomisch bestimmt, sondern durch das spezifische Gesetz der Papiergeldzirkulation, das aus ihrem Repräsentationsverhältnis zum Geld entspringt.[1]

Das Kreditgeld dagegen leitet Karl Marx aus der Funktion des Geldes als Zahlungsmittel her, „indem Schuldzertifikate für die verkauften Waren selbst wieder zur Übertragung der Schuldforderungen zirkulieren"[2]. Deshalb ist die klassische Form des Kreditgeldes der Wechsel, den es im Sozialismus nicht gibt. Das Staatspapiergeld dagegen ist gesellschaftlich garantiert und kann deshalb eine Bewegungsform sozialistischer Produktionsverhältnisse sein. In diesem Zusammenhang möchte ich auf Hilferding hinweisen.[3]

Drittens: Welche Bedeutung gerade die Investitionstätigkeit für die Proportionalität und Stabilität des Geldumlaufs so wie für die Kaufkraft der Währungseinheit hat, geht schon aus den Untersuchungen von Karl Marx über den Umschlag des variablen Kapitals, gesellschaftlich betrachtet, hervor. Er macht darauf aufmerksam, daß auf der Basis der gesellschaftlichen Produktion der Maßstab zu bestimmen ist, „worin diese Operationen, die während längerer Zeit Arbeitskraft und Produktionsmittel entziehn, ohne während dieser Zeit ein Produkt als Nutzeffekt zu liefern, ausgeführt werden können, ohne die Produktionszweige zu schädigen, die kontinuierlich oder mehrmals während des Jahres nicht nur Arbeitskraft und Produktionsmittel entziehn, sondern auch Lebensmittel und Produktionsmittel liefern"[4]. Wenn dagegen „beständig Elemente des produktiven Kapitals dem Markt entzogen werden und für dieselben nur ein Geldäquivalent in den Markt geworfen wird, so steigt die zahlungsfähige Nachfrage, ohne aus sich selbst irgendein Element der Zufuhr zu liefern. Daher Steigen der Preise, sowohl der Lebensmittel wie der Produktionsstoffe."[5]

Ich möchte meine Darlegungen mit dem Hinweis auf schnelle Steigerung der Konsumgüterproduktion als wichtige Strukturlinie unserer Volkswirtschaft und erstrangiges Proportionalitätserfordernis beenden.

Anmerkungen

1 Vgl. K. Marx, Das Kapital, Erster Band, in: MEW, Bd. 23, S. 141.

2 Ebenda, S. 153 f.

3 Vgl. R. Hilferding, Das Finanzkapital, Dietz Verlag, Berlin 1947, S. 64 f.

4 K. Marx, Das Kapital, Zweiter Band, in: MEW, Bd. 24, S. 358.

5 Ebenda, S. 317.

Gerhard Fröhlich

Zu Konsequenzen für das Geldsystem der DDR aus außenwirtschaftlichen Verflechtungen

Das Anliegen dieses Beitrages besteht darin, einige Überlegungen zur Diskussion zu stellen, die sich für die Gestaltung des Geldsystems in der DDR daraus ergeben, daß die Außenwirtschaft in der Volkswirtschaft unseres Landes einen gewichtigen Platz einnimmt. Die Überlegungen dazu werden in vier Thesen und einigen Argumenten zusammengefaßt.

Als Vorbemerkung ist festzustellen, daß nicht die Absicht besteht, an der Diskussion um die Frage zur aktuellen Rolle der Geldware Gold teilzunehmen. Der Grund dafür ist, daß die folgenden Thesen vereinbar sind mit den Gemeinsamkeiten, die beide der auf dieser Tagung vorgetragenen Standpunkte beinhalten. Das betrifft insbesondere die übergreifende Bedeutung des Gesetzes der Ökonomie der Zeit, der Proportionalität, der Produktivität und der Effektivität.

1. These: Die Außenwirtschaft beeinflußt in hohem Maße die Volkswirtschaft der DDR sowohl insgesamt als auch die inneren materiellen und monetären Kreisläufe. Dieser Einfluß wirkt objektiv und in vieler Hinsicht mit elementarer Kraft.

Folgende wesentliche Begründungen liegen der formulierten These zugrunde:

Für die Effektivität der Volkswirtschaft eines Landes, dessen Außenhandelsquote etwa 50% beträgt[1], ist es entscheidend, wieviel gesellschaftliche Arbeitszeit in den Exportwaren enthalten ist und wieviel Waren dafür aus dem Ausland bezogen werden können.

Oft wird dieser Effekt aus materieller und aus monetärer Sicht nur für die Volkswirtschaftsrechnung eines bestimmten Jahres betrachtet. Das ist richtig und von großer Bedeutung, jedoch nicht ausreichend. Fast noch größere Auswirkungen gehen von diesen Effekten auf Tendenzen und Proportionen aus, die sich über mehrere Jahre und längere Zeiträume erstrecken. Jede Veränderung der Relationen zwischen den Weltmarktpreisen und den inneren Aufwendungen für die Herstellung der Exportwaren sowie den Bezug von Importwaren beeinflußt den stofflichen Umfang des Nationaleinkommens, beeinflußt volkswirtschaftliche Proportionen sowohl materiell als auch auf dem Gebiet des Geldes. Hervorzuheben ist besonders, daß sich aus außenwirtschaftlichen Einflüssen oft bedeutsame Auswirkungen auf die Proportionen zwischen den Waren- und den Geldfonds ergeben können. Sowohl kurzfristig als auch langfristig kann sich der verfügbare Warenfonds durch außenwirtschaftliche Einflüsse verändern, wobei das in der Vergangenheit häufig diskontinuierlich erfolgte. Demgegenüber tendiert die Entwicklung der inneren Geldfonds eher zu einem kontinuierlichen Wachstum. Ausgehend vom bereits emittierten Geld betrifft das sowohl die Ansprüche an die Finanzierung der Wirtschaftseinheiten, die Ausgaben des Staates als auch die Kaufkraft der Bevölkerung.

Im Rahmen dieses Beitrags soll und kann die Frage nach der Heranziehung des internationalen Kredits zur zeitweiligen Überbrückung von Disproportionen, die durch äußere Einflüsse entstehen, immer aber volkswirtschaftlichen Charakter tragen, nicht diskutiert werden.

Das Gewicht äußerer Einflüsse auf die Volkswirtschaft sei an zwei Beispielen illustriert, die aus allgemein zugänglichen Fakten nachvollziehbar sind.

Erstens: Berechnet man das von der DDR importierte Erdöl zu Weltmarktpreisen in der Leitwährung des kapitalistischen Wirtschaftssystems, so ergibt sich für 1970 eine Summe von 0,2 Milliarden US-Dollar (10,3 Mio Tonnen), für 1985 4,7 Milliarden US-Dollar (22,8 Mio Tonnen) und 1987 2,9 Milliarden US-Dollar (20,9 Mio Tonnen).[2]

Zweitens: Es ist bekannt, daß die Veränderungen der Weltmarktpreise vermittelt über das RGW-Preissystem zu höheren volkswirtschaftlichen Aufwendungen für eine Reihe von Rohstoffen und Energieträgern führten. Davon ausgehend wurden Industriepreise verändert. Das wiederum drückte sich im Produktionsverbrauch aus. So betrug der Umfang des Produktionsverbrauchs der DDR im Jahr 1975 zu Preisen des Jahres 1975 229 Milliarden Mark und zu Preisen von 1985 374 Milliarden Mark.[3]

2. These: Die Volkswirtschaft als Ganzes ist mit den materiellen und monetären Auswirkungen internationaler Entwicklungen von Wissenschaft und Technik, der Arbeitsproduktivität sowie Bedingungen des Angebots und der Nachfrage auf den Weltmärkten konfrontiert. Um hohe Effekte der Außenwirtschaft zu erreichen, ist es unabdingbar, geeignete Formen dieser Konfrontation auch gegenüber den Produktionsbetrieben wirksam zu machen. Das kann in unterschiedlicher Weise erfolgen. Eine einheitliche Auffassung besteht weitgehend dazu, daß die Funktion des Messens der eigenen Aufwendungen an den Exporterlösen gewährleistet werden muß. Unter anderem geschieht das durch die Einbeziehung des Ergebnisses aus dem Export in das einheitliche Betriebsergebnis. Darüber hinaus ist die Stimulierung bis hin zum Erzwingen struktureller Verbesserungen des Export- und Importprofils auszubauen.

Für die Gegenüberstellung der Wirtschaftseinheiten mit den Ergebnissen ihrer Außenwirtschaftstätigkeit mit Hilfe des Geldes gibt es objektive Erfordernisse, deren Erkenntnis für die notwendigen staatlichen Festlegungen eine Voraussetzung bildet. Die entscheidende Rolle spielt der Inhalt der mit dem Ziel höchster Effektivität zu gestaltenden materiellen Prozesse der internationalen Arbeitsteilung und Kooperation. Gerade auf diesem Gebiet vollziehen sich bedeutungsvolle Wandlungen. Künftig müssen die Hauptimpulse für das Wachstum der internationalen sozialistischen Zusammenarbeit aus tieferer Arbeitsteilung zwischen den Ländern mit Produkten der verarbeitenden Industrie und dort wieder bei wissenschaftsintensiven Bereichen mit vielfältigen und sich ständig ausdehnenden Sortimenten hervorgehen. Das verlangt größere Anstrengungen, um das auf dem Gebiet des Imports von Rohstoffen und Energieträgern Erreichte stabil fortzuführen. Große Effektivitäts- und Wachstumsimpulse müssen auch im Rahmen der verarbeitenden Industrie erschlossen werden. Auf diesem Gebiet können aber nur die unmittelbaren Produzenten die verschiedenen, auf die Effektivität einwirkenden Zusammenhänge erkennen und berechnen. Genannt sei der Zusammenhang zwischen dem Forschungsaufwand, den anderen Kosten und dem möglichen Erlös, zwischen Technologie, Kosten und Investitionen sowie zwischen Aufwendungen für die Eigenproduktion oder möglichem Import. Die sich vergrößernde Rolle der Wirtschaftseinheiten bei Entscheidungen zur internationalen Arbeitsteilung mindert keineswegs die Bedeutung der staatlichen Leitung. Nur die zentralen Organe können zum Beispiel aufgrund von Berechnungen der Produktionsbetriebe feststellen, wo der Einsatz erschlossener Ressourcen effektiv ist. All diese Berechnungen sind nur mit Hilfe des Geldes möglich und dabei mit Kosten, Preisen und Umrechnungsverhältnissen, die eine reale Widerspiegelung der ökonomischen Prozesse sichern. Nur so kann auch die Bewertung und Stimulierung von Leistungen auf dem Gebiet der Außenwirtschaft auf höchste Effektivität gerichtet werden.

Die Konfrontation der Wirtschaftseinheiten mit den internationalen Maßstäben in Wissenschaft, Technik, Produktivität und Effektivität ist mit Hilfe des Geldes prinzipiell in zwei Grundrichtungen möglich. Zum einen ist das die Einbeziehung der Differenz zwischen Exporterlös und -aufwand in den Gewinn des Exportbetriebes. Zum anderen wird ein Produzent diese Konfrontation dann spüren, wenn bisherige Abnehmer seine Erzeugnisse nicht mehr abnehmen, sondern sich mit billigeren Importen versorgen. Diese zweite Richtung konnte aus vielen Gründen in der Volkswirtschaft der DDR bisher nur eine geringe Rolle spielen. Für die Zukunft sollte aber darüber nachgedacht werden, im Interesse der Stimulierung volkswirtschaftlicher Effektivität schrittweise geeignete Maßnahmen einzuleiten. So wäre es denkbar, in Verbindung mit der Eigenerwirtschaftung von Valutamitteln und größeren Möglichkeiten der Konvertierbarkeit von Mark in transferable Rubel einen limitierten Valutafonds am Jahresanfang auszuschreiben, um den sich Interessenten bewerben können, wenn sie teure Zulieferungen mit billigeren Importen aus den RGW-Partnerländern ablösen könnten. Das würde die inneren Zulieferanten materiell veranlassen, Wege zur Effektivitätssteigerung in ihrer Produktion zu beschreiten oder eine internationale Spezialisierung im Rahmen ihrer Bilanzverantwortung zu organisieren.

Mit der Ausgestaltung der Eigenerwirtschaftung eröffnen sich, ausgehend von bewährten Regelungen, weitergehende Möglichkeiten, Geldinstrumente einzusetzen, um die Wirtschaftseinheiten noch stärker mit ihren Exportergebnissen zu konfrontieren. Die positiven Erfahrungen mit der Einbeziehung des Exportergebnisses in das einheitliche Betriebsergebnis bilden dabei eine stabile Ausgangsbasis. Richtungen weiterer Überlegungen könnten u. a. sein:

– Durch einheitliches Vorgehen bei der Einbeziehung der Exportrentabilität in den Nettogewinn der Betriebe könnte die volkswirtschaftliche Effektivität eindeutiger ausgewiesen werden. Die gegenwärtigen Regelungen beinhalten im Kern den Einschluß geplanter und ungeplanter positiver Abweichungen von der durchschnittlichen volkswirtschaftlichen Exportrentabilität in den Nettogewinn. Negative Abweichungen, soweit sie sich im Rahmen des Planes bewegen, werden dagegen als Zuschuß zum Nettogewinn gezahlt, mindern also den Nettogewinn nicht.[4] Klarer würde das, was volkswirtschaftlich zu Buche schlägt, dann ausgewiesen, wenn Auswirkungen negativer Exportrentabilität künftig aus dem Nettogewinn zu zahlen wären und, falls er nicht ausreicht, vorübergehend Verluststützungen gewährt werden würden.

– Bemühungen zur Verbesserung der Mikrostruktur des Exports könnten möglicherweise dadurch stimuliert werden, wenn die Verbesserung günstiger Exportrentabilität stärker stimuliert werden würde als die Einsparung eines geplanten Ausgleichs von Exportverlusten.

– Die schrittweise Umstrukturierung solcher Exportrichtungen, in denen perspektivisch keine günstige Rentabilität erreichbar ist, kann durch eine angespannte und zeitlich degressive Gestaltung der staatlichen Normative für Verlustausgleiche unterstützt werden. Zugleich sollten in diesem Falle keine zusätzlichen Prämienmittel für einen Zuwachs des Exports oder für einen bestimmten Anteil des Exports an der Produktion gezahlt werden.

3. These: Internationalisierungstendenzen der Marktbeziehungen und darauf beruhende Beschlüsse des Rates für Gegenseitige Wirtschaftshilfe werden künftig bei der Gestaltung der Geldpolitik der einzelnen Länder in zunehmendem Maße in Rechnung zu stellen sein.

Diese Konsequenz ergibt sich aus der Tatsache, daß „die DDR für die Bildung des gemeinsamen Marktes der RGW-Länder eintritt". Das erklärte Willi Stoph auf der 44. Tagung des RGW.[5] Laut Kommunique dieser Tagung gehört die DDR zu den Ländern, welche die Übereinkunft „über die schrittweise Herausbildung der Bedingungen für eine freie Bewegung von Waren und Leistungen und anderen Produktionsfaktoren ... mit dem Ziel der Schaffung eines vereinigten Marktes in der Perspektive, nachdem vorher die Voraussetzungen dafür untersucht worden sind"[6] bekräftigten.

Wenn über die freie Bewegung von Waren und Leistungen gesprochen wird, so ist das an vielfältige Voraussetzungen gebunden, die gegenwärtig noch nicht vorhanden und so schwierig zu schaffen sind, daß die Zeitvorstellungen über die Realisierung weit auseinander gehen. Aus dem Referat von Stiemerling ist zu entnehmen, daß er einen langen Zeitraum für erforderlich hält. Ökonomen anderer sozialistischer Länder, so vor allem aus der UdSSR, aus der VR Polen und der Ungarischen Volksrepublik sprechen sich für Maßnahmen in kürzeren Fristen aus. Weitgehend Einigkeit besteht in der Einschätzung, wonach zur Zeit die Lage auf den Produktionsmittelmärkten der meisten RGW-Länder dadurch gekennzeichenet ist, daß das Geld als allgemeines Äquivalent nur begrenzt und von Land zu Land in differenziertem Maße die Zirkulation vermitteln kann. In den meisten Ländern sind zusätzlich zum Geld für den Kauf von Produktionsmitteln gegenwärtig noch Kontingente, Bilanzanteile oder andere Lenkungsmaßnahmen notwendig. Auf vielen Gebieten existieren innere Preise, die nicht zum Gleichgewicht von Angebot und Nachfrage tendieren. Prioritäten bei der Versorgung mit Produktionsmitteln, deren Angebot den Bedarf nicht deckt, müssen also unter den gegebenen Bedingungen durch Staatsorgane gesetzt werden.

In der Wirtschaftspolitik der Länder wird ein Gleichgewicht der entscheidenden volkswirtschaftlichen Proportionen angestrebt. Einige Länder haben sich allerdings noch nicht konkret über die Wege zum angestrebten Ziel geäußert oder erklärten, das Ziel mittels einer kurzfristig zu realisierenden radikalen Preisreform zu erreichen. Begründet wird das damit, daß die sozialistische Wirtschaft nur so effektiv funktionieren könne. Mit bisherigen radikalen Preisreformen in sozialistischen Ländern war allerdings eine Reihe negativer Begleiterscheinungen verbunden. Je nachdem wie die RGW-Partnerländer auf ihren inneren Märkten Gleichgewichtsbedingungen erreichen können, werden sich die konkreten Vorstellungen über die freie Bewegung von Produktionsfaktoren über die Ländergrenzen hinaus entwickeln und realisieren lassen. Es muß den auf der Tagung bereits geäußerten Feststellungen zugestimmt werden, daß ein Gleichgewicht von Angebot und Nachfrage nach Waren und nach Valutamitteln eine der Grundbedingungen für Schritte zu weiterer Konvertierbarkeit von Währungen darstellt.

4. These: Die Herausbildung eines vereinigten Marktes der RGW-Länder in der Perspektive wird ein hohes Maß internationaler Koordinierung der Wirtschaftspolitik bis hin zur Sozialpolitik erfordern, soweit sie auf Preise für Konsumgüter Auswirkungen hat.

Dieses Erfordernis ergibt sich daraus, daß die Vereinigung von Konsumgütermärkten mehrerer Länder nur möglich ist, wenn angenäherte Relationen der Konsumgüterpreise zwischen den Waren untereinander bestehen, da sonst durch die starke Touristik beim Wegfall von Valutaumtauschbeschränkungen, Zöllen und Grenzkontrollen nichtbeherrschbare Warenbewegungen und Beziehungen der Nichtäquivalenz entstehen würden. Ein unterschiedliches Niveau der Arbeitsproduktivität und ein unterschiedliches Niveau der Preise kann mit Valutakursen überbrückt werden; eine Überbrückung unterschiedlicher Preisrelationen ist mit Kursen dagegen nicht möglich. Demzufolge muß die Art und Weise der Bildung von Konsumgüterpreisen und somit ein wichtiges Element der Sozialpolitik früher oder später international koordiniert werden. Eine solche Koordinierung setzt Kontinuität und Stabilität der Sozialpolitik zum Wohle der Völker der beteiligten Partnerländer voraus.

Abschließend möchte ich betonen, daß ich mir der Grenzen meiner Überlegungen durchaus bewußt bin. Sie wurden vor allem aus außenwirtschaftlicher Sicht vorgetragen und müssen mit vielen weiteren Faktoren aus anderen Bereichen der Volkswirtschaft und der Gesellschaftspolitik verbunden werden.

Anmerkungen

1 7. Tagung des ZK der SED. Aus dem Bericht des Politbüros, Berichterstatter: Genosse Erich Honecker – Berlin, Dietz Verlag, Berlin 1988, Seite 24.

2 Angaben über die Importe in Tonnen: Statistisches Jahrbuch der Deutschen Demokratischen Republik 1988; Staatsverlag der Deutschen Demokratischen Republik, Berlin 1988, Seite 245. Die Werte wurden errechnet aufgrund der Veröffentlichungen über Preisentwicklungen, in: AW Dokumentationen zur Außenwirtschaft, Berlin, verschiedene Ausgaben.

3 Statistisches Jahrbuch der Deutschen Demokratischen Republik 1988 und 1976; Staatsverlag der Deutschen Demokratischen Republik, Berlin.

4 Zur Ermittlung des Nettogewinns siehe: Autorenkollektiv, Intensivierung – 100 Begriffe zur ökonomischen Strategie, Verlag Die Wirtschaft, Berlin 1986, Seite 96.

5 DDR leistet wichtigen Beitrag zur Erfüllung des Komplexprogramms, in: Neues Deutschland, 6. Juli 1988, Seite 3.

6 Kommunique über die 44. Tagung des Rates für Gegenseitige Wirtschaftshilfe, in: Neues Deutschland, 8. Juli 1988, Seite 3.

Werner Polze/Friedmar John

Die praktische Rolle des Goldes in der Weltwirtschaft

I. Zur praktischen Rolle des Goldes in der Vergangenheit

Die Rolle des Goldes in der Weltwirtschaft hat fundamentale Veränderungen durchlaufen. Seine höchste Entfaltung in der Geldwirtschaft erfuhr das Gold im vollentfalteten vormonopolistischen Stadium der kapitalistischen Produktionsweise. Karl Marx bezeichnete es im Kapital als „allgemeine Geldware". Das bedeutete zunächst, daß Geld in Form von Goldmünzen zirkuliert und die Wertsumme der Goldmünzen den faktischen Geldumlauf einer Volkswirtschaft darstellte. Gleichzeitig wies Marx jedoch darauf hin, daß Gold „durch Zeichen seiner selbst ersetzt werden kann". Als Geld und als Vermittler von Waren braucht es nicht selbst umzulaufen, sondern es konnte sich durch Papiergeld vertreten lassen (sogenannter Goldstandard).

Der Goldstandard wurde im Verlauf des 19. Jahrhunderts von allen damals führenden kapitalistischen Industrieländern eingeführt. Der Goldstandard beinhaltete

- Goldmünzen als gesetzlich gültiges und umlaufendes Zahlungsmittel,
- Papiergeldzeichen (Banknoten) auf der Grundlage der Verpflichtung der jeweiligen Notenbank, diese Banknoten jederzeit gegen Goldmünzen umzutauschen (sogenannte Goldkonvertibilität).

Dazu wurde das Verhältnis der nationalen Währungseinheit zum Gold verbindlich festgelegt (sogenannte Goldparität). Das charakteristische Merkmal des Goldstandards war, daß die umlaufenden Banknoten der Zentralen Notenbank durch tatsächlich vorhandene Goldbestände gedeckt sein mußte. Da Gold ohne Einschränkung exportiert und importiert werden konnte, funktionierten die nationalen Geldsysteme auch im internationalen Zusammenspiel. Das Verhältnis der Goldparitäten zweier Währungen stellte den Währungskurs dar.

Im Zusammenhang mit der raschen ökonomischen Entwicklung im vormonopolistischen Kapitalismus stellten sich der Goldstandard und hier insbesondere die Bestimmungen der Golddeckung sehr rasch als Hindernis für die Entwicklung der Produktivkräfte und die Entwicklung der Produktionsverhältnisse, insbesondere zum monopolistischen Kapitalismus, heraus. Der Goldstandard setzte nämlich der Entwicklung des Geldumlaufs des Landes definitive Grenzen. Der Imperialismus brauchte jedoch eine elastische und ungehinderte Erweiterung des Geldumlaufs, die es ermöglichte, Geld nach Profitinteressen in die Zirkulation zu bringen u. a. auch, um durch inflationäre Geldentwertung Maximalprofite zu erwirtschaften (Kapitalexport, Firmenfusionen, Rüstungsfinanzierung, Kapitalwanderungen, Geldmanipulationen). Um diesen Erfordernissen Rechnung zu tragen, wurde die Golddeckung teilweise weit unter 100% festgesetzt. Das muß bereits als ein Fakt zur begrenzten Anwendung des Goldstandards angesehen werden.

Die ungeheure Zuspitzung der Widersprüche, insbesondere der außerordentlich hohe Geldbedarf zur Finanzierung der Rüstung und die wachsenden Disproportionen zwischen dem schnell ansteigenden Geldumlauf der imperialistischen Staaten und der fehlenden Golddeckung, führten dazu, daß der Goldstandard zusammenbrach und abgeschafft werden mußte. Ihren Höhepunkt fanden diese Widersprüche während des ersten Weltkrieges. Das bedeutete, daß Goldgeld als gesetzliches Zahlungsmittel seitdem nicht mehr existiert. Die in den 20er und 30er Jahren noch unternommenen einzelnen Versuche, zum Goldstandard zurückzukehren, scheiterten, weil sie den imperialistischen Gesetzmäßigkeiten zutiefst widersprachen.

Die den Erfordernissen des Imperialismus entsprechende Form der nationalen Geldsysteme ist das Kreditgeld, das durch die Zentralbanken im Zusammenhang mit der Ausreichung von Krediten in Umlauf gebracht wird. Das auf Kreditgeld beruhende Währungssystem verfügt über die für Ziele des Imperialismus notwendige Flexibilität und trägt zugleich den Erfordernissen der Ökonomisierung des Geldumlaufs Rechnung. Verbunden mit dem Kreditgeld ist, daß innerhalb der nationalen Volkswirtschaften keine Einlösepflicht in Gold mehr besteht. Die Aufhebung des Goldstandards war der bedeutendste Schritt, der das Gold faktisch aus den nationalen Währungssystemen der imperialistischen Länder herausdrängte. Damit wurde seine Rolle in der Weltwirtschaft einschneidend verändert.

Nach dem zweiten Weltkrieg gingen die kapitalistischen Staaten sukzessiv dazu über, auch juristisch die Golddeckung für den inneren Geldumlauf aufzuheben. Damit hatte das Gold für die nationalen Geldsysteme auch de jure an Bedeutung verloren.

Daran änderte auch die Tatsache nichts, daß in den Gesetzen einer ganzen Reihe von Ländern für die Währungseinheit ein Goldgehalt weiterhin bestehen blieb bzw. die Golddeckungsklausel auch de jure weiter existiert.

Die Bedeutung des Goldes beschränkte sich nach dem zweiten Weltkrieg im Prinzip auf die Sphäre der internationalen Währungsbeziehungen.

International fungierte Gold weiterhin

- als Zahlungsmittel,
- als Grundlage für die Bestimmung der Währungskurse (Goldparität der Währungen),
- als Währungsreserve,

- als Medium für die Wertsicherung bei außenwirtschaftlichen Transaktionen.

Gestützt wurde dieser internationale Wirkungsbereich des Goldes insbesondere durch die von den USA mit dem Bretton-Woods-Abkommen eingegangene Verpflichtung, den Dollar auf der Basis seiner Goldparität (1 Dollar = 0,888 g Feingold) einzulösen. Diese Einlösepflicht bestand jedoch nur gegenüber den Zentralbanken der kapitalistischen Länder (sogenannter Golddollarstandard).

Die sich verstärkt vollziehende ungleichmäßige Entwicklung zwischen den kapitalistischen Hauptländern nach dem zweiten Weltkrieg, insbesondere die ökonomisch wiedererstarkten westeuropäischen Staaaten und die einseitig auf die eigenen nationalen Interessen sowie die Interessen multinationaler Konzerne ausgerichtete und zur Verschuldung führende Währungspolitik der USA, die einen immensen Dollarexport zur Folge hatte, führte zum Zusammenbruch des Golddollarstandards. Der hohe Rücktausch erworbener Dollarbestände gegen Gold bei dem amerikanischen Zentralbanksystem hatte zur Folge, daß die Goldbestände der USA rapide schrumpften und schon bald nicht mehr ausreichten, um Dollarguthaben der ausländischen Zentralbanken in Gold umzutauschen. Weder die Bildung des internationalen Goldpools (1961) noch die Spaltung des Goldpreises (1968) konnte diese Entwicklung aufhalten. 1971 hoben die USA die Einlösepflicht des Dollars gegen Gold einseitig auf. 1973 wurde das Gold aus dem internationalen Mechanismus der Währungskurse faktisch eliminiert. Die Währungskurse, die bisher auf der Grundlage des Goldgehaltes der nationalen Währungen zueinander gebildet worden waren, wurden „freigegeben" und bildeten sich jetzt durch Angebot und Nachfrage täglich neu heraus. Damit war zugleich ihre „relative Stabilität" und ihr staatlich verbindlicher Charakter verschwunden. Der Kursspekulation war nunmehr Tür und Tor geöffnet.[1]

Nach dieser in der Weltwirtschaft praktisch vollzogenen internationalen Demonetisierung des Goldes bildeten die IWF-Beschlüsse des Jahres 1976 über die juristische Abschaffung der Goldparitäten den de jure Abschluß der endgültigen Herausdrängung des Goldes aus dem Währungsbereich. Seitdem ist es Mitgliedsländern des IWF verboten, ihre Währungen in Gold zu bewerten. Seit dieser Zeit gibt es auch keinen offiziellen Goldpreis mehr. Der Goldpreis bildet sich nach Angebot und Nachfrage an den internationalen Goldmärkten.

II. Zur praktischen Rolle des Goldes in der Weltwirtschaft heute

Praktische Bedeutung im Währungsbereich hat das Gold heute noch als Reservemittel, insbesondere als Währungsreserve. Seit Anfang der 80er Jahre halten die Zentralbanken der Mitgliedsländer des IWF Gold als Bestandteil ihrer Währungsreserven in Höhe von etwa 33 Mrd. Sonderziehungsrechten (SZR). Der absolute Betrag ist in dieser Höhe fast unverändert über die Jahre konstant geblieben (auch bei den einzelnen Mitgliedsländern).[2]

Da sich die absolute Höhe der Währungsreserven von ca. 350 Mrd. SZR im Jahre 1980 auf ca. 510 Mrd. SZR im Jahre 1987 erhöht hat, ist der Anteil des Goldes an den Währungsreserven von 9,4 % auf 6,5 % zurückgegangen. Diese Entwicklung ist ökonomisch völlig verständlich. Aufgrund der hektischen Kursschwankungen, insbesondere der kapitalistischen Hauptwährungen, sind die Zentralbanken bestrebt, einen Teil ihrer Währungsreserven in Form von Gold zu halten. Andererseits gibt es ein echtes ökonomisches Interesse, die Goldbestände in Grenzen zu halten. Dieses Interesse resultiert zunächst aus der Tatsache, daß Gold keine Zinsen bringt, also „totes Kapital" darstellt, und überdies die Lagerung von Gold mit Kosten verbunden ist. Devisenreserven in relativ stabilen konvertierbaren Währungen sind für die Zentralbanken deshalb heute viel attraktiver. Zudem gibt es unter den Bedingungen täglich schwankender Goldpreise keine absolute Sicherheit hinsichtlich der „Wertbeständigkeit" des Goldes. Da Gold nicht unbegrenzt produziert werden kann, hätte die Erhöhung der Währungsgoldreserven Veränderungen im Verhältnis zwischen Goldangebot und Goldnachfrage zur Folge und wäre damit höchstwahrscheinlich mit Preiserhöhungen verbunden.

Praktische Bedeutung hat das Gold als Quelle des Devisenerwerbs heute für alle Länder, die Gold produzieren. Der Verkauf von Gold ist ein mehr oder weniger großer Faktor zur Begleichung internationaler Verbindlichkeiten und damit zum Ausgleich der Zahlungsbilanz der Hauptgoldproduzenten in der Welt. Aus der Presse ist ersichtlich, daß auch die Sowjetunion mit dieser Zielsetzung Gold auf den internationalen Märkten verkauft.

Allerdings fungiert das Gold dabei wie eine normale Ware und nicht als Geldware. Mit dem Verkauf von Öl, Kupfer, Getreide oder anderen strategischen Waren kann bei Vorhandensein dieser Waren der gleiche Effekt erzielt werden. Goldverkäufe sind heute zwar mehr oder weniger bestimmten Situationen in den nationalen Währungssystemen und in der äußeren Zahlungssituation geschuldet, aber sie sind kein immanenter Bestandteil dieser Systeme.

Im Zusammenhang mit der Verdrängung des Goldes aus dem nationalen und internationalen Währungsmechanismus und der Herausbildung eines Marktpreises für Gold hat sich der internationale Goldhandel in sprunghaftem Tempo entwickelt. Die besondere Bedeutung der Goldmärkte (gegenüber anderen Warenmärkten) ist insbesondere dadurch begründet, daß

- die Produktion von Gold weltweit nicht beliebig gesteigert werden kann,
- das Gold nach wie vor die bereits von Marx geschilderten hervorragenden Eigenschaften besitzt wie z. B. seltenes Vorkommen, kann nicht synthetisch erzeugt werden, geringer Rauminhalt, leicht transportierbar, zeitlich unbegrenzte Aufbewahrung usw.

Bedingt durch diese Eigenschaften und in Verbindung mit der Verschärfung der Währungskrise ist das Gold nicht nur schlechthin Objekt des Kaufs und Verkaufs, sondern hat sich zu einem Objekt immenser Spekulationen entwickelt. Der „freie Goldmarkt" ist heute ein von den verschiedenen Interessengruppen des Monopolkapitals beherrschter Markt, auf dem nach den kommerziellen Regeln der Devisenbörse gearbeitet wird.

Die Spekulation mit dem Goldpreis muß in enger Verbindung mit Kursschwankungen der Währungen, der internationalen Zinsentwicklung sowie im Zusammenhang mit internationalen Krisensituationen gesehen werden. Zwischen der Entwicklung des Goldpreises und der Entwicklung der Währungskurse gibt es Korrelationen, die im langfristigen Trend sichtbar werden.

Trotz der Verbindungen, die es zweifellos zwischen dem Goldhandel und dem internationalen Devisengeschäft gibt, ist der internationale Goldmarkt ein von den staatlichen Währungssystemen abgekoppelter Markt, dessen indirekter Einfluß auf Kurse und Zinsen in der privaten kommerziellen Sphäre liegt. Im Durchschnitt der Jahre 1972 bis 1987 wurden im NSW jährlich etwas mehr als 1000t Gold neu produziert. Zu dieser Neuproduktion kommen pro Jahr knapp 500t Goldverkäufe aus bestehenden Beständen. Diesem jährlichen Gesamtangebot von etwa 1500t stehen folgende Verwendungspositionen gegenüber:

- Etwa 840t (54%) werden jährlich von der Schmuckindustrie aufgekauft;
- etwa 240t (15%) werden von anderen Industriezweigen erworben;
- etwa 480t (31%) finden Anlage, meist in Form von Barrengold oder Goldmünzen.

Diese für einen längeren Zeitraum ermittelte Aufteilung ist von Jahr zu Jahr durch bedeutende Schwankungen zwischen den einzelnen Positionen gekennzeichnet. Als relativ konstant kann lediglich die industrielle Verwendung eingeschätzt werden. Es zeigt sich auch, daß sich Goldverkäufe aus Beständen und Goldkäufe zur Bestandsbildung ausgleichen. Ferner wird deutlich, daß durch den Goldhandel bedeutende Umverteilungsprozesse vor sich gehen. Da sich in den Währungsreserven (Teil Gold) jedoch keine wesentlichen Veränderungen vollzogen haben, wird damit der Beweis erhärtet, daß sich diese Umverteilungsprozesse im Prinzip außerhalb des staatlichen Währungsmechanismus vollziehen und der Goldhandel damit im wesentlichen Gegenstand rein kommerzieller oder privater Handelsaktivität ist.

Anlage 1

Die Einführung des Goldstandards

1821	Großbritannien
1872–1876	skandinavische Länder
1875	Deutschland
1878	Frankreich
1885	Rußland
1892	Österreich/Ungarn
1893	Indien
1897	Japan
1900	USA

Anlage 2

Goldbestände in den USA 1950 bis 1971
(International Financial Statistics, Yearbook 1987)

	Mio Unzen	Mrd. $
1950 =	652,00	22,8
1955 =	621,51	21,8
1962 =	458,77	16,1
1965 =	401,86	14,1
1967 =	344,71	12,1
1969 =	338,83	12,9
1971 =	291,60	11,1

Anlage 3

Entwicklung des Goldpreises
(International Financial Statistics, Monthly)

	(je Unze Feingold in Dollar) Währungsgoldpreis	Preis auf dem Londoner Goldmarkt
1950	35	34,71
1955	35	34,97
1960	35	35,60
1965	35	35,12
1968 (Dez.)	35	41,90[1]
1970	38	37,37
1971	38	43,63
1973	42,22	112,25
1975	42,22	140,25
1977	–[2]	164,95
1978		226,–
1979		512,–
1980 (21. Jan.)		850,–
1980 (Mai)		510,–
1981		397,50
1982		456,90
1983		381,50
1984		308,30
1985		327,–
1986		390,90
1987		484,10
1989 Anfang Februar		390,00

[1] ab März 1968 Spaltung des Goldpreises
[2] ab 1976 entfiel der Währungsgoldpreis

Anlage 4

Währungsreserven der IWF-Mitgliedsländer 1950 bis 1986 (Mrd. SZR)
(International Financial Statistics Yearbook 1987/S. 42 ff.)

Jahr	Währungsreserven insgesamt	Devisen	Gold	sonstiges	Goldbestände in Mio Unzen
1950	48,4	13,3	33,4	1,7	955,56
1955	53,7	16,7	35,1	1,9	1004,46
1960	60,0	18,5	38,0	3,5	1083,34
1965	71,1	24,0	41,7	5,4	1193,58
1970	93,2	45,3	37,0	10,9	1057,89
1975	195,8	138,7	35,8	21,4	1018,71
1980	354,9	292,8	33,4	28,7	953,74
1985	438,4	348,2	33,2	57,0	949,35
1986	453,1	365,0	33,2	54,9	949,17
1987	510,1	423,0	33,1	54,0	

Veränderungen in den Goldbeständen der IWF-Länder (in Mio Unzen)
(International Financial Statistics Yearbook 1987, S. 62 ff.)

	1950	1955	1960	1965	1970	1975	1980	1985	1986
alle Länder	955	1 004	1 083	1 193	1 057	1 018	953	949	949
USA	652	621	557	401	316	274	264	262	262
Japan	0	0	7	9	15	21	24	24	24
BRD	–	26	85	126	113	117	95	95	95
Schweiz	42	45	62	87	78	83	83	83	83
Großbritannien	82	57	80	65	39	21	18	19	19
Österreich	0	2	8	20	20	21	21	21	21
Frankreich	19	27	47	134	100	101	82	82	82

Anlage 6

Goldangebot (t) und Verwendung
(aus Kolloch „Gold, Dollar, Währungskrise“ 1980; S. 154/155 Samuel Montagu & Co. Ltd. Annual Bullion Review 1981, Consolidated Gold Fields PLC „Gold 1988“)

	Goldangebot			Goldnachfrage			
	Neuproduktion	Verkäufe aus Beständen	Gesamtangebot	Schmuckind.	andere Ind.	Anlagen in Münzen und Barren	Gesamtnachfragen
1972	1 183	62	1 245	1 005	273	– 33	1 245
1973	1 121	281	1 402	524	276	602	1 402
1974	1 006	244	1 250	246	200	804	1 250
1975	957	164	1 121	519	220	382	1 121
1976	966	482	1 448	947	260	241	1 448
1977	968	670	1 638	1 008	260	370	1 638
1978	969	772	1 741	1 011	282	448	1 741
1979	970	700	1 670	800	250	620	1 670
1980	960	540	1 500	700	240	560	1 500
1981	958	600	1 558	600	215	743	1 558
1982	1 028	359	1 387	896	208	283	1 387
1983	1 115	527	1 642	814	211	617	1 642
1984	1 162	578	1 740	1 055	239	446	1 740
1985	1 233	380	1 613	1 128	222	263	1 613
1986	1 291	730	2 021	1 104	230	687	2 021
1987	1 373	635	2 008	1 138	229	641	2 008
1972 bis 1987	17 260	7 724	24 984	13 495	3 815	7 674	24 984
Jahres-Ø	1 078	483	1 561	843	238	480	1 561
%	69	31	100	54	15	31	100

Anmerkungen

[1] Mit der Bildung des Europäischen Währungssystems im Jahre 1979 wurde der Versuch unternommen, für die westeuropäischen Hauptländer relativ stabile Kursrelationen aufrechtzuerhalten und Kursschwankungen in Grenzen zu halten.

[2] Aus einer Pressemitteilung vom April 1988 geht hervor, daß Taiwan mit dem Ziel der statistischen „Verschleierung“ seines Handelsbilanzüberschusses gegenüber den USA in den USA Goldkäufe in Höhe von etwa 1,1 Mrd. Dollar getätigt hat und damit den Anteil des Goldes an seinen Währungsreserven aufgestockt hat.

Hans-Joachim Dubrowsky

Zur Konvertierbarkeit sozialistischer Währungen

Ich unterstütze voll die Feststellungen in den vorgelegten Thesen, wonach „Charakter und Gestaltung der Beziehungen zwischen der Währung der DDR und anderer sozialistischen und kapitalistischen Währungen" zu den aktuellen theoretischen Problemen und praktischen Aufgaben gehören. Hier ist sowohl in den beiden Referaten als auch in mehreren Diskussionsbeiträgen bereits einiges über die veränderten Bedingungen gesagt worden, die dazu Anlaß geben, verstärkt auch über die internationalen Aspekte des sozialistischen Geldes, die Aktivierung seiner äußeren Funktionen und seine Entfaltung zu sozialistischem Weltgeld nachzudenken. Insgesamt kann man sagen, daß die objektiv zunehmende Internationalisierung des Wirtschaftslebens, die immer intensivere Verflechtung der nationalen Reproduktionsprozesse, einen zunehmenden Einfluß auf die inneren Geldprozesse haben und damit neue Anforderungen an die Gestaltung der Geldwirtschaft jedes RGW-Landes ausüben.

Bevor ich zu einigen Aspekten der gegenwärtigen Diskussion über die Zweckmäßigkeit und Möglichkeit der Einführung bzw. Ausweitung bestimmter Formen der Konvertierbarkeit sozialistischer Währungen Stellung nehme, womit sich z.T. auch andere Beiträge auf dieser Tagung beschäftigt haben, möchte ich eine kurze Bemerkung zu dem hier im Mittelpunkt stehenden Streit um das Wesen des Geldes machen. Nach meiner Meinung hat Kolloch in zwei Punkten recht: Erstens sollten wir darin einig sein, daß das Geld logisch und historisch Voraussetzung des heutigen Geldes im Sozialismus ist und zweitens müssen wir zur Kenntnis nehmen, daß die Anhänger der Anti-Gold-Auffassung keine neue in sich geschlossene theoretische Erklärung des sozialistischen Geldes anzubieten haben. Das ist nach meiner Auffassung auch heute wieder sehr deutlich geworden. Da wir das Geld immer nur als Einheit von Wertmaß und Zirkulationsmittel erklären können, bleibt bei der Kreditgeldauffassung der größte Schwachpunkt, daß die Grundfunktion des Geldes, allgemeines Äquivalent zu sein, nach wie vor nicht überzeugend dargelegt werden kann. Es ist daher nur natürlich, daß die Position vom Warencharakter des Geldes im Sozialismus, wie sie hier von Schließer vorgetragen und von Diskussionsteilnehmern unterstützt wurde, solange nicht einfach verworfen werden kann, wie es keine neue, theoretisch fundierte Erklärung gibt. Das bedeutet nicht, daß die „Goldtheorie" nicht auch ihre aktuellen Erklärungsschwierigkeiten hat, die vor allem aus den Schwierigkeiten herrühren, den mehrfach vermittelten Bezug des gegenwärtigen sozialistischen Geldes auf die Geldware deutlich zu machen.

Nun zu einigen Aspekten der Konvertierbarkeit. Die Diskussion über die Konvertierbarkeit sozialistischer Währungen hat in letzter Zeit in vielen RGW-Ländern stark zugenommen, und zwar sowohl in Anbetracht der Festlegungen der 43. und 44. Tagung des RGW, diese Fragen intensiv zu untersuchen, als auch in Anbetracht des allgemeinen Suchens nach den zweckmäßigsten Wegen, die Effektivität der gesellschaftlichen Arbeit in den RGW-Ländern u.a. durch noch stärkere Beteiligung besonders an der sozialistischen, aber auch an der weltweiten internationalen Arbeitsteilung und durch stärkere Konfrontation mit internationalen Maßstäben zu erhöhen. Von vielen Ökonomen wird die Konvertierbarkeit sozialistischer Währungen als ein entscheidendes Instrument zur Überwindung der nationalen Isoliertheit der Wertprozesse verstanden, als ein wirksames Mittel der internationalen Verflechtung der nationalen Reproduktionsprozesse. Im Mittelpunkt der Diskussion steht der Vorschlag, diese Verflechtung auf monetärem Gebiet in erster Linie über die nationalen Währungen der RGW-Länder vorzunehmen, weil diese Währungen direkt mit den volkswirtschaftlichen und betrieblichen Reproduktionsprozessen verbunden und unmittelbares Instrument des jeweiligen Wirtschaftsmechanismus sind. Zu diesem Zweck soll schrittweise die gegenseitige Konvertierbarkeit der nationalen Währungen der RGW-Länder hergestellt bzw. ausgeweitet werden und so eine intensive Verknüpfung der volkswirtschaftlichen Reproduktionsprozesse erfolgen, die schließlich in einem vereinigten Markt und einer Währungsunion der RGW-Länder mündet. Dabei wird davon ausgegangen, daß weder ein vereinigter Markt noch eine Währungsunion ohne gegenseitige Konvertierbarkeit der Währungen der RGW-Länder erreichbar sind. Gleichzeitig wird vorgeschlagen, bestimmte Formen der Konvertierbarkeit sowohl der nationalen Währung der RGW-Länder als auch des transferablen Rubels gegenüber kapitalistischen Weltwirtschaftssystem herzustellen, die eigenen Volkswirtschaften und Betriebe direkt der harten Konkurrenz der internationalen (kapitalistischen) Märkte auszusetzen und die eigenen Währungen auch über den Rahmen des RGW-Bereiches hinaus nutzen zu können. Das schließt z.T. strategische Fragen ein, wie beispielsweise die einer Alternative zur gegenwärtigen fast ausschließlichen Verwendung nationaler Währungen imperialistischer Hauptländer durch sozialistische und Entwicklungsländer in den intersystemaren Beziehungen. Es versteht sich, daß es hier besondere Interessen vor allem auch der Weltmacht Sowjetunion gibt. Es geht also insgesamt um grundsätzliche Fragen der weiteren Gestaltung sowohl der inneren Geldsysteme der RGW-Länder als auch ihres internationalen Währungssystems und ihrer Einbindung in globale Währungsbeziehungen.

Inzwischen haben einige RGW-Länder, darunter die

Sowjetunion, bereits Beschlüsse zur Einführung der Konvertierbarkeit ihrer Währung gefaßt. Zwischen einzelnen RGW-Ländern wurden bilaterale Abkommen über die Benutzung ihrer nationalen Währungen auf ausgewählten Gebieten insbesondere der Direktbeziehungen ihrer Wirtschaftseinheiten abgeschlossen, was die Einführung der Konvertierbarkeit zwischen diesen Währungen auf diesen Gebieten verlangt. Von vielen Ökonomen und einigen Regierungen der RGW-Länder wird das als der Beginn einer immer breiteren Nutzung der nationalen Währungen in den gegenseitigen Wirtschaftsbeziehungen und später auch gegenüber nichtsozialistischen Ländern betrachtet. Wir stehen also am Anfang einer Umwandlung des gegenwärtigen internationalen Währungssystems der RGW-Länder von einem System, in dem bisher im Prinzip nur eine Währung (und zwar eine kollektive) in den gegenseitigen Wirtschaftsbeziehungen genutzt wurde, zu einem Multiwährungssystem. In einem solchen System ist die Konvertierbarkeit der beteiligten Währungen objektive Notwendigkeit.

Die internationale Diskussion über die Konvertierbarkeit sozialistischer Währungen zeigt, daß es dabei sowohl überspitzte als auch vereinfachte, mitunter sogar sehr illusionäre Auffassungen gibt. Vielfach wird sehr großzügig mit den Begriffen „Konvertierbarkeit" und besonders auch „freie Konvertierbarkeit" umgegangen. Wenn man sich mit der Konvertierbarkeit sozialistischer Währungen befaßt, sollte man jedoch sehr sachlich und realistisch herangehen. Die Konvertierbarkeit sozialistischer Währungen ist eine sehr komplexe, viele Seiten der Volkswirtschaft und ihres Mechanismus berührende Erscheinung.

Die gängige Definition, wonach Konvertierbarkeit die Umtauschbarkeit einer Währung in eine andere ist, kann leicht als rein technische Angelegenheit mißverstanden werden. Im Kern bedeutet die Einführung der Konvertierbarkeit jedoch die über das Geld vermittelte Öffnung einer sozialistischen Volkswirtschaft nach außen und ist damit eine zutiefst ökonomisch und politisch bedeutsame Entwicklung. Dabei ist zu berücksichtigen, daß die Konvertierbarkeit sowohl eine objektive Kategorie des Geldes als auch ein wirtschaftspolitisches Instrument des Staates ist. Der sozialistische Staat kann daher mit dem Grad der Konvertierbarkeit seiner Währung auch den Grad der monetären Öffnung seiner Volkswirtschaft bestimmen. Er allein hat festzulegen, in welchem Umfang, für welche Subjekte und Transaktionen, gegenüber welchen Währungen und zu welchen Bedingungen die Konvertierbarkeit seiner Währung eingeführt wird. Konvertierbarkeit kann also vielfältig ausgestaltet werden und da sie ein Instrument des sozialistischen Staates ist, versteht sich von selbst, daß es um eine Konvertierbarkeit geht, die sozialistischen Produktionsverhältnissen zu entsprechen hat und Bedürfnisse der sozialistischen Gesellschaft befriedigen muß. Konvertierbarkeit ist kein Selbstzweck. Zu den Grunderkenntnissen aus den Forschungen über die Konvertierbarkeit sozialistischer Währungen gehört auch, daß es sich dabei um einen schrittweisen Prozeß, eine schrittweise monetäre Öffnung handeln wird und beschränkte Formen der Konvertierbarkeit vorherrschen werden. Die von einigen Ökonomen immer wieder als Ziel angegebene „freie" Konvertierbarkeit sozialistischer Währungen würde nämlich praktisch eine völlige monetäre Öffnung der sozialistischen Volkswirtschaften sowohl gegenüber den anderen sozialistischen als auch den kapitalistischen Währungen bedeuten und einer vollständigen Liberalisierung des Außenhandels und der internationalen Finanzbeziehungen für Bürger und Wirtschaftseinheiten gleichkommen. (Das ist selbst im kapitalistischen Wirtschaftssystem die Ausnahme). Eine solche Konvertierbarkeit im Sinne einer vom sozialistischen Staat völlig unkontrollierten Umtauschbarkeit und internationalen Anwendung sozialistischer Währungen ist jedoch unter sozialistischen Produktionsverhältnissen kaum denkbar. Hierbei muß nicht nur die Rolle des sozialistischen Staates auf der Basis des gesellschaftlichen Eigentums an den Produktionsmitteln in der Volkswirtschaft und den internationalen Wirtschaftsbeziehungen berücksichtigt werden, sondern auch, daß die Weltwirtschaft, in die die Öffnung der sozialistischen Volkswirtschaften über die Einführung der Konvertierbarkeit erfolgen soll, auch in Zukunft trotz gesetzmäßig zunehmender globaler Interdependenzen und Vertiefung der weltweiten Arbeitsteilung eine widersprüchliche Einheit zweier Weltwirtschaftssysteme bleibt, in denen neben übergreifenden, allgemeinen vor allem eigenständige ökonomische Gesetze wirken, die diese Systeme sozialökonomisch determinieren und differenzieren. Es ist daher prinzipiell zwischen der Einführung der Konvertierbarkeit gegenüber anderen sozialistischen Währungen und gegenüber kapitalistischen Währungen zu unterscheiden. Während für die Einführung der Konvertierbarkeit zwischen sozialistischen Währungen potentiell günstige Voraussetzungen vorhanden sind, weil sich Volkswirtschaften gleichen sozialökonomischen Typs gegenseitig öffnen und demzufolge gleichartige ökonomische Gesetze wirksam werden, ist das bei einer Öffnung gegenüber kapitalistischen Währungen grundlegend anders. Die Einführung der Konvertierbarkeit sozialistischer Währungen gegenüber kapitalistischen bedeutet ihrem Wesen nach die monetäre Öffnung der sozialistischen Volkswirtschaften zum kapitalistischen Weltwirtschaftssystem mit den dort geltenden systemspezifischen ökonomischen Gesetzen, Interessen und Machtverhältnissen. Die Konvertierbarkeit sozialistischer Währungen wird unter diesen Umständen auch eine Frage der ökonomischen Sicherheit der RGW-Länder. Dieser Schritt verlangt daher besondere politische Verantwortung bei der Prüfung der Vor- und Nachteile, die damit verbunden sind.

Bei der Untersuchung der Konvertierbarkeit sozialistischer Währungen können wir davon ausgehen, daß objektiv jede Währung konvertierungsfähig ist, weil alle Währungen gleichermaßen Wert repräsentieren und dadurch auf dieser qualitativ gleichen Grundlage potentiell austauschbar sind. Das schließt ein, zu akzeptieren, daß die Konvertierbarkeit auch unter sozialistischen Produktionsverhältnissen eine objektive Kategorie des Geldes und der Internationalisierung des Wirtschaftslebens ist. Sie ist durchaus nicht an die kapitalistische Produktionsweise gebunden und damit für den Sozialismus nicht systemfremd. Sie kann vom sozialistischen Staat im Rahmen seines sozialistischen Planungs- und Leitungssystems ebenso genutzt werden, wie das mit anderen Kategorien der Waren- und Geldwirtschaft, wie z. B. mit dem Preis, Kredit, Zins, Kurs geschieht.

Die Einführung dieser oder jener Form der Konvertierbarkeit sozialistischer Währungen ist jedoch weder ein willkürlicher Akt des sozialistischen Staates noch ohne weiteres möglich. Ein formales Vorgehen bringt keinerlei nützliche Effekte. Vielmehr müssen bestimmte Voraussetzungen erfüllt sein, wenn mit der Einführung der Konvertierbarkeit positive Wirkungen erreicht werden sollen. Zu diesen Voraussetzungen gehören solche innerhalb der jeweiligen Volkswirtschaft und solche im internationalen Bereich. Von besonderer Bedeutung sind die im Inneren jeder Volkswirtschaft. Dazu gehören:

1. Entwickelte Geldwirtschaft auf der Basis entwikkelter Ware-Geld-Beziehungen. Konvertierbarkeit verlangt reale Bewertung von Waren und Währung, Pflege der nationalen Währung unter internationalen Gesichtspunkten. Das betrifft u. a. die Geldwertstabilität (und damit die Preise), reale Währungskurse und auch den Emissionsmechanismus. In diesen Zwängen sehen viele Ökonomen zugleich einen Hauptvorteil der Konvertierbarkeit.

2. Eine entsprechende volkswirtschaftliche Leistungskraft, die sich in einem Gleichgewicht zwischen finanziellen und Warenfonds und in einem international konkurrenzfähigen Exportangebot zeigt, durch das bei Öffnung der Volkswirtschaft nach außen eine ausgeglichene Zahlungs- bzw. Leistungsbilanz, ausreichende Währungsreserven und ein attraktives Warenangebot (Güter und Leistungen) zur problemlosen Anwendung der Währung als Kaufmittel in- und ausländischer Subjekte gewährleistet wird. Währungskonvertierbarkeit verlangt also vor allem auch sichere Warenkonvertierbarkeit nach innen und außen. Die Konvertierbarkeit ist zwar eine monetäre Kategorie, ihre Basis und Hauptvoraussetzung hat sie jedoch, wie andere monetäre Kategorien auch, im materiellen Bereich.

3. Eigenständiges Agieren der Wirtschaftseinheiten bei entfalteter wirtschaftlicher Rechnungsführung unter Einschluß der Außenwirtschaftsergebnisse und eigenständiger Importentscheidungen auf der Basis des von der Zentrale vorgegebenen Rahmens. Gibt es kein eigenständiges Agieren, so bleibt die Konvertierbarkeit auf dem Stand eines technischen Instruments stehen und bringt keine zusätzlichen Effekte. Im Kern ist die Einführung der Konvertierbarkeit sozialistischer Währungen die Übertragung des Rechtes auf die Wirtschaftseinheiten, ihre monetären Auslandsbeziehungen weitgehend eigenständig zu gestalten. Zugleich ist die objektiv zunehmende Rolle relativ selbständig agierender Wirtschaftseinheiten unter den Bedingungen des wissenschaftlich-technischen Fortschritts eine wesentliche Ursache dafür, jetzt verstärkt über die Nutzung bestimmter Formen der Konvertierbarkeit nachzudenken.

Die genannten Voraussetzungen und einige weitere sind jedoch nicht so zu verstehen, daß sie bei allen Stufen der Konvertierbarkeit gleichermaßen erfüllt sein müssen. Je nach dem Grad der Öffnung der Volkswirtschaft, dem konkreten Anwendungsgebiet und dem Maß der staatlichen Einschränkungen sind auch verschiedene Stufen bei der Herausbildung der Voraussetzungen denkbar. Dabei entstehen gleichzeitig Wechselwirkungen: Die Einführung bestimmter Formen der Konvertierbarkeit kann zugleich dazu beitragen, weitergehende Voraussetzungen für neue Stufen der Konvertierbarkeit zu schaffen, wie steigende internationale Konkurrenzfähigkeit, zunehmendes Gleichgewicht des inneren Marktes usw. Auch hier wird deutlich, daß das Ganze ein schrittweiser Prozeß ist.

Konvertierbarkeit hat viele Aspekte, einen politisch bedeutsamen, den zunehmender monetärer Freizügigkeit bei Reisen der Bürger will ich nur andeuten. Die RGW-Länder fangen mit der Konvertierbarkeit ihrer Währungen jedoch nicht bei Null an. Gerade im nichtkommerziellen Bereich, wo seit langem sowohl Formen der Inländer- als auch der Ausländerkonvertierbarkeit existieren, konnten eine Reihe wichtiger Erfahrungen gesammelt werden. Der nächste Schritt ist die experimentelle wahlweise Benutzung der nationalen Währungen der RGW-Länder neben dem transferablen Rubel auf bestimmten Gebieten vor allem der Direktbeziehungen bilateral zwischen interessierten RGW-Ländern. Die ersten Erfahrungen auf diesem neuen Gebiet zeigen, daß es hier neben dem Grundproblem der Warenkonvertierbarkeit vor allem um drei Problemkreise geht:

Erstens um die Sicherung der Äquivalenz beim Austausch der Waren, weil bei der Benutzung der nationalen Währungen die Versuchung groß ist, auch für den internationalen Austausch die nationalen Preise der RGW-Länder zu vereinbaren, diese in ihrer heutigen Ausgestaltung aber dafür nicht geeignet sind. Hier geht es daher um die Sicherung, das internationale Preise genommen werden und in einem schrittweisen Prozeß die inneren Preise der RGW-Länder an internationale Preisstrukturen angenähert werden.

Zweitens geht es um die Sicherung der Äquivalenz beim Austausch der Währungen, also bei der Konvertierung. Dazu sind Währungskurse erforderlich, die die Äquivalenz sichern. Aber gegenwärtig haben sie in den meisten RGW-Ländern nicht solche für die internationale Anwendung konzipierten Kurse, sondern solche, die vorrangig zur Anwendung innerhalb der RGW-Länder geschaffen wurden. Auf dem Kursgebiet gibt es noch viele offene theoretische Fragen. Dazu gehört die nach den theoretischen und methodologischen Grundlagen der Währungskurse unter sozialistischen Produktionsverhältnissen, was u. a. die Klärung der Kategorien Geldwert, Kaufkraft, Äquivalenz, Angebot und Nachfrage, Einheitskurs, Durchschnittskurs, Grenzkurs, Devisenmarkt und anderen sowie ihre Nutzung im Sozialismus verlangt.

Drittens schließlich geht es um die Sicherung der Erhaltung gesamtvolkswirtschaftlicher Gleichgewichtsbedingungen, wie etwa um den Ausgleich der Zahlungsbilanz unter den Bedingungen des eigenständigen Konvertierens der Wirtschaftseinheiten. Hier werden die RGW-Länder sicherlich Mengenlimite für die Konvertierung einführen.

Diese und die weiter vorn aufgeführten Grundsatzprobleme der Einführung und Ausweitung der Konvertierbarkeit sozialistischer Währungen machen deutlich, daß wir sowohl auf theoretischem (darunter speziell auch geldtheoretischem) und praktischem Gebiet noch viel zu tun haben, um uns sowohl über die Möglichkeiten der Konvertierbarkeit und zweckmäßigsten Ausgestaltung klar zu werden als auch die notwendigen Voraussetzungen und Bedingungen zu schaffen, um sie schrittweise als wirtschaftspolitisches Instrument zur Erhöhung der Effektivität der gesellschaftlichen Arbeit für uns zu nutzen.

Diethelm Hunstock

Zu Problemen der Einheit von materieller und finanzieller Planung

Die Klärung der hier aufgeworfenen Fragen ist für die Vervollkommnung des Systems der Leitung, Planung und ökonomischen Stimulierung entsprechend den Anforderungen der neunziger Jahre von großer Bedeutung. Die 7. Tagung des ZK der SED hat mit großer Überzeugungskraft den Kern des Prinzips der Eigenerwirtschaftung herausgearbeitet, und zwar Ansprüche und Leistungen, Ausgaben und Einnahmen, Kredite und Geldfonds in Übereinstimmung zu bringen. Die theoretische Grundlage dafür ist die Kreditgeldkonzeption, und die von Professor Stiemerling begründeten Kriterien der Währungsstabilität bieten dafür praktikable Ansatzpunkte. Bevor ich mich speziell den Aspekten der Einheit von materieller und finanzieller Planung widme, möchte ich meine grundsätzliche Position über das Verhältnis von sozialistischer Warenproduktion und der Kategorie der unmittelbar gesellschaftlichen Arbeit darlegen. Die Diskussionen der letzten Monate haben hier einige Unsicherheiten zu Tage gefördert. Ich hebe die im Hochschullehrbuch „Politische Ökonomie des Kapitalismus und des Sozialismus" bezogene Position hervor, daß die im Sozialismus in den Betrieben verausgabte gesellschaftliche Arbeit ihrem Wesen nach unmittelbar gesellschaftliche Arbeit ist und daß die Herausbildung des unmittelbar gesellschaftlichen Charakters der Arbeit im Sozialismus ein Prozeß ist.[1] Leider wird die Formulierung, wonach dieser Charakter „aber noch nicht voll ausgeprägt" sei, von verschiedenen Diskussionspartnern restriktiv bis zur Negierung ausgelegt.

Ich möchte die großen Aufgaben, die sich aus dem unmittelbar gesellschaftlichen Charakter der Arbeit für die Realisierung der Planmäßigkeit und die Vervollkommnung der Planung ergeben, hervorheben, die m. E. keine Zurücknahme dieser wichtigen Erkenntnis gestatten. Klare Positionen in diesen Fragen sind notwendig, um ernsthaft und mit Erfolg die Probleme der Einheit von materieller und finanzieller Planung zu lösen.

Im Rahmen der Weiterentwicklung des Systems der Leitung, Planung und wirtschaftlichen Rechnungsführung kommt der übereinstimmenden planmäßigen Gestaltung der materiellen und monetären Seite des Reproduktionsprozesses zunehmende Bedeutung zu. Im Bericht des ZK der SED an den XI. Parteitag heißt es dazu: „Weiter zu festigen ist die Einheit von materieller und finanzieller Planung. Die Kategorien Gewinn, Kosten, Preis, Kredit und Zins müssen das ökonomische Interesse der Kombinate und Betriebe immer zwingender auf die bedarfsgerechte Produktion in hoher Qualität, Produktivität und Effektivität richten. In diesem Prozeß wächst die Bedeutung des Staatshaushalts, des Geld- und Kreditwesens sowie des Preissystems für die Effektivität der Produktion sowie eine Verteilung und Verwendung des Nationaleinkommens, die voll unserer Politik entsprechen."[2]

Bekanntlich wird die sozialistische Planung als materielle und finanzielle Planung gestaltet. Dies resultiert daraus, daß der sozialistische Reproduktionsprozeß planmäßige Produktion, Verteilung, Zirkulation und Konsumtion von Waren ist und daß die ihn charakterisierenden Kategorien Planmäßigkeit, Proportionalität und Effektivität mit der Warenproduktion und mit der Waren- und Geldzirkulation direkt verbunden sind.

Planung sozialistischer Produktion ist stets auf Effektivität, also auf das Verhältnis von Ergebnis und Aufwand und damit auch auf das Verhältnis von Gebrauchswert und Wert gerichtet. Da die sozialistische Produktion planmäßige Warenproduktion ist, schließt die Planung des sozialistischen Reproduktionsprozesses solche Kategorien wie Preis, Kosten, Gewinn, Einkommen, Geldumlauf usw. ein. Die Effektivität des sozialistischen Reproduktionsprozesses hängt wesentlich von der richtigen Verteilung der der Gesellschaft zur Verfügung stehenden und sich entwickelnden materiellen und finanziellen sowie Zeitfonds ab. Die aus ihrer proportionalen Verteilung resultierende strukturelle Gliederung ist um so effektiver, je mehr sie den gesellschaftlichen und individuellen Bedürfnissen entspricht und eine Senkung der gesellschaftlichen Gesamtarbeitszeit ermöglicht.

Proportionalität im Sozialismus, die die Struktur und Verteilung der gesellschaftlichen Gesamtarbeit in lebendiger und vergegenständlichter Form unter dem Aspekt höchster Zielrealisierung des ökonomischen Grundgesetzes ausdrückt, besitzt eine gebrauchswertstoffliche, eine wertmäßige und daraus abgeleitet eine geldmäßige Seite. Die Übereinstimmung der monetären mit den materiellen Prozessen ist daher eine wesentliche Seite der Gestaltung notwendiger volkswirtschaftlicher Proportionalitätsbedingungen.

In der Zirkulation erscheint das Verhältnis von Bedürfnis und Produktion bzw. von Bedarf und Gesamtprodukt (grundlegende Proportion des sozialistischen Reproduktionsprozesses) als Übereinstimmung von Angebot und Nachfrage, bedeutet Proportionalität (zunächst rein quantitativ betrachtet), da sich hierin die Verteilung der gesellschaftlichen Gesamtarbeit auf die Volkswirtschaft entsprechend den gesellschaftlichen Bedürfnissen bzw. die bedarfsgerechte Produktion und Verteilung des Gesamtprodukts spezifisch dokumentieren muß. Bezogen auf den Gesamtprozeß der Reproduktion, der die Realisierungs- und Vermittlungsphase einschließt, stellt sich Proportionalität schließlich als Einheit gebrauchswertmäßiger, wertmäßiger und monetärer Prozesse dar.

Für die planmäßige Beherrschung der komplexen sozialistischen Reproduktion (bei besonderer Beachtung des Prozeßcharakters der Reproduktion) ist die Sicherung der Einheit von materieller und finanzieller Reproduktion von besonderer Bedeutung. Entsprechend der notwendigen Einheit der Gebrauchswert-, der Wert- und der Geldseite findet die Einheit von materieller und finanzieller Planung in der Planung der naturalstofflichen Elemente und Resultate des Reproduktionsprozesses und in der die Wertentwicklung widerspiegelnde Preisplanung und in der Planung der Geldbeziehungen und -fonds ihren Ausdruck.

Materielle Reproduktion ist immer Einheit ihrer gebrauchswertmäßigen und wertmäßigen Seiten bzw. Proportionen, sie ist unter den Bedingungen der Warenproduktion ohne Nutzung der Wertformen nicht planbar und durchführbar.

Monetäre Reproduktion umfaßt die notwendige Geldbewegung zur Reproduktion der in der Gesellschaft verbrauchten bzw. zu verbrauchenden Arbeit; oder anders: Die Herstellung der notwendigen materiellen Proportionen wird über das Geld vermittelt.

In diesem Sinne besitzt die Produktion als Warenproduktion im Sozialismus Doppelcharakter: Als Ziel bringt sie Gebrauchswerte hervor, zugleich „erzeugt" sie den Vermittler zur Vollendung dieses Ziels in der Konsumtion – die Geldeinkommen. Letztere durchlaufen vielfältige Verteilungs-, Umverteilungs- und Zirkulationsprozesse, müssen letztlich aber immer darauf abzielen, den „Stoffersatz" auf effektivste Weise zu vermitteln. Somit sind Kreislauf und Formwandlung des Produkts untrennbar mit sich relativ verselbständigenden Geldprozessen verknüpft und in der Zirkulation treten Angebot und Nachfrage als relativ verselbständigte und planmäßig zu regelnde Größen auf.

In der Formwandlung des Produkts über Ware-Geld-Beziehungen und in der relativen Verselbständigung des Geldes liegt wohl der eigentliche Ursprung des Problems „materiell-finanziell". In der Bildung und Realisierung von Geldeinkommen widerspiegeln sich nicht einfach materielle Proportionen, sondern sie sind in folgender Weise vielmehr mitbestimmend für deren planmäßige Herstellung:

- Geldeinkommen leiten sich zunächst primär aus den materiellen Prozessen, aus den Erfordernissen des „Stoffersatzes" ab;
- sie bestimmen in der Zeitverschiebung von Bildung und Realisierung materielle Proportionen bzw. müssen als Voraussetzung für die reibungslose Realisierung der Geldeinkommen die materiellen Proportionen entsprechend den Erfordernissen der Einkommensrealisierung geplant werden;
- der „Stoffersatz" bewegt das Geld, welches vermittelt, aber sich relativ verselbständigt, so daß der Schein entsteht, das Geld die Ware bewegt. Dieser Schein ist aber materiell und objektiv und wichtige Grundlage wirtschaftspolitischer Entscheidungen bis hin zur Nutzung der Wertformen für die Effektivitätsmessung.

Hieraus leiten sich materiell und finanziell bedingte Proportionalitäts- und Effektivitätsanforderungen in der volkswirtschaftlichen Planung ab, die zusammengefaßt wie folgt gruppiert werden könnten:

1. Innere, eigene Proportionalitätserfordernisse materieller und finanzieller Prozesse
   - materiell-technisch, technisch-ökonomisch bedingt – Gegenstand materieller Planung im engeren Sinne;
   - finanziell: Verteilungsstrukturen, aus Funktionen verschiedener Finanzkategorien hergeleitete Proportionen, finanztechnische Erfordernisse (bis hin zur Stückelung der Bargeldemission) – Gegenstand der finanziellen Planung im engeren Sinne;
2. Wirkung materieller auf finanzielle Prozesse
   - Bildung von Geldeinkommen im Planungszeitraum;
   - Fluß von Geldeinkommen entsprechend materiellen Proportionalitätserfordernissen;
   - Anforderungen an Finanzstrukturen (Finanzierung, Stimulierung, Kontrolle) entsprechend materiellen Proportionalitäts- und Effektivitätsbedingungen;
3. Wirkung finanzieller auf materielle Prozesse
   - Sicherung materieller Realisierungsbedingungen für gebildete Einkommen bzw. Geldfonds;
   - Einhaltung von Aufwands-Ergebnis-Relationen aus der Sicht der Wertformen;
   - materielle Sicherung der Reproduktion nichtproduktiver Bereiche;
   - Erwirtschaftung finanzieller Mittel zur Sicherung gesamtgesellschaftlicher Erfordernisse.

Die Aufgabe, die materielle und finanzielle Planung als einheitlich, wechselseitig verflochtenen Prozeß durchzuführen, in dem die finanzielle Seite nicht nur als passive Widerspiegelung der materiellen Seite betrachtet werden kann, läuft praktisch auf die Bewältigung einer Simultan-Planaufgabe hinaus, in der es kein Primat der einen oder anderen Seite gibt. Der Planungsprozeß verläuft aber doch mehr oder weniger parallel, hierarchisch (materieller Planansatz ist einseitig primär) und bei der Bestimmung der Ausgangsgrößen wird je nach Planungsphase oder Institution die materielle oder finanzielle Seite betont.

Eine Kernfrage der Einheit von materieller und finanzieller Planung ist die Sicherung des ökonomisch begründeten Geldvolumens entsprechend der Produktion, Distribution, Zirkulation und Konsumtion des gesellschaftlichen Gesamtprodukts. Die Bestimmung und Einhaltung der notwendigen Geldmenge ist an generelle wirtschaftliche Kriterien für die Proportionalität und Effektivität und an spezifische, nur für Geld- und Kreditprozesse anwendbare Kriterien gebunden. Bei der Weiterentwicklung der Planung geht es in erster Linie darum, die Voraussetzungen zu schaffen, daß die ökonomisch begründeten, mit dem Geldumlaufgesetz verbundenen Kriterien für die planmäßige Einhaltung und Entwicklung des Kredit- und Geldvolumens konsequent durchgesetzt werden können. Grundsätzlich kann davon ausgegangen werden, daß die Ausdehnung des Zeithorizonts der Planung als ein wichtiger Weg zu ihrer Vervollkommnung vor der finanziellen Planung nicht halt macht. Die Dialektik von materieller und finanzieller Planung gilt generell für alle Planungszeiträume. Deshalb ist es notwendig, über bestimmte finanzielle

Berechnungen der Fünfjahrplanung hinausgehend, vollwertige Formen der mehrjährigen finanziellen Planung zu entwickeln, um ihr aktives Wechselverhältnis mit der materiellen Planung auch über längerfristige Planungszeiträume ausnutzen zu können.

Anmerkungen

1 Vgl. Lehrbuch Politische Ökonomie des Kapitalismus und des Sozialismus, 14. Auflage, S. 602.
2 E. Honecker, Bericht des ZK der SED an den XI. Parteitag der SED, Dietz Verlag, Berlin 1986, S. 47.

Johannes Gurtz/Karlheinz Tannert

Theoretische und praktische Probleme der Rolle des Geldes und der Finanzen

Die zur Diskussion stehenden Fragen des Wesens des Geldes und seiner aktiven Rolle in der sozialistischen Planwirtschaft entsprechen einem aktuellen und dringenden Bedürfnis auch der Lehr- und Forschungsarbeit an den Hochschulen und speziell an der Sektion Wirtschaftswissenschaften der Humboldt-Universität zu Berlin, deren Profil maßgeblich durch die Ausbildung von Kadern für die Finanz- und Bankorgane der DDR bestimmt ist. Ausdruck dafür ist die Arbeit an einem ZP-Forschungsthema durch ein Kollektiv unserer Sektion, das sich mit Fragen der aktiven Nutzung der Geld- und Finanzinstrumente zur Sicherung eines stabilen Wirtschaftswachstums beschäftigt. Es ist ganz natürlich, daß dabei eine Positionsbestimmung zum Wesen des Geldes in der intensiv erweiterten sozialistischen Reproduktion einen maßgeblichen Ausgangspunkt darstellen muß. Deshalb war eine erste Ergebnisform ein Forschungsbericht zur Rolle des Geldes in der intensiv erweiterten Reproduktion, der von einem Kollektiv von Politökonomen ausgearbeitet wurde und vor dem Rat für Politische Ökonomie des Sozialismus und dem Rat für die Vervollkommnung der Planung und wirtschaftlichen Rechnungsführung im Herbst 1988 verteidigt werden konnte. Jetzt geht es darum, in der Forschungsarbeit Konsequenzen für die weitere Arbeit zu entwikkeln, die darauf gerichtet sind, die Stellung des Geldes in der sozialistischen Planwirtschaft genauer zu bestimmen und eine aktivere Rolle der Geld- und Finanzbeziehungen in der intensiv erweiterten Reproduktion der DDR zu unterstützen.

Zur Einordnung der wissenschaftlichen Fragestellung nach dem Wesen des Geldes und ihre Bedeutung für unsere Arbeit

Die Erfahrungen unserer Forschungsarbeit besagen, daß ohne entsprechende Grundlagenforschung die auf praktische Lösung gerichteten Aufgaben nicht oder nur mit Abstrichen gelöst werden können. Hier sei nur an die immer wieder von der Partei genannte Aufgabe der besseren Übereinstimmung der materiellen und finanziellen Prozesse und Proportionen erinnert. Gewiß ist vieles hinsichtlich der planungsmethodischen Regelungen und der Längerfristigkeit der Vorausschau zu tun; aber letztlich stoßen wir immer wieder auf Fragen des Wertausdrucks, der Preisbildung, der Beziehung von Preis und Finanzen, der richtigen Bestimmung der Bewegungsgesetze des Geldes und der Entwicklung des Geld- und Kreditvolumens, die ohne Fortschritte in der Grundlagenforschung nicht oder nur pragmatisch gelöst werden können.

Die auf dieser Ratssitzung vorgelegten Ausarbeitungen und die vorgetragenen Referate werden als wertvolle Beiträge zur Grundlagenforschung diesen Ansprüchen gerecht. Es ist für unsere Arbeit außerordentlich wichtig, daß in den dargelegten Positionen Übereinstimmung in wichtigen Grundfragen und praktischen Schlußfolgerungen deutlich wird. Auch bei unterschiedlichen Positionen hat die über Jahre geführte Diskussion zu einem tieferen Eindringen in die ökonomischen Gesetzmäßigkeiten des Geldsystems im Sozialismus geführt. Das entsprach und entspricht der immer wieder betonten Forderung an die Gesellschaftswissenschaften, der Erforschung der Gesetzmäßigkeiten der entwickelten sozialistischen Gesellschaft besondere Aufmerksamkeit zu widmen.

An der Sektion Wirtschaftswissenschaften wird seit mehreren Jahren zur Frage des Kreditgeldes und seiner Gesetzmäßigkeiten gearbeitet. Im Grunde waren die Orientierungen und Beschlüsse des VIII. Parteitages der SED der Ausgangspunkt für diese Arbeiten. Wie Sie alle wissen, hatten wir es damals u. a. mit einem schnellen disproportionalen Anstieg des Geldvolumens zu tun. Das führte zu der bekannten Feststellung: „Entsprechend dem Grundsatz, daß die Gesellschaft nur das verbrauchen kann, was vorher produziert ist, können wir auf die Dauer nicht mehr Geld- und Kreditfonds verbrauchen, als wir materiell erwirtschaften.“[1] Gleichzeitig gab es in dieser Zeit eine beträchtliche Ausweitung der Kreditbeziehungen – u. a. auf dem Investitionssektor. Die Analyse dieser Prozesse – Ansteigen der Kreditbeteiligungen auf der einen Seite und Ansteigen des Geldvolumens auf der anderen Seite – führte schließlich zu einer Neubestimmung des Kredits einschließlich seiner Emissionsfunktion, die zunächst weiter nichts besagt, als daß mit der Gewährung von Krediten Geld in Umlauf gegeben wird und bei der Tilgung Geld aus dem Umlauf gezogen wird. Aber hinter diesem Mechanismus und seiner richtigen Handhabung stand für uns immer die Marxsche Feststellung: „In einer höheren, vermittelnden Form der Geldzirkulation, z. B. der Banknotenzirkulation, werden wir finden, daß die Bedingungen der Ausgabe des Geldes die Bedingungen seiner Rückströmung einschließen.“[2] Das heißt, es ging von Anfang an nicht schlechthin um den Emissionsmechanismus, sondern um eine strenge Bindung der Kreditgewährung an eine hocheffektive, bedarfsgerechte Produktion, da nur eine so erfolgende Emission auch die besten Bedingungen für einen schnellen Rückfluß, d. h. eine planmäßige Gestaltung des Geldvolumens einschließt. Auf dieser Basis wurde bereits in der 1976 erschienenen 1. Auflage des Lehrbuches „Geldzirkulation und Kredit" die Emissionsfunktion begründet und ausgestaltet.

Diese Erkenntnis hat sich bei der Analyse vielfältiger Prozesse bewährt und ist auch heute – natürlich wesentlich präzisiert – eine Grundlage unserer Arbeit. Dabei weisen die laufenden Forschungsarbeiten und auch die vorgelegten Materialien mindestens auf drei Aspekte hin:

1. Es handelt sich bei den Fragen des Kreditgeldes um einen Teilbereich der Geldtheorie, dessen Grenzen nicht zu weit gezogen werden dürfen; Geld ist natürlich mehr als eine Reflexion von Kreditprozessen. Aber die Kreditgeld-Theorie erschließt uns am ehesten einen Zugang zu den Fragen der weiteren aktiven Ausnutzung des Geldes in der Wirtschaftspraxis, was bei der Bezugnahme auf das Gold nicht gegeben ist.
2. Die Kredtigeldprobleme müssen nicht zwangsläufig das Geld als Ware ausschließen, denn schließlich wird Kreditgeld auch verkauft und gekauft, wie sich das u. a. im Devisenhandel im nichtkommerziellen Bereich zeigt. Das wird sich auch ausdehnen. Wir müssen konstatieren, daß gegenwärtig die Wertmaßfunktion und damit die Frage des allgemeinen Äquivalents nicht befriedigend beantwortet werden kann. Das Gold als Bezugspunkt ist dafür nicht praktikabel, jedoch sehen wir im internationalen Vergleich der Währungen einen bestimmten Ansatzpunkt.
3. Die Forschungsarbeiten müssen viele über den Charakter des Geldes weit hinausgehende Fragen erfassen, die für die Lösung praktischer Probleme von großer Bedeutung sind. Darauf soll in Verbindung mit unseren Forschungsarbeiten eingegangen werden.

Wo sehen wir in Übereinstimmung mit unseren Praxispartnern in Vorbereitung des XII. Parteitages der SED die wissenschaftlich und praktisch bedeutsamen Schwerpunkte in der Forschungsarbeit der Sektion Wirtschaftswissenschaften der Humboldt-Universität zu Berlin auf dem Gebiet von Geld und Finanzen?

Wir konzentrieren uns im Rahmen der Forschungsarbeit vor allem auf vier Schwerpunkte:

Das sind *erstens* Grundfragen der Weiterentwicklung der aktiven Rolle von Geld und Finanzen in der Volkswirtschaft. Dazu gehören Fragen der besseren Übereinstimmung von materiell-wertmäßigen und finanziellen Prozessen. In der nach wie vor ungenügenden Beherrschung dieser Frage liegt ganz offensichtlich ein Hauptgrund für manche passive, nachträglich korrigierende und auch manchmal Uneffektivität verdeckende Nutzung der Finanzen. Das bezieht sich sowohl auf den Planungsprozeß, der auch von der finanziellen Seite längerfristig mit den zu sichernden materiellen Proportionen verbunden sein muß, als auch auf den Prozeß der Plandurchführung. Die vielfache Praxis, letztlich durch Kreditprozesse einen Ausgleich herbeizuführen, entspricht nicht – bei aller Betonung der Flexibilität des Kredits – den oben genannten Anforderungen. Das schließt Arbeiten für eine leistungs- und effektivitätsabhängige Geldemission und die Entwicklung des Geldvolumens auf der Grundlage des Planes ein. Dazu werden in dem Thesenmaterial bereits wesentliche Anregungen gegeben, die weiter auszubauen sind. Zu diesem ersten Forschungskomplex gehören auch Fragen der weiteren Ausgestaltung der zentralen Finanzkategorien, z. B. die Weiterentwicklung des Abführungssystems an den Staatshaushalt und die dabei notwendige Differenzierung in Ressourcen-, Gewinn- und Absatzprozesse, wobei sich die normative Beziehung zu den Ressourcen offensichtlich als günstiger Ansatzpunkt anbietet. Aber auch die Beziehungen zwischen Staatshaushalt und Kredit fordern neue Überlegungen. Schließlich, um einen weiteren Gesichtspunkt zu nennen, geht es auch um die Beziehungen von Plan und Markt und die stärkere Nutzung der Anerkennungs- und Informationsfunktion des Marktes, was auch direkt die Rolle des Geldes tangiert. Ausgehend von der Auffassung, daß die Ausgestaltung der Planwirtschaft den Markt unmittelbar einschließt und seine Erfordernisse zunehmend berücksichtigt werden müssen, spielt u. E. die Anerkennungsfunktion z. B. in den Beziehungen zwischen den Kombinaten und Betrieben, d. h. bei der Sicherung einer bedarfsgerechten, vertragsgerechten Produktion, eine zu geringe Rolle. Der Abnehmer und Finalproduzent ist oft in einer sehr schwachen Position, obwohl seine Zahlung ein bestimmter Ausdruck der Anerkennung ist. Aber der Lieferant erhält sein Geld schon wesentlich früher, ehe die Anerkennung vollzogen ist, und er realisiert den Gewinn, Abführungen usw. Ohne das Problem der Bestände zu verniedlichen, liegt hier doch in einem gewissen Automatismus eine Ursache ihrer Entstehung.

In einem *zweiten* Komplex befassen wir uns mit den Fragen der weiteren Ausgestaltung der Eigenerwirtschaftung, wobei wir uns auf die jetzt praktizierten und die konzeptionellen Vorstellungen in enger Zusammenarbeit mit der Praxis stützen. Ausgehend von Untersuchungen zur Eigenerwirtschaftung der Mittel im volkswirtschaftlichen und betrieblichen Maßstab stellt sich für uns die Ableitung, Bestimmung und Verteilung des Reineinkommens als eine maßgebliche Größe dar, die sowohl die Reproduktionsbedürfnisse des Kombinats im Rahmen der volkswirtschaftlichen Gegebenheiten klar erfassen muß als auch den notwendigen Beitrag zur volkswirtschaftlichen Reproduktion ermöglicht. Als einen wesentlichen Bezugspunkt sehen wir hierbei die Bestimmung einer normativen Fondsrentabilität in Verbindung mit einer differenzierten normativen Rückflußdauer an. Auch dieser Problemkreis wäre weiter auszuführen. Wir möchten hier nur an eine u. E. notwendige planmäßige Gestaltung des Kreditanteils verweisen, der seine Tilgung und Verzinsung ohne permanente Ausdehnung der Kreditanteile einschließt. Es ist ganz offensichtlich, daß mit den Fragen der Eigenerwirtschaftung der Mittel neue, hochinteressante Forschungsaufgaben erwachsen, zumal wenn man in Rechnung stellt, daß auf längere Sicht die Eigenerwirtschaftung auf den Gesamtreproduktionsprozeß aller Kombinate und Betriebe ausgedehnt werden wird.

Schließlich befassen wir uns in einem *dritten* und *vierten* Forschungskomplex mit Fragen der Vervollkommnung der Valuta- und Finanzbeziehungen im RGW und der Auseinandersetzung mit Auffassungen zur Nutzung von Geld, Finanzen, Valuten und Kurs in den Ländern des RGW und zwischen ihnen.

Dies alles verdeutlicht eine notwendige Breite der Forschungsarbeit, die unerläßlich ist für eine volkswirtschaftlich profilierte Sektion. Sie wird interdisziplinär durchgeführt. Eng arbeiten wir mit der Praxis und ihren Forschungsinstituten zusammen. Die Studenten sind uns wichtige Partner in diesem Prozeß. Im Jahre 1989 streben wir folgende Ergebnisformen an:

- Eine erweiterte Sekretariatssitzung des Rates für die Vervollkommnung der Planung und wirtschaftlichen Rechnungsführung;
- die gemeinsame Tagung des Rates für die wirtschaftswissenschaftliche Forschung und des Rates für die Vervollkommnung der Planung und wirtschaftlichen Rechnungsführung, an deren Vorbereitung durch die Forschungsinstitute der Praxis wir uns aktiv beteiligen wollen sowie
- die Vorlage eines umfassenden Forschungsberichtes zum Gesamtthema in Vorbereitung des XII. Parteitages der Sozialistischen Einheitspartei Deutschlands.

Insgesamt wollen wir damit, gemäß dem Anspruch der 7. Tagung des ZK der SED an die Gesellschaftswissenschaftler, „mit größerer Entschiedenheit und höherer Qualität eigenständige Beiträge einzubringen", aus unseren Möglichkeiten heraus Antworten auf eine Reihe aktueller und perspektivischer Fragen zur Rolle des Geldes und der Finanzen in der sozialistischen Planwirtschaft geben. Wir hoffen, daß wir im Zusammenhang damit auch zu dem heute diskutierten Thema des Wesens des Geldes im Sozialismus weitere Ergebnisse werden vorweisen können.

Anmerkungen

1 Bericht zur Direktive des VIII. Parteitages der SED, Dietz Verlag, Berlin 1971, S. 32.

2 K. Marx, Zur Kritik der politischen Ökonomie, in: MEW, Bd. 13, S. 83.

3. SCHLUSSBEMERKUNGEN

Helmut Koziolek

Aktuelle theoretische Probleme des Wesens des Geldes und der Verwirklichung seiner aktiven Rolle in der sozialistischen Planwirtschaft

Vor beinahe genau zehn Jahren hat dieser Rat zur aktiven Rolle der Finanzen und ihrer Ausnutzung bei der weiteren Erhöhung der Leistungskraft der sozialistischen Wirtschaft getagt.[1] Seitdem war – wie im Programm der SED als langfristige Orientierung herausgearbeitet – die große Rolle, die die bewußte Ausnutzung der Ware-Geld-Beziehungen bei der weiteren Vervollkommnung der Leitung, Planung und wirtschaftlichen Rechnungsführung spielt[2], immer wieder Beratungsgegenstand.

Indem wir uns stets davon leiten ließen, daß Warenproduktion und Wertbeziehungen im Sozialismus objektiv begründet und in ihrem sozialökonomischen Wesen sozialistisch bestimmt und folglich Gegenstand sowie Instrument der Leitung, Planung und Wirtschaftlichen Rechnungsführung sind, vermochte die wissenschaftliche Arbeit dazu beizutragen, die Wertkategorien wie Preis, Gewinn, Kosten, Geld und Zins stärker zu nutzen und die wirtschaftliche Rechnungsführung – mit der Eigenerwirtschaftung der Mittel im Zentrum – auszubauen.

Dabei hat sich erwiesen, daß die aktive Nutzung der Wertkategorien innerhalb und zwischen den Kombinaten, Betrieben, Genossenschaften und weiteren wirtschaftenden Einheiten, also den Wirtschaftssubjekten, von grundlegender Bedeutung ist.

Auf diese Weise ist es möglich, ihr ökonomisches Interesse immer zwingender nicht allein auf mengenmäßige Fortschritte, sondern vor allem auf eine bedarfsgerechte Produktion in hoher Qualität und mit niedrigen Kosten zu lenken, die zunehmend von der ökonomischen Verwertung der Schlüsseltechnologien getragen ist.

Die heutige Beratung folgte dieser Logik. Das tiefere theoretische Durchdringen des Wesens des Geldes und seines aktiven Wirkens in der sozialistischen Planwirtschaft ist von prinzipieller Bedeutung, spielt doch das Geld eine entscheidende Rolle für den Ablauf des gesamten Reproduktionsprozesses und ist gleichzeitig ein Ausdruck seines Verlaufs. Die Wertkategorien weisen Geldform auf; sämtliche Funktionen der Wertkategorien sind letztlich auf die Geldfunktionen zurückzuführen. Das Geld ist eine den Wertkategorien wie Preis, Kosten, Finanzen vorgelagerte Kategorie. Karl Marx wies mit seiner Arbeitswerttheorie nach, daß das Geld die materielle Existenz des von der Ware verselbständigten Tauschwertes ist. Die sozialistische Reproduktion wäre ohne die Geldform der Arbeitsprodukte ebensowenig bestimmbar und beherrschbar wie ohne die Warenform der Arbeitsprodukte.

Zur Behandlung dieses komplizierten wissenschaftlichen Gegenstandes hat diese Tagung, die von einer hohen Kultur wissenschaftlichen Streites gekennzeichnet war, wichtiges geleistet. Dabei waren die gegebenen Antworten nicht selten mit neuen, weiterführenden Fragen verbunden. Dies entspricht dem Schwierigkeitsgrad und dem großen theoretischen wie praktischen Gewicht des behandelten Gegenstandes. Deshalb wird diese Thematik mit einer Tagung in der zweiten Hälfte des Jahres 1989 fortgesetzt.

Davon geleitet und ohne bereits eine abschließende Bewertung vornehmen zu wollen, soll die Aufmerksamkeit der Teilnehmer zum Abschluß der heutigen Beratung nochmals auf einige inhaltliche Zusammenhänge und methodologische Fragen gelenkt werden, denen meines Erachtens in der weiteren Arbeit erhebliches Gewicht zukommt.

Von erstrangiger Bedeutung ist, die Rolle des Geldes stets in der Gesamtheit des Reproduktionsprozesses zu begreifen; seine Aufwendungen wie seine Resultate werden in Geldform ausgedrückt. Das Geld wirkt als vermittelnder Bestandteil der sozialistischen Reproduktion. Da die materielle Produktion das bestimmende, übergreifende Moment im gesellschaftlichen Reproduktionsprozeß ist und in der Sphäre der Produktion (einschließlich ihrer Vorbereitung) vor allem über das Maß der Arbeit entschieden wird, aus dem sich wesentlich das Maß des Verbrauchs ableitet, bildet die Produktion naturgemäß die entscheidende Sphäre der aktiven Nutzung des Geldes und der darauf beruhenden Wertkategorien. Zugleich wäre es nicht möglich, den Reproduktionsprozeß ohne den Zirkulationsprozeß planmäßig zu gestalten. Mehr noch: Die Gesamtheit der Beschaffungs- und Realisierungsbedingungen der Waren, deren Kauf und Verkauf, die Gestaltung des Marktes als des Ortes und Raumes der Zirkulation, in dem sich Käufer und Verkäufer, Hersteller und Anwender gegenübertreten, verlangen verstärkte Aufmerksamkeit. Solange der Austausch Ware–Geld nicht vollzogen ist, ist die hergestellte Ware weder für das Kombinat und seine Betriebe noch für die Volkswirtschaft ökonomisch im Sinne eines echten Beitrages zur Erhöhung des Nationaleinkommens wirksam. So ist es ein Grundanliegen der verstärkten, umfassenderen Anwendung des Prinzips der Eigenerwirtschaftung der Mittel, exaktes Rechnen in Mark und Valuta über den gesamten Reproduktionsprozeß des Kombinates und seiner Betriebe zu fördern und dazu schrittweise, aber durchgängig überall ein höheres Niveau sozialistischer Kombinats- und Betriebswirtschaft durchzusetzen.

Gerade unter den Bedingungen verstärkter Anwendung des Prinzips der Eigenerwirtschaftung sind weiterführende wirtschaftswissenschaftliche Arbeiten zur planmäßigen Gestaltung der relativ verselbständigten Geldbeziehungen im Sozialismus notwendig. Die aktive Nutzung der Kosten, des Kredits und anderer Wertkategorien wird letztlich durch das Fungieren des Geldes als Maß der Werte im Produktions- und Austauschprozeß sowie durch das (zeitweilige) zeitliche Auseinanderfallen der Verwandlung von Ware in Geld und von Geld in Ware ermöglicht. Zwar gründen sich Rolle und Funktion des Geldes als allgemeiner Tauschwert zunächst auf die materiell-wertmäßige Reproduktion, gleichzeitig aber nimmt das Geld eine eigene, nicht völlig mit der Warenbewegung deckungsgleiche Bewegung an. Das Geld trifft aber am Ende mit den materiellen Prozessen wieder zusammen, indem Geldfonds ihrer materiellen Bestätigung bedürfen. Dieses relative Auseinanderfallen von Waren- und Geldbewegungen stellt – worauf die Wirtschaftspraxis nachdrücklich verweist – wachsende Anforderungen an die Beherrschung der Einheit von materieller, wertmäßiger und finanzieller Planung. Eine lediglich passive Widerspiegelung materieller Aufgaben in der wertmäßigen und finanziellen Planung würde dabei der aktiven Nutzung des Geldes und der Wertkategorien ebenso wenig gerecht werden wie eine Loslösung der Geld-, Preis-, Finanz- und Kreditplanung von der Planung der materiellen Prozesse.

Deshalb stehen jene höheren Anforderungen an die Arbeit der Staatlichen Plankommission und die der Ministerien für die Ausarbeitung staatlicher Pläne und ihre volkswirtschaftliche Bilanzierung, wie sie die 7. Tagung des ZK der SED begründet hat.[3]

Dazu ist es erforderlich, die Arbeit mit den Industriepreisen weiter zu qualifizieren, wozu gehört, daß diese Preise dem gesellschaftlich notwendigen Aufwand entsprechen und einen spürbaren Druck auf die Senkung der Kosten ausüben.

Ebenso wird mit der umfassenderen Eigenerwirtschaftung der Mittel auch verstärkt auf den realisierten Gewinn orientiert, das heißt insbesondere darauf,
- einen hohen Zuwachs an Verkaufserlösen auf dem Binnenmarkt und den Außenmärkten zu erreichen, der vom wissenschaftlich-technischen Niveau der Erzeugnisse und wachsender Produktion getragen ist,
- die Selbstkosten stetig zu senken, vor allem durch hohe Veredlung der Rohstoffe sowie durch den Einsatz rationeller Technologien und Verfahren,
- die Auslastung der produktiven Fonds zu erhöhen, das gesellschaftliche Arbeitsvermögen besser zu nutzen sowie den gesamten ökonomischen Kreislauf entschieden zu beschleunigen, Reaktionsfähigkeit und Flexibilität des Wirtschaftens zu erhöhen – mit der Sicherung von Kontinuität der Planerfüllung und stabilen arbeitstäglichen Leistungen als elementarer Voraussetzung.

In diesen Zusammenhängen sind auch Arbeiten zur weiteren Ausgestaltung einer solchen, mit dem Geld unmittelbar verknüpften Kategorie wie der Liquidität gefragt. Ihr Spielraum erweitert sich unter den Bedingungen wachsender Eigenverantwortung der Kombinate und umfassenderer Eigenerwirtschaftung der Mittel. Der Zusammenhang zwischen der Liquidität, der Rentabilitätsentwicklung und dem Umschlag der Fonds wird enger, zwingender. Gleichzeitig bergen Liquiditätsstörungen die Gefahr größerer ökonomischer Verluste in sich. Das alles verlangt nach wirkungsvollen Instrumenten für die analytische und konzeptionelle Arbeit der Betriebe, der Kombinate, der Bank usw. Entscheidend für die Stärke einer Währung sind letzten Endes Produktivität und Effektivität des volkswirtschaftlichen Reproduktionsprozesses. Vorrangige Bedeutung besitzt somit für uns die planmäßige Entwicklung der grundlegenden Proportionen, der „Gleichgewichte" von
- Wirtschaftswachstum und Investitionen,
- Angebot und Nachfrage,
- Export und Import

in ihren vielfältigen Wechselwirkungen.

Dafür wurde in Verwirklichung der bewährten Gesellschafts-, Wirtschafts- und Sozialpolitik unserer Partei viel geleistet. Gleichzeitig gilt es immer wieder, neuen Herausforderungen Rechnung zu tragen. Damit „im Welthandel eine Mark der DDR auch eine Mark ist"[4], kommt es vor allem darauf an, durch eine wachsende Anzahl gefragter wissenschaftlich-technischer und ökonomischer Spitzenleistungen, deren Arbeitsaufwand unter dem auf dem Weltmarkt als notwendig anerkannten Aufwand liegt, sowie durch hohe Qualität, durch flexibles Reagieren auf Kundenwünsche, durch intensive Marktarbeit, durch zuverlässige Serviceleistungen usw. den getätigten Aufwand voll zu erlösen und möglichst einen Extragewinn zu realisieren.

Für ein entwickeltes sozialistisches Industrieland mit beträchtlichem Lebensstandard und hoher Außenhandelsintensität wie die DDR sind kein durchschnittliches Niveau, sondern allein führende Positionen sowohl in Wissenschaft und Technik als auch bei ihrer ökonomischen Verwertung akzeptabel, wofür eine noch stärkere Konzentration auf jene Schlüsseltechnologien erforderlich ist, die für die künftige Gestaltung des Produktions- und Exportprofils der DDR von grundlegender Bedeutung sind.

In diesen Kontext gehören auch weitere wirtschaftswissenschaftliche Arbeiten zur Rolle und dem Funktionsmechanismus der Leitwährungen, zur Entwicklung des transferablen Rubels als kollektiver Währung, zu den Bedingungen und Möglichkeiten der weiteren Entfaltung seiner Geldfunktionen sowie zu den vielfältigen Formen und Wegen der Konvertierbarkeit von Währungen.

Schließlich ist – ohne damit vollständig das breite Spektrum unserer heutigen Diskussion und der notwendigen weiteren Arbeiten widerzuspiegeln – noch darauf hinzuweisen, daß es notwendig ist, in der wirtschaftswissenschaftlichen Arbeit das Geld in der Gesamtheit seiner Funktionen und in allen seinen Erscheinungen zu behandeln. Besondere Aufmerksamkeit ist der genaueren Bestimmung des Geldes als Kreditgeld zu schenken.

Von grundlegender methodologischer Bedeutung ist gleichfalls – wie auch die heutige Beratung wiederum bewies –, über ein tieferes Eindringen in die Erscheinungen des Geldes sein Wesen umfassender zu erkennen, auf sein Wesen zu wirken – gleichsam in schöpferischer Anwendung eines Wortes von Friedrich Engels, der – bezogen auf Wert und Preis – formulierte:

„Daß dabei die Erscheinungsform des Werts, der Preis, in der Regel etwas anders aussieht als der Wert, den er zur Erscheinung bringt, dies Schicksal teilt der Wert mit den meisten gesellschaftlichen Verhältnissen."[5]

Abschließend danke ich noch einmal den beiden Referenten, den Professoren Schließer und Stiemerling, die durch ihr engagiertes Wirken maßgeblich zum erfolgreichen Gelingen dieser Tagung beigetragen haben.

Mein Dank gilt auch all denen, die durch niveauvolle und anregende Diskussionsbeiträge die Notwendigkeit für eine weitere systematische Forschungsarbeit zur Tagungsthematik bekräftigt haben.

Anmerkungen

[1] Vgl.: Zur aktiven Rolle der Finanzen, 28. Tagung des Wissenschaftlichen Rates für die wirtschaftswissenschaftliche Forschung bei der Akademie der Wissenschaften der DDR am 29.5.1979. In: Abhandlungen der Akademie der Wissenschaften der DDR. Abteilung Veröffentlichungen der Wissenschaftlichen Räte. Jahrgang 1979. Nr. W6.

[2] Vgl.: IX. Parteitag der SED. Berlin, 18. bis 22. Mai 1976. Programm der Sozialistischen Einheitspartei Deutschlands, Dietz Verlag, Berlin 1976, S. 50.

[3] Vgl.: 7. Tagung des ZK der SED. 1./2. 12. 1988. Mit dem Blick auf den XII. Parteitag die Aufgaben der Gegenwart lösen. Aus dem Bericht des Politbüros an das Zentralkomitee der SED. Berichterstatter: Genosse Erich Honecker. Dietz Verlag, Berlin 1988, S. 49.

[4] Vgl.: E. Honecker, Mit dem Volk und für das Volk realisieren wir die Generallinie unserer Partei zum Wohle der Menschen. Dietz Verlag, Berlin 1988, S. 27.

[5] F. Engels, Vorwort zu Karl Marx: Das Elend der Philosophie. In: MEW, Bd. 4, S. 565 f.

Abhandlungen
der Akademie der Wissenschaften der DDR

Abteilung Veröffentlichungen der wissenschaftlichen Räte

Aus den zu Tagungen des Wissenschaftlichen Rates für die wirtschaftswissenschaftliche Forschung bei der Akademie der Wissenschaften der DDR erschienenen Veröffentlichungen

Jahrgang 1984
Nr. 2 Leistungssteigerung der Kombinate und ökonomische Strategie,
246 Seiten, 32,–M
Bestell-Nr.: 754 413 6 (2001/84/2/W)

Nr. 3 Theorie und Praxis der ökonomischen Strategie in der Landwirtschaft der DDR,
91 Seiten, 12,–M
Bestell-Nr.: 754 460 3 (2001/84/3/W)

Jahrgang 1985
Nr. 1 Sozialistische ökonomische Integration und umfassende Intensivierung,
96 Seiten, 12,–M
Bestell-Nr.: 754 540 3 (2001/85/1/W)

Nr. 4 Territorialstruktur und umfassende Intensivierung,
125 Seiten, 16,–M
Bestell-Nr.: 754 656 1 (2001/85/4/W)

Nr. 3 Effektivität der Volkswirtschaft in der intensiv erweiterten Reproduktion,
125 Seiten, 16,–M
Bestell-Nr.: 754 625 4 (2001/85/3/W)

Jahrgang 1986
Nr. 1 Sozialistischer Wettbewerb und umfassende Intensivierung,
103 Seiten, 14,–M
Bestell-Nr.: 754 680 1 (2001/86/1/W)

Jahrgang 1987
Nr. 4 Leitung in den Kombinaten und umfassende Intensivierung,
118 Seiten, 16,–M
Bestell-Nr.: 754 792 7 (2001/87/4/W)

Nr. 6 Gesellschaftliches Arbeitsvermögen und umfassende Intensivierung,
142 Seiten, 18,–M
Bestell-Nr.: 754 888 2 (2001/87/6/W)

Nr. 7 Wissenschaftlich-technische Leistungen und effektive Absatzbeziehungen,
88 Seiten, 12,–M
Bestell-Nr.: 754 900 9 (2001/87/7/W)

Jahrgang 1988
Nr. 2 Verflechtungsbeziehungen zwischen Industrie und Landwirtschaft,
103 Seiten, 13,–M
Bestell-Nr.: 754 937 5 (2001/88/2/W)

Nr. 3 Sozialistische Betriebswirtschaft und moderne Informations- und Rechentechnik,
184 Seiten, 24,–M
Bestell-Nr.: 755 049 9 (2001/88/3/W)

Nr. 4 Sozialistische ökonomische Integration und wissenschaftlich-technischer Fortschritt,
93 Seiten, 12,50 M
Bestell-Nr.: 755 062 4 (2001/88/4/W)

Jahrgang 1989
Nr. 3 Territoriale Reproduktionsbedingungen der DDR für die Durchsetzung der ökonomischen Strategie der SED mit Blick auf das Jahr 2000 und danach,
152 Seiten, 19,–M
Bestell-Nr.: 755 184 6 (2001/89/3/W)

ISBN 3-05-001036-3

ISSN 0138-421x

FSC
www.fsc.org
MIX
Papier | Fördert gute Waldnutzung
FSC® C083411

Kolibri 360 GmbH
Ferdinand-Jühlke-Straße 7
99095 Erfurt, Deutschland
produktsicherheit@kolibri360.de